平和とは何か

聖書と教会のヴィジョン

W.ブルッゲマン
小友聡・宮嵜薫［訳］

P e a c e

Walter Brueggemann

教文館

Peace

by

Walter Brueggemann

序　文

このたび、ユナイテッド・チャーチ・プレスで絶版だった本書を、チャリス・プレスのJ・L・ベルキスト氏が再版してくださることになり、とても感謝している。本書は、少し前のものだが、福音の公共的側面と教会の宣教に関心のある方々の役に立つものであり続けるだろうと思っている。ここに掲げる論文の大部分は、さまざまな教会の諸集会の招きに応じて発表したものである。ふりかえれば、別に意図したわけではないが、そのような発表の機会は、私に「伝道」的な視点で、教会の実践を解釈する道をたしかに備えてくれた。結果として、私は、責任ある知的な解釈者であろうとすれば避けては通れない学問的・批判的側面には関心を抱きつつも、あいまいな関わりにとどめた。このエッセイは、私が批判的な解釈と現代の教会的解釈との調停を継続的に行ってきたことについてのある意味での選択である。

I

教会の実践を目的としたこれらのエッセイは、米国社会がまぎれもなく困難な時期に生まれた。一九六〇年代後期と七〇年代初期の米国を特徴づける出来事の中に、マーティン・ルーサー・キング・ジュニアとマルコムXを重要人物とする市民権運動、キング牧師が向こう見ずにも市民権と結びつけたベトナム戦争、ケネディ大統領とキング牧師の暗殺、旧式の組織の息の根を止めたウォーターゲート事件があった。これらの一連の出来事は旧式の権力を疑い、旧来の権威に抵抗する、これまでになかった感覚を呼び覚まし、それらを可能にする新鮮な感覚を引き起こした。

この独特な時期についての神学的表明とそれに対する神学的応答は、多少ロマンティシズムを帯びているというより、一つの希望であった。おそらく最も典型的に、または顕著に影響を与えたのは、その文脈で広く読まれたハーヴィ・コックスの『世俗都市』(*The Secular City*)であった。コックスは、「みずがめ座の時代の幕明け」のような世俗のものも、祝祭的に受け容れた。コックスの社会神学は、シスター・コレッタによって人気を博すかたちで広がった。彼女は、第二バチカン公会議に続いて、古いものがこじ開けられていくにつれ、われわれの前に広がる新しい可能性について、宗教的確信にも似たスローガンを作り、大いに受けた。

序　文

私の教会のルーツは米国キリスト合同教会（ＵＣＣ）である。一九五七年に創立され、六〇年代は、国内ではまだ最初期のユートピア的雰囲気をかもしていた。さらに創設時の熱意は、当時の世間一般の神学的雰囲気によって保たれていた。ＵＣＣ事務局は、提供する教育的カリキュラムの教材の見た目においても、新しさを大胆に取り入れた神学的解説と表現においても、どちらも前衛的であろうと決断していた。その他にも、教育的事業の一環に、神学的見解と信仰の糧との新しいシンボルと旗印としての「シャローム」〔訳注1〕を掲げたことが挙げられる。シャロームを強調することの背後には聖書的また神学的研究があるのだが、シャロームが、すべてのものが新しくなるのを告げるために生じたスローガンとして大衆に受けたと言うのは正しい。

特に、シャロームの強調は、教会とのつながりをもたなかった世界が幸福と取り組むところを描いてみせた。つまり、コックスの世俗にならって、シャロームという用語が、世界のための神の好意と変革をもたらす約束を証しした。それまで、ＵＣＣは、シャロームの神のわざを久しく考慮せず、強調してこなかった。ＵＣＣの解釈の特徴して、神学的に強調されるべき点は、世界の幸福のために人間が行うべき倫理的な強調点として置き換えられていた。シャロームへの取り組みは、われわれの多くが激しく引かれたけれども、皆が激しく引きつけられたシャロームの取り組みはロマンティックなところがあって、皆がそうだと言い、皆がうまくやればすべて良しと考えるくらいの、割り切った自由な傾向はなかった。そのようなロマンティックな考えの短命さは、コックス自身がまもなく世俗から急に抜け出して、それ以来ずっと、独特な神学的・教会的伝統の深さと力と根幹について考えるようになったことによっても証明された。

　このように、米国社会史の異常時に生まれ出たシャロームは、伝統主義を超えた動きの中での大きな収穫として評価されるべきであると私は判断する。しかしながら、それは、伝統と伝統主義については用意周到に批判的だったほどには、それ自体について（そしてそのロマンティシズムについて）は批判的ではなかったという収穫であった。シャロームの強調は、それが明らかになるにつれ、「ポスト・リベラル」神学の見解が全く薄っぺらに見える、良い意味での神学的自由主義に発展した。だがそのとき、別の文脈で敬虔になされる神学の営みをだれも予測できない。その他の文脈がその時あるのかどうかさえも分からないが。

II

　与えられた困難な時に、喜びにあふれた神学的応答がともかく与えられた。またその時に、私の教会がシャロームを強調することに私自身が深く取り組むということが与えられた。その時に、そしてそれ以降、私がずっと考えているのはこういうことだ。われわれの教会生活（とこれらのエッセイ）の進む方向がいかに異なっていようとも、シャロームはより直接的にミシュパト、つまり正義に関わっていると考えるのが重要ではないか。もちろん、「正義なくして平和なし」あるいは「まず正義がなければ平和は来ない」などと言うのは陳腐な文句である。おそらく、シャロームという語を言う時に、シャロームの下にあるものとしてミシュパトは含意されていただろう。しかしながら、そのことは、シャロームの現実的で不可欠な要素としては、いかなる批判的方法においても認識されていなかった。シャロームとミシュパト、正義を通してあるいは正義と共にある平和を考えることは、私を次のような気づきへと導いた。

1　われわれがシャロームを考慮するにあたり、因習的思考に共通するあらゆる二元主義（特に世俗と宗教の）を否定したユダヤ的思想は問題なく評価された。しかし、シャロームをいつも部分的で不完全なものによって示される、進行中のわざと考えるユダヤ的リアリティーには欠けていた。もし、そのユダヤ的リアリズムと、不一致に対する忍耐力がはっきり理解されていたら、われわれのこの言葉の使い方はロマンティックなものにならなかっただろう。

2　ユダヤ的基盤のふさわしさを脇に置いて考えると、シャロームの概念は、あらゆる部分が一つになる仕組みという意味の均衡状態を求める熱意を指向する。そのように無邪気にこの言葉を使うようになったのは、エミール・デュルケーム（Emile Durkheim）とタルコット・パーソンズ（Talcott Parsons）の社会理論に影響された、社会の完全さについての本質的な見解がまんしようとする自由な傾向によるものだ。あらゆる「新しい世界の秩序」なるものが、どんな範疇においても、つねに特権や排他主義の秩序であることに気づいていなかったある種の完全さが提示されていた。すみやかに「終末の現実化」がやって来る将来の幸福への希望は、それが排他的で搾取的な実践になっていくにつれ、悪の現実を考慮に入れない傾向となる。

3　均衡状態の社会学への無意識の傾倒を考えると、マルクス主義分析の辛辣さが当時のその「終末の現実化」のロマンティックな幸福感にはなかったと言うことができる。もちろん、将来についてじっくり信仰的に考える者なら誰もが、マルクス主義分析を避けて通ることはできなかったであろう。しかしながら一般的には、これらの解釈的範疇が教会の解釈になるのは遅かった。もちろん、そこではほぼ同時期にグスタボ・グティエレス（Gustavo Gutiérrez）の業績(1)を中心とするローマ・カトリックのラテンアメリカ神学における目覚ましい発展が起こった。勇気ある教会の神学者の一団が、メデリン司教会議とプエブラ司教会議の「神は貧しい者を優先する」という驚くべき表現を生み出した。リベラルなプロテスタント的共感が長い間その方向に走ったのだが、一般には、そのような重大な表現への注目と辛辣さはわれわれの間にはなかった。私自身の転換点は、ホセ・ミランダ（José Miranda）の『マルクスと聖書』(2)（*Marx and the Bible*）がもたらした。彼のマルクス主義分析は、ノーマン・ゴットワルト（Norman K. Gottwald）の権威ある著作、『ヤハウェの部族』(3)（*The Tribes of Yahweh*）によって批判的に具体化された。リベラルな見解において直観的で暗黙的だったものは、いまや明示的で具体的なものになった。しかしたいていの場合、その批判的な気づきは、難解で厳格で批判的な解決よりは願望と希望に覆われていた七〇年代半ばにおいては、まだシャロームについて自由に語るまでには至らなかった。

4　キリスト教の旧約聖書におけるシャロームの「新しい世界の秩序」は、主として王権イデオロギーの機能のことである。それは上からの広範囲な概要を扱う。それは、財産と技術の強みをにぎる都市エリートのような責任ある人々によって保たれ、そして彼らにとって有益な秩序となる傾向がある。(4) そのような組織的な見解は、「そのプログラムに合って」いない人々、それゆえあらゆる統計上の確証から脱落する人々についての「細々としたこと」は顧みず、雑に扱う傾向がある。

シャロームが、預言的に語られる場合を除いて、古代イスラエルの批判的な預言者たちの唇にあまり上らなかったのはその理由のためである。預言者たちが現在形で社会的な分析に関わる場では、彼らはこの語を用いない。なぜならこの語は、「幸福でない人々」をないがしろにする仕組みの導入を示しているからである。それらの人々は、まさに幸福についての大きなスケールでの秩序を空想的に描くことによって、幸福ではなくなったのである。預言者たちはきわだって「正義と公正」という語を用いる。この語は、現在の均衡状態を祝福して言うことはめったにないが、シャロームが覆い隠してしまう不正を取り去るために、多少は革命的なしかたで、現在の均衡状態を崩すことをつねに提唱する。

5　シャロームは、最も重要なことに、希望の神学として、ある日それがたしかに実現すると約束するスケールの大きなヴィジョンとして、機能することが可能である。将来を保証するヴィジョンの一つとして、シャロームの内容は重要である。なぜならそれは、絶望と、未完成の仕組みを補おうとする過剰な熱心さの両方に抵抗する資源でありうるからだ。しかし、将来についてのヴィジョンが「現在時制」になり、現在の秩序がどれも将来と一致するとき、シャロームは、現在の自画自賛的な歪曲に終わることが避けられない。この問題の最も明白なケースは、フランシス・フクヤマの著書『歴史の終わり』(5)(*The End of the History*)で、これは現在の民主主義的資本主義を人間の最大の希望と同等視した。しかし、フクヤマがはなはだしく地球規模で主張することは、現在の贈り物と、約束の幸福への待望とを明確に区別しそこなった比較的穏健な教会のレトリックにも影響を及ぼした。現在の贈り物は、待望のものと混同されるとき、つねに、破れのある不完全なものとなる。

III

この新しい前置きを書くことは、私にとって、シャロームに関するテクストに戻るまたとない機会となった。それについて、前述のことに照らして、私が示唆的で重要であると思う三つのことを述べる。

1　詩編八五編は大いなる約束で終わる。

主を畏れる人に救いは近く

栄光はわたしたちの地にとどまるでしょう。
慈しみとまことは出会い
正義と平和は口づけし
まことは地から萌えいで
正義は天から注がれます。
主は必ず良いものをお与えになり
わたしたちの地は実りをもたらします。
正義は御前を行き
主の進まれる道を備えます。

（一〇―一四節）

この幸福のヴィジョンは、イスラエルの驚くべき忠実に関する語彙（慈しみ、まこと、正義、平和）を集める。これらは、神の「救い」としてなされるだろう。[6] つまり将来は、変化する力のある、分裂を起こすような、神の自己主張の贈り物であるだろう。将来はまさに、シャロームによって印付けられる。しかし、一〇節のシャロームは、慈しみ、まこと、そして正義といった契約的な用語である。シャロームが新しい秩序である限りにおいて、それは大地と空、天と地、神と民の親密な関わり合いによって印付けられる新しい秩序である。

しかし、その保証の背後にあるのは五―八節の嘆願である。

わたしたちの救いの神よ
わたしたちのもとにお帰りください。
わたしたちのための苦悩を静めてください。
あなたはとこしえにわたしたちを怒り
その怒りを代々に及ぼされるのですか。
再びわたしたちに命を得させ
あなたの民があなたによって
　喜び祝うようにしてくださらないのですか。
主よ、慈しみをわたしたちに示し
わたしたちをお救いください。

すなわち、ヴィジョンの託宣は、現在の危機から生じた嘆願の祈りによって引き起こされている。その祈りは、悲惨な窮境にある人々からの声である。五節の「わたしたちのもとにお帰りください」という表現は、捕囚を示していよう。その状況は、そこには現在と将来の混同は全くありえないことを意味する点で重要である。信仰に印付けられたシャロームは、約束されているが、それは明らかに手中にない。

明される。
2　捕囚の民に対する同じ約束が、エレミヤ書二九章一一―一四節の散文の確信の言葉に表

わたしは、あなたたちのために立てた計画をよく心に留めている、と主は言われる。それは平和〔繁栄〕の計画であって、災いの計画ではない。将来と希望を与えるものである。そのとき、あなたたちがわたしを呼び、来てわたしに祈り求めるなら、わたしは聞く。わたしを尋ね求めるならば見いだし、心を尽くしてわたしを求めるなら、わたしに出会うであろう、と主は言われる。わたしは〔あなたがたの繁栄を回復し〕捕囚の民を帰らせる。わたしはあなたたちをあらゆる国々の間に、またあらゆる地域に追いやったが、そこから呼び集め、かつてそこから捕囚として追い出した元の場所に連れ戻す、と主は言われる。

この箇所もまた、捕囚のイスラエルに対する神の約束である。イスラエルの現在時制は、退去と挫折で占められる。その託宣は、その現在を通り越して神への信頼のみに基盤を置く将来を見つめるようにとイスラエルを招く。その将来の特別な内容は、「そこに帰る」こと、つまり故郷への帰還である。「あなたがたの繁栄を回復する」〔新共同訳では訳出されていない〕との表現は、詩編八五編一節と並行する。ここでの関心事は、ＹＨＷＨがあなたがたのシャロームのための計画をもっているということである。それはＮＲＳＶでwelfare（繁栄）として訳出さ

れている。将来は共同体全体にとっての、保証された幸福である。それは、約束なさる方に信頼を置くことによってのみ保証されるもので、現在に対して全く対照的である。

3　ミカ書五章一―四節aは、教会暦でアドヴェントの聖句として定期的に読まれるテクストであるが、権力の競われる場におけるシャロームを予見する。

エフラタのベツレヘムよ
お前はユダの氏族の中でいと小さき者。
お前の中から、わたしのために
イスラエルを治める者が出る。
彼の出生は古く、永遠の昔にさかのぼる。
まことに、主は彼らを捨ておかれる
産婦が子を産むときまで。
そのとき、彼の兄弟の残りの者は
イスラエルの子らのもとに帰って来る。
彼は立って、群れを養う
主の力、神である主の御名の威厳をもって。
彼らは安らかに住まう。

今や、彼は大いなる者となり
その力が地の果てに及ぶからだ。
彼こそ、まさしく平和である。

このテクストは、片田舎のベツレヘム出身の指導者が現れて、国を治め、シャロームをもたらすだろうと予見する。さらにその指導者は、アッシリア帝国さえ狼狽させるだろう。この箇所は、その後の解釈において、明らかに「メシア的」であると考えられた。イスラエルの解釈では、この詩はダビデ家の王への言及である。キリスト教の解釈では、それはイエスを予表する。われわれの目的において、シャロームは、社会の繁栄、安全、そして幸福を全く具体的・物質的なしかたで実現するであろう、神の威厳を持つ人間の代理者の仕事であると分かれば十分である。

これらの三つのテクストは、ネガティブな現在時制を置き換える新しい将来を証明する。「今とその時」との間の対照は、帝国支配下の絶望のコンテクストと、自由な環境における保証された幸福についてこれからやって来るコンテクストとの間の対照でもある。この「今とその時」の対照に注意深くあるなら、約束された将来を占領下の現在にロマンティックに崩落させてしまう「終末の現実化」に対して十分抵抗できる。第三のテクストは、とりわけ、社会批判と分析を示すものである。なぜならシャロームを起こされるベツレヘムの片田舎出身の方の存在は、区別をつけない現在時制のシャロームの観念学を助長する都会のエリートの実践とは、はっきりと対照を描くからである。

IV

このエッセイを準備していた頃の批判なき幸福の中にいた時と比べると、約束された繁栄について、われわれはもはやロマンティックなままではない。しかしながら、大量消費の時代に、社会経済的不均衡が「新しい世界の秩序」などまやかしだと言うことにも気づかないほど、われわれは麻痺状態に陥る危険性がある。私の属する教会の伝統は国レベルで、いまや人種差別に関するみじめな合衆国の歴史に深く没頭しており、「多文化主義」〔一つの国家や社会の中に、多様な文化の共存を認め、それぞれが独自性を保とうとする立場や考え方〕の解消に乗り出している。しかし、現在の強調点はもっぱら人種差別についての政治的な是正であると理解することは可能である。同時に、教会が経済的な問題を取り上げることは不可能であるか、もしくは、そうしたくないかのように見える。それはおそらく、われわれの教会の指導者は（私もその一人だが）、お金のことをあまり気にせずにいられるほど、経済的にたいへん恵まれているからである。経済を抜きに政治のみに焦点を当てることの問題は、権力と同じくらい信仰に関わる、残酷でかつ寛容な共同体主義の復興を要求する共通の運命に対してふさわしい努力もせずに、事柄が単に権力の問題へ譲り渡されることだ。

しかし、もし、今の主要な問題は人種ですらなく階級であるとするウィリアム・ジュリアス・ウィルソンの主張が何かしら正しいなら、経済的正義（ミシュパト）なき政治的平和（シャローム）に焦点を当てることは、階級問題を隠すことになりがちである。[7] それで、もし私の教会の伝統がまさに今、一九七〇年代の無批判的な実践を再現しているのなら、今回ばかりは新しい世界の秩序（シャロームのこと）は「多文化主義」なのではないかと私は考える。その問いの答えは一つではないが、これらのエッセイがそうであるように、テクストは、われわれの好む取扱法をよく破壊するという事実が、われわれに絶えずつきまとうだろうということを暗示する。テクストは、われわれの想像力の弱さと勇気のなさを超えて、「従うということの代価」（ボンヘッファーのよく知られたフレーズを用いれば）を伝える。シャロームは、いまもなお神の約束である。われわれがシャロームを待つことができるためには、われわれの破壊された現在に対してわれわれが考える以上に注意深くあらねばならない。それは、多くの形を取り、一部ではなくすべてを壊れたままにする破壊である。

ともかくも、私はＵＣＣのメンバーであること、ＵＣＣが信仰の戦いを続けていることを嬉しく思う。現在、その戦いはこれらのエッセイが書かれた時とは異なる姿をしている。しかし、もちろん、中心問題は、これらのエッセイが強く主張するすべての中にあり続ける。私は初版本の序文に、私とこの本を育ててくれたたくさんの方々のお名前を記して感謝を申し上げた。教会の最近の多くの仲間たちと同様に、彼らにはいまも感謝している。もちろんその中のチャールズ・マッコロフは長期間この本に第一に関わってくれた。現代の科学技術社会はいま、「ヴィジョンなるもの」に対抗している。それこそが、このテクスト研究がとても緊急性を要し、その理解がとても破壊的であり、そしてわれわれがその準備をこれほどためらう理由である。

二〇〇〇年レントの第三週に

ウォルター・ブルッゲマン
コロンビア神学校

目次

序文　3

第Ⅰ部　シャロームについてのヴィジョン

1　ヴィジョンに向かって生きる　25

2　「持てる人々」と「持たざる人々」のためのシャローム　46

第Ⅱ部　自由についてのヴィジョン

3　自由と統合としてのシャローム　69

4　れんが工場での出来事　97

5　物語が何をなすべきかを伝える　115

第Ⅲ部　命令についてのヴィジョン

6　命じることと食べること　133

目次

7 平和は贈り物であり任務である 155
8 平和はシャロームの契約である 174
9 宗教と政治を結びつける 189

第IV部 シャロームの教会

10 教会、それは自由にされた世界 211
11 新しさ、それは教会のメッセージ 227
12 シャロームの道具 246
13 シャロームの教会 264

第V部 シャロームの人々

14 シャロームの人々 295
15 どう結び合うかを教える 315
16 癒しとケアとしての健康管理 332

注　349
訳者あとがき　367
聖句索引　i

装丁　桂川　潤

第Ⅰ部　シャロームについてのヴィジョン

1　ヴィジョンに向かって生きる

わたしは時季に応じて雨を与える。それによって大地は作物をみのらせ、野の木は実をみのらせる。穀物の収穫にはぶどうの収穫が続き、ぶどうの収穫には種蒔きが続いて、あなたたちは食物に飽き足り、国のうちで平穏に暮らすことができる。わたしは国に平安を与え、あなたたちは脅かされることなく安眠することができる。わたしはまた、猛獣を国から一掃し、剣が国を荒廃させることはない。

レビ記二六章四—六節

実に、キリストはわたしたちの平和であります。二つのものを一つにし、御自分の肉において敵意という隔ての壁を取り壊し……。

エフェソの信徒への手紙二章一四節

聖書における世界史についての中心的なヴィジョンは、創造のすべては一つであること、どんな被造物も他のどの被造物とも共通し、他のあらゆる被造物の喜びと幸福に向かって、調和と安心の中に生きるということである。イスラエルの信仰共同体において、このヴィジョンは、アブラハムは全イスラエルの父であり、あらゆる人は彼の子供であるとの証言に表されている（創一五・五、イザ四一・八、五一・二を見よ）。イスラエルは、すべての民がイスラエルの神の意志に基づく共同体の中へと引き入れられるヴィジョンを持つ（イザ二・二―四）[1]。新約聖書において教会は、あらゆる人間がイエスの主権と交わりのもとに引き入れられるのみならず（マタ二八・一六―二〇、ヨハ一二・三二）、またそれゆえ単一の共同体の中へと引き入れられる（使二・一―一二）というパラレルなヴィジョンを持つ。それらのヴィジョンは十分に包括的ではないとしても、そのヴィジョンについての最も驚くべき表現は、すべての人は、一つの家族の子供たち、一つの部族のメンバー、一つの希望の継承者、そして、一つの運命、つまり神の全被造物の保護と管理の担い手である、ということだ。

　喜び、幸福、調和そして繁栄についての繰り返し起こるヴィジョンは、聖書の中の一つの言葉あるいは概念ではとらえ切れない。その多面的で物静かなニュアンスを表現するには、愛、誠実、真理、恵み、救済、公正、祝福、正義といった一連の言葉が必要である。しかし、最近の議論において、その全体を支配するようなヴィジョン[2]と聖書そのものとの両方において、それは、途方もない荷物を担う。すなわち不和、敵意、恐れ、衝動、惨めさへと落ち込みがちなわれわれのあらゆる性向に抵抗する、神の夢という荷物である。

シャロームは、全被造物を喜んで受け入れる一つの共同体という聖書的ヴィジョンの実質である。それは、共同体の調和を喜ばしく効力あるものにするそれらすべての源泉と要因をさす。エゼキエルの幻の箇所はその意味を次のように表現する。

わたしは彼らと平和の契約を結ぶ。悪い獣をこの土地から断ち、彼らが荒れ野においても安んじて住み、森の中でも眠れるようにする。わたしは、彼らとわたしの丘の周囲に祝福を与え、季節に従って雨を降らせる。それは祝福の雨となる。野の木は実を結び、地は産物を生じ、彼らは自分の土地に安んじていることができる。わたしが彼らの軛の棒を折り、彼らを奴隷にした者の手から救い出すとき、彼らはわたしが主であることを知るようになる。彼らは二度と諸国民の略奪に遭うことなく、この土地の獣も彼らを餌食にしない。彼らは安らかに住み、彼らを恐れさせるものはいない。わたしは彼らのためにすぐれた苗床を起こす。

（エゼ三四・二五―二九 a）

神の民の起源と運命とは、シャロームの道の上にある。それは喜ばしい記憶から出発して、より大きな期待に向かって生きることである。

エゼキエルのこの箇所と、この章の冒頭に引用したレビ記の箇所は、シャロームを、それがなしうるあらゆる力において示している。それは、剣、旱魃、野獣といった脅威のただ中にさえ存在する幸福である。それは、物質的・身体的・歴史的な類いの幸福であって、牧歌的な「絵に描いた餅」ではなく、樹木と穀物と敵に囲まれた場、まさに人々がいつも不安を処理し、生き残るためにもがき、誘惑と取り引きしているその場における「救い」である。それは非常にある種の個人的な幸福である。レビ記二六章の宛先は、一人の人に向けられているが、またつとめて共同体的でもある。もし幸福であろうとするなら、それはただ孤立、絶縁した個人たちのためだけではなく、それはむしろ、若者も老人も、富者も貧者も、権力ある者もそれに依存する者も包み込んだ共同体全体に与えられる安心と繁栄である。いつもわれわれは皆、そのことで一つである。われわれは共に神の祝福の前に立つ。そして、われわれがそれを受けるのだとしたら、共々に命という贈り物を受ける。シャロームは、何者をも排除しないで包括的に受け入れる共同体にのみやって来る。

聖書の神の究極の意志である完全さのヴィジョンはシャロームの契約の結果であり（エゼ三四・二五を見よ）、そこで人々は、彼らを脅かすものは何一つない、世話をし、分かち合い、喜ぶ共同体において、神に対してだけでなく互いに対してもつながるのだ。

シャロームの側面

この共同体的ヴィジョンの範囲は、その力を理解するさいの重要な要素である。非常に包括的な側面では、それは、創造のイメージの秘義と壮大さで表現される、あらゆる現実を包含するヴィジョンである。

［シャロームがない］
地は混沌であって、闇が〔地の〕深淵の面にあり……。（創一・二a）

［シャロームがある］
狼は小羊と共に宿り
豹は子山羊と共に伏す。
子牛は若獅子と共に育ち
小さい子供がそれらを導く。
牛も熊も共に草をはみ
その子らは共に伏し

獅子も牛もひとしく干し草を食らう。
……
わたしの聖なる山においては
何ものも害を加えず、滅ぼすこともない。
（イザ一一・六―七、九a）

〔混沌からシャロームへ〕
激しい突風が起こり、舟は波をかぶって、水浸しになるほどであった。しかし、イエスは艫《とも》の方で枕をして眠っておられた。弟子たちはイエスを起こして、「先生、わたしたちがおぼれてもかまわないのですか」と言った。イエスは起き上がって、風を叱り、湖に、「黙れ。静まれ」〔"Peace! Be still"〕と言われた。すると、風はやみ、すっかり凪になった。
（マコ四・三七―三九）

ここで「黙れ」（"peace"）と訳されたギリシア語は、シャロームというよりも「静かである（quiet）こと」を意味するが、それでもふさわしい箇所である。湖上の嵐は、創世記一章二節に描かれる不吉でカオス的な力と全く同じである。マルコにおけるイエスの言葉は、創世記一章二節の水の面にうごめく神の霊と同じ目的に仕える。すなわち、根本的な無秩序を神の支配のもとに、すなわち調和の中に、光、命そして喜びが可能になるように、持ち運んでゆくことである。創世記における、そしてイエスによる創造は（コロ一・一七を見よ）、神の支配から遠ざかっていて無秩序で非生産的で何事も成就しえない世界におけるシャロームの構築である。同じく象徴的な表現として、イザヤのメシア的ヴィジョン（一一・六―九）は、被造物が和解し、子供たちと蛇との間で、あらゆる種類の自然の敵の間で、調和が現れている世界についての言葉である。[3] シャロームは、創造の時である。そのとき、あらゆる神の創造物は敵対と破壊をやめて、別の結びつき方を見出す。すべてが休息し何の恐れも与えない安息日の平和と喜びにおいて、創造が最高点に到達するのは不思議ではない（創二・一―四a）。われわれがよく知る安息日の祝福が次のように終わるのは不思議ではない。「主が御顔をあなたに向けて、あなたがたに平安（シャローム）を賜るように」（民六・二六）。なぜなら、祝福とは創造の完結である安息日の確約であり、そのときわれわれの存在において敵対するすべての要素に調和がもたらされるからである。

　シャロームの第二の側面は、歴史的・政治的共同体である。シャロームの不在と調和の欠如は、経済的不均衡、司法的堕落、政治的弾圧そして排他主義に見られるような社会的混乱（無秩序）というかたちで表される。もちろん預言者たちは、そのような共同体の崩壊に向かって、それはシャロームの欠如であると大胆に語る。

　　災いだ、寝床の上で悪をたくらみ

悪事を謀る者は。
……
彼らは貪欲に畑を奪い、家々を取り上げる。
住人から家を、人々から嗣業を強奪する。
（ミカ二・一―二）

この言葉を聞け。
サマリアの山にいるバシャンの雌牛どもよ。
弱い者を圧迫し、貧しい者を虐げる女たちよ。
「酒を持ってきなさい。一緒に飲もう」と
夫に向かって言う者らよ。
（アモ四・一）

このような事態は、預言者たちの目には、単に倫理的な違反行為としてだけでなく、シャロームに対する神の意志の破壊、歴史上の民のために神が意図する共同体の悪用と映る。彼らの呼ばわる声は、絶え間なく正義と公正を求める叫びである。

善を求めよ、悪を求めるな
お前たちが生きることができるために。

……
悪を憎み、善を愛せよ
また、町の門で正義を貫け。
（アモ五・一四―一五ａ）

洗って、清くせよ。
悪い行いをわたしの目の前から取り除け。
悪を行うことをやめ
善を行うことを学び
裁きをどこまでも実行して
搾取する者を懲らし、孤児の権利を守り
やもめの訴えを弁護せよ。
（イザ一・一六―一七）

正義と公正を行うことは、実現可能な共同体の建設に結果する。それがシャロームであり、そこでは虐げられた者や権利を剝奪されている者たちが尊厳と力を持っている。

悪を避け、善を行い
平和を尋ね求め、追い求めよ。
（詩三四・一五）

そのとき、荒れ野に公平が宿り
園に正義が住まう。
正義が造り出すものは平和〔シャローム〕であり
正義が生み出すものは
とこしえに安らかな信頼である。

（イザ三二・一六—一七）

正義と公平の帰結が、喜びと幸福の永続する安息、シャロームである。しかしもう一つは不正と抑圧であって、それは必然的に混乱と不安へと導き、幸福をもたらさない（イザ四八・二二、五七・二一）。

排除された人々に対するイエスの宣教（ルカ四・一六—二一を見よ）は同じくシャロームであり、排除された人々と彼らを排除した人々との間に共同体を建設することであった。病人を癒し、罪人を赦し、死人を起き上がらせ、飢えた人々に食べ物を提供したイエスの行動はすべて、冷たい利己主義によって混沌に陥ってしまった世界において、シャロームを求める神の意志を再び確立する行動である。

シャロームについての宇宙的かつ歴史的・政治的な面は、聖書がいつも前提としているが論じてはいない第三の側面を表している。それは共同体における、世話をし、分かち合い、喜びあふれる生を生きる人格によって経験される幸福というシャロームの感覚である。それと対照的に、貪欲は、決して満たされずつねに自分勝手な保全を追い求めて、結局は破滅に至ることになる利己主義的な生の側面として示される。

貪欲な彼の罪をわたしは怒り
彼を打ち、怒って姿を隠した。
……
平和、平和、遠くにいる者にも近くにいる者にも。
わたしは彼をいやす、と主は言われる。
神に逆らう者は巻き上がる海のようで
静めることはできない。
その水は泥や土を巻き上げる。
神に逆らう者に平和はないと
　わたしの神は言われる。
（イザ五七・一七、一九―二一。ヨシュ七章と比較せよ）

そしてイエスの教えにおいて、貪欲は、悩みや不安の種となる。

「先生、わたしにも遺産を分けてくれるように兄弟に言ってください」。……そして一同に言われた。「どんな貪欲にも注意を払い、用心しなさい。有り余るほど物を持っていても、人の命は財産によってどうすることもできないからである」。……それから、イエスは弟子たちに言われた。「だから、言っておく。命のことで何を食べようか、体のことで何を着ようかと思い悩むな」。（ルカ一二・一三、一五、二二。使五・一―四と比較せよ）

このように、創造において、混沌の勢力は、整然とした実り豊かさを求める神の力強い意志と対立する。歴史的共同体において、不正と搾取の勢力は、安心をもたらす、信頼できる、公平なる正義を求める神の意志と対立する。個人の存在において、衝動的で不安に満ちた利己主義は、好意的なケアを求める神の意志と対立する。シャロームについての聖書的ヴィジョンは、被造物の一部、共同体の一部、またはある兄弟姉妹を、巧みな方法で犠牲にして安全と幸福を求めようとする価値観やライフスタイルを、つねに固く拒否するものとして機能する。聖書的方法についてのヴィジョンは、共同体の幸福が、偶像的な自己拡大によってではなく、生ける神の夢によって来るということを断言する。一方で、安息日を祝う意味を決して知ることがないほどに創造を歪める選択肢がある。われわれは、自分たち自身の存在を確保しようと懸命になるか、あるいは、神がすでにわれわれのためにそれを確保していることを知って安息日の喜びと休息を祝うかのいずれかである。シャロームは、これを感謝する被造物によって歓迎される。

ヴィジョンを保持する

聖書は、ヴィジョンに関してロマンティックではない。聖書は決して、シャロームが自然に、あるいは自動的にやって来るとは考えない。シャロームを求める神の意志を危うくする方法はじつにたくさんある。

共同体がヴィジョンを否定し、シャロームなしにやっていく第一の方法は、自らを欺いて、不正と搾取について個人的に取り決めることはふさわしい生き方だと考えることである。

「身分の低い者から高い者に至るまで皆、利をむさぼり
預言者から祭司に至るまで皆、欺く。
彼らは、わが民の破滅を手軽に治療して
平和がないのに、『平和、平和』と言う」。
（エレ六・一三―一四。エゼ一三・一〇、アモ六・一―六と比較せよ）

シャロームは、独自の方法で、富裕者や権力者の任務と重荷となる。彼らは、シャロームの

責任を問われる人々である。預言者たちは、それらの富裕者や権力者たちが自分たちの利己的な繁栄を合法化し、それが恒久であるかのように考えて思い違いをしていることを絶えず批判し、論駁した。預言者的なシャロームのヴィジョンは、他者がそこにいないと装うあらゆる私的な取り決め、あらゆる「隔絶された平和」、あらゆるゲットー（＝強制居住区）に対抗して立つ（ルカ一六・一九—三一と比較せよ）。自らを欺く幸福に仕える宗教的合法性は、カオスの形式である。シャロームは決して少数者の私有財産ではない(4)。

ヴィジョンを歪める第二の方法は、短期的な見方をすることである。イザヤは、現在の自分の民の将来を現在の好都合と取り引きしたヒゼキヤ王の物語を提示する。彼は「自分の在世中は平和（シャローム）と安定が続くだろう」（イザ三九・八）と考えたことによって非難される。幸福の瞬間は、多額の代価を払って、今日を明日と対立するものにしてしまうことがある。親たちは、嫌悪と虐待という借金を積み上げて、子供たちにそれを返済させる。しかし預言者は明晰である。シャロームは決して短期的なものではない。結局、誰かが高い代償を払わなくてはならない。創造に対する配慮は、一世代のみが取り扱うことでは決してない（エレ三二・二九—三〇、エゼ一八・二を見よ）。

シャロームのための神の意志を裏切る第三の方法は、何らかの小道具を命の源として信用することである（*credit certain props*）ことである。たとえば、政治的または宗教的な調度品を偶像化し、それが神の力だと偽ることである。エレミヤは、民が明らかに神殿をシャロームの道だとみなし、シャロームが要求する一連のものを顧慮することなく、入手可能な、安価なものと考えているのを見た。同じようにイエスは、人々を犠牲にして特定の倫理規定を重んじた自己欺瞞の精神構造をあばいた（マタ一五・一―二〇）。シャロームのヴィジョンはとても大きいので、それを自由に使える公式を知って、宗教的敬虔か、倫理か、あるいはいつでも応じてくれる科学技術によって、シャロームを管理し制御できたら楽しいだろう（申一八・九―一四を参照せよ）。しかし、シャロームは、われわれの最上の知識や最も巧妙な策略には従属しない。ケアをするという高価な方法を通してのみ、それはやって来る。

生き生きとした希望

シャロームは永続する希望である。その約束は繰り返され、その希望は絶えない。しかし、それがとりわけ生き生きとした希望となる場合がある。イスラエルの捕囚期がそうであった。エレミヤは、その時期のこのヴィジョンの雄弁な語り手の一人であった。そして、彼が捕囚の民に対して書いたこの手紙は、そのヴィジョンは追放された人々の間にも有効であると力説する、大変驚嘆すべきテクストの一つである。

「わたしは恵みの約束を果たし、あなたたちをこの地に連れ戻す。わたしは、あなたたちのために立てた計画をよく心に留めている、と主は言われる。それは平和の計画であって、災いの計画ではない。将来と希望を与えるものである。……わたしを尋ね求めるならば見いだし、心を尽くしてわたしを求めるなら、わたしに出会うであろう、と主は言われる」。

（エレ二九・一〇―一一、一三―一四 a）

表面上このテクストは、捕囚の期間はやがて終わるという単純な約束のように見える。しかし、その構造は、約束（一〇節）から土地（場所）（一四節）へ進む。イスラエルは再び、約束から土地へ、放浪から安全へ、混沌からシャロームへという喜ばしい、曲がりくねった小径に置かれる。そのように捕囚の経験は、他のあらゆる経験と同様に、イスラエルの民と共にあるこの驚くべき神のヴィジョンをめぐる巡礼の旅の一部として読めるのである。

バビロンの捕囚民への手紙の中で、エレミヤはわれわれの用語を二度用いる。エレミヤ書二九章一一節は、神は捕囚民のためにもシャロームを願うとの証言を記す。たとえ捕囚が悪のように感じられても、神は悪を願わない。神は、将来と希望を――現実へと突き進む約束を――願う。われわれはいつものようにその確言を受け取る。しかし、それが語られるのが、絶望と冷笑のとき、「中心が崩れた」とき、あらゆるものが崩壊し、誰もが疲れ希望が尽きたときである場合、その大胆さに驚かされる。歴史の根源には、シャロームを願う方がおられる。歴史の終わりには、われわれをシャロームへと、不安のない共同体も、どんなに悪く言われても動じないで金の子牛を崇拝する民をも含めて、招く方がおられる。乏しい資源では、絶望を論駁したり、疎外された人々のケアを可能にしたりすることはほとんどできないものだ。聖なる方、すなわち残りの者たちが諦めたときにあえて約束し夢を見る方だけが、これを為すだろう。

だが、エレミヤは何を意味しているのか。単純に神がそこにおられるということである。われわれは見捨てられたのではない（捕囚のテクストの断言に注目せよ。イザ四一・一〇、一四、四三・一―二、五、四九・一四―一五、五四・七―一〇。また全く別のテクストでマタ二八・二〇）。神はわれわれの言葉を聞かれ、また答えてもくださる（出三・七以下、イザ六五・二四）。われわれの世界は、あるものを循環させているだけの機械的な世界、空虚な世界ではない。断じてそうではない！　ケアをし、癒すコミュニケーションはなお可能である。あらゆる歴史的な「我」を共同体へと呼び寄せる「汝」がおられる。生は、衝動的な、あるいは不安に満ちたモノローグ（独り言）ではない。主は見出しうる。それが、神は死んだか、隠れているかのように思われるときの、非常に重要な福音のテーマである（申四・二九―三一、イザ五五・六を見よ。両方とも捕囚からのテクスト）。シャロームのヴィジョンは、しばしばわれわれ自身がそうであるように、信仰を持続するための資源が尽きそうなときに最も雄弁に表現される。そこで、たとえばイザヤ書六五章二一節において、シャロームのモチーフが一斉に現れ、六五章二五節には被造物の和解が、六五章二四節には確信をもった対話が示される。[5] それだけにまさしく生がモノローグになるとき、シャロームについての問いが教会を困惑させるのは当然である。

捕囚の民に宛てたエレミヤの手紙で、他にシャロームを扱った箇所は二九章七節である。

「しかし、わたしがあなたたちを捕囚として送ったその町のシャロームを求め、その町のために主に祈りなさい。なぜなら、そのシャロームの中にあなたたちはあなたたちのシャロームを見出すであろうから」。

（著者私訳）

それを想像してみよ！　手紙は忌み嫌われたバビロンの地に移されていった人々に宛てて書かれた。彼らは意に反してそこに連れ去られ、自分たちの生活と文化の崩壊を見つめた。そして彼らは今もなおそこにいる。家に帰ることを切望しながら、自分たちを捕らえた人々を軽蔑しながら、また、神は本当にいまもなお自分たちの神なのかと、自分たちの神に憤りながら。そしてヴィジョンの語り手は恐れずに言う。「あなたがたのシャロームは、バビロンのシャロームの中に見出されるであろう」と。選ばれた者たちの幸福は、選ばれた者たちが恐れ、軽蔑するその忌み嫌われた都市の幸福と結びついている。このきわだって宗教的なヴィジョンが都市共同体において実現されなくてはならないと知ることは、深遠から心乱されることだ。ユダにおいて、また移されて希望の失せたあらゆる場所において、支配者、兵士、管理人、利を求めて渡り歩く者たちの強欲な集団が、繁栄の中身である。われわれのヴィジョンによる都市の姿については言うに及ばず、われわれの生きる都市の姿について圧迫や怒りを感じている信仰ある人々にとっては、それは今でも信じがたいヴィジョンである。しかし、またしても神のシャロームは、包括的な、ケアをする共同体の人々にのみ知られるということが断言される。移された人々へのエレミヤの手紙は、あまり期待に応えなかった。彼らは、疑いなく、もっと純粋な福音を、もっと身近な約束を、明瞭な将来を望んでいた。しかし、神の捕囚民たちは、生き生きした一致への目標は、われわれが排除しがちな人々を包含する方法を見出さねばならないという困難な道であることを、つねに学んでいるのである。この嫌悪するバビロンと共にあるシャロームについての約束は、憎しみの深さ、恐怖の大きさの度合いによって、栄光の約束、あるいは思慮深い思想となる。しかし、それはわれわれの最善のヴィジョンである。つねに歴史的な現実に根ざし、またそれに対して語りかけてきたヴィジョンである。(6)

シャロームの具現

約束された唯一のシャロームは、まもなく「受肉」によって歴史的な現実のただ中に来られる方である。われわれの知る唯一の神は、歴史の中に現れ、人格を持ったお方として入って来られた。聖書的本質をもつシャロームは、つねに何かスキャンダラスなものである。単なるリタージカル（典礼的）な経験でも神話的な陳述でもなくて、われわれの最も深いところの分裂に向かって、ヴィジョンをもって対抗してくるものである。

パウロの一連の手紙はこのことを語る。区分し分類する範疇と部分と差別的な形跡が相当たくさんあるように見えるが、またこうも述べられている。

「そこではもはや、ユダヤ人もギリシア人もなく、奴隷も自由な身分の者もなく、男も女もありません。あなたがたは皆、キリスト・イエスにおいて一つだからです。あなたがたは、もしキリストのものだとするなら、とりもなおさず、アブラハムの子孫であり、約束による相続人です」。（ガラ三・二八―二九）

主のただ一つの共同体へと招かれるのは、神のただ一つの約束の担い手、アブラハムその人の子孫である。パウロは、黒人と白人、金持ちと貧乏、男と女、東と西、老人と若者などのわれわれの好む区別（差別）を明白に挙げ、それらが現実的でも意味のあるものでもないことを明言する。それらの要因――われわれの不安、衝動、貪欲、不正、混沌――は全く重要でないし、これらのどれもわれわれの生を決して保証しない。それでもわれわれは守られて、あらゆる安全への必死の努力や優位性を確保するための馬鹿げた操作から、シャロームへと招かれている。パウロはさらにきっぱりとこう告白する。「実に、キリストはわたしたちの平和〔シャローム〕であります」（エフェ二・一四）。

キリストは、重い皮膚病の人々とファリサイ派とを、イサクの息子たちとハガルの後継者たちを、すべて再び結び合わせられた。あるいはヴィジョンがわれわれにそのような希望を抱かせる。彼はパンを裂いたときに知られる。彼は十字架に付けられ、そして復活された。彼は再び来られる。彼は、すべての人々を自分のもとへと導き出す方、死人のうちから甦られ、支配階級をものともされなかった方。けれども自分自身を救わなかった方。彼はわれわれのヴィジョンを具現化し、そのヴィジョンを生きるようにわれわれに力を与える方である。

われわれはときに生後八日目の子供になる。そしてヴィジョンを抱くという危険を冒す。ライオンと小羊が一緒に草をはみ、寡婦と裕福な人々が共通の遺産を受け継ぎ、われわれの将来が強制的な衝動ではなく自由な保護のうちに置かれるというのは驚くべきことだ。そのようなヴィジョンがわれわれを取り巻き、われわれに呼びかけているが、われわれは窓ガラスを通してそれをぼんやりと見ているだけである。

2　「持てる人々」と「持たざる人々」のためのシャローム

主は言われた。「わたしは、エジプトにいるわたしの民の苦しみをつぶさに見、追い使う者のゆえに叫ぶ彼らの叫び声を聞き、その痛みを知った。それゆえ、わたしは降って行き、エジプト人の手から彼らを救い出し、この国から、広々としたすばらしい土地、乳と蜜の流れる土地、カナン人、ヘト人、アモリ人、ペリジ人、ヒビ人、エブス人の住む所へ彼らを導き上る」。

出エジプト記三章七—八節

ユダとイスラエルの人々は海辺の砂のように数が多かった。彼らは飲み食いして楽しんでいた。

列王記上四章二〇節

シャロームはたくさんのことを意味しうる。しかしわれわれが取り上げるのは、非本質的な意味ではない。われわれの定義法は、われわれの生のコンテクストにおいて意味をもつ。あらゆる言葉をそうするように、われわれの必要、希望、恐れ、そしてヴィジョンに見合う特別の意味の運び手として、われわれはその言葉を定義し用いる。そして、シャロームという言葉が置かれるコンテクストは、それがどのようにわれわれに届くか、そしてわれわれがそれにどんな積み荷を課すかで違ってくるだろう。

私は、聖書的信仰が最も明確に表現された二つのコンテクストを比較することから始める。それぞれのコンテクストにおいて、シャロームという用語にかなり異なるニュアンスが伴っているということを提言したい。

「持たざる人々」のためのシャローム

まず、モーセ－ヨシュア－サムエルの預言者の伝統について考えたい。これは聖書における「規範的なもの」として人々によく知られ、認識されている。ここで、あらゆる批評的判断を私の論拠に沿って論評するつもりはないが、これは、旧約聖書において一般に「申命記的」と呼ばれて簡単に片付けられている資料であるとだけ述べておこう。この思考装置、すなわち文学は、生き残ることの問題と取り組んでいる「持たざる人々」の状況から出現したのだと思う。

われわれはこの文学の背後にある人々については、モーセに率いられた奴隷の民として、また は、カナン人とペリシテ人たちの領土において少しの土地しか与えられず、そこで生きるのがやっとだった、ヨシュア－サムエル－士師たちの時代の歓迎されざる人々として語るだろう。あるいは、（多くの学者がするように）われわれはその歴史の流れの別の終わりへと向かい、紀元前六世紀の捕囚におけるその文学の最終形態を突き止めることができるだろう。いずれにしても、この文学を形成した人々は、――現実の具体的歴史的な生存であれ、あるいは、少なくとも信仰と意味の残存であれ――生き残るということの問題に関心があった。彼らは深刻で不安定な状況を自覚しつつ自分たちの生を生きた。

不安定さのただ中を生きる人々は、際立ったしかたで、自分たちの語彙と自分たちの信仰を、自分たちの認識を、そして自分たちの礼拝を形づくる。イスラエルの人々が自分たちの信仰を表現する最も重要な方法の一つは、「叫びを上げ、聞き、救い出す」というテーマを中心とすることだった。(1) 彼らの信仰のかたちは、叫び声を上げることであった。神の臨在と憐れみ深さのかたちは、彼らの叫びを聞き、それによって動かされ、彼らが直面する困難から彼らを救うために行動することであった。「どん底からの叫びが出来事の出発点である」とクラウス・ヴェスターマンは述べている。(2)

この「叫び、聞き、救う」という表現方法は、出エジプト記と同じくらい早い、信仰の伝統の初期の段階にすでに確立していた。(3)

その間イスラエルの人々は労働のゆえにうめき、叫んだ。労働のゆえに助けを求める彼らの叫び声は神に届いた。神はその嘆きを聞き、アブラハム、イサク、ヤコブとの契約を思い起こされた。神はイスラエルの人々を顧み、御心に留められた。

主は言われた。「わたしは、エジプトにいるわたしの民の苦しみをつぶさに見、追い使う者のゆえに叫ぶ彼らの叫び声を聞き、その痛みを知った。それゆえ、わたしは降って行き、彼らを救い出し……」。（出二・二三—二五、三・七—八ａ）

キーワードは「叫びを上げた」と「救う」（*za'aq/yatsa'*）である。イスラエルは叫び声を上げる民である。ヤハウェは救う神である。これが契約に表現されたかたちである。叫び声を上げることにおいて、イスラエルは神への全幅の信頼を言い表す。救うことにおいて、ヤハウェは民への完全な忠誠を明らかにする。以下に挙げるのは、同じ語りの後のもの、しかしおそらく別の資料からのものである。

「わたしはまた、エジプト人の奴隷となっているイスラエルの人々のうめき声を聞き、わたしの契約を思い起こした。……わたしはエジプトの重労働の下からあなたたちを導き出し、奴隷の身分から救い出す。わたしはあなたたちを贖う。……」。（出六・五—六）

そして、同様の認識について後の時代の表現に違いはない。それは、士師記の語りにおいても明らかである。

主は彼らのために士師たちを立て、士師と共にいて、その士師の存命中敵の手から救ってくださったが、それは圧迫し迫害する者を前にしてうめく彼らを、主が哀れに思われたからである。（士二・一八b）

同じ構造が、ヤハウェによる断言に続くたっぷりの皮肉をもってイスラエルに向けられる。

「あなたたちがわたしに助けを求めて叫んだとき、わたしは彼らの手からあなたたちを救ったではないか。……あなたたちの選んだ神々のもとに行って、助けを求めて叫ぶがよい。苦境に立たされたときには、その神々が救ってくれよう」。（士一〇・一二b、一四）

さらに、不安定な時期が進んで王国の終焉に向かうときでさえも、同じ構造がサムエルの働きにおいて明らかに見られる。

「どうか黙っていないでください。主が我々をペリシテ人の手から救ってくださるように、我々の神、主に助けを求めて叫んでください」。……サムエルは、イスラエルのため主に助けを求めて叫んだ。主は彼らに答えられた。（サム上七・八―九）

明らかにこれは、単に他に多くある語りのうちの一つというわけではない。それはイスラエルの子らが語った特徴的な方法であり、彼らが疑いなく現実を覚える方法であった。それ以外の方法がありえただろうか。明らかに生活は不安定であり、彼らは生き残るための助けをどこに求めるかを熟考した。そして行き着いたのは救済の神学である。この神学は、あるときは主に向かって叫びを上げて救われるが、またあるときはそうしないで苦しむ、貧窮した無力な人々の神学である。神は、介入して来られて救いをなす方、だがまず、信じて名を呼ばれなくてはならない方であると彼らは考える。彼らは自らを、生存と救済のヴィジョンを求めて叫ぶ、依存する民であると考える。不安定で生き残ることに懸命な民は、神を、力強く男性的で変化をもたらす介入者として想像する。

「持てる人々」のためのシャローム

旧約聖書の伝統において、第二に選択しうる道が明瞭にある。それは、神学をする際の非常に異なる方法、シャロームを考える際の異なる意味、そして世界を理解し神を信じる際の異なるしかたをわれわれに与える。私の印象では、われわれの規範となる神学は、生き残りを気にかけた不安定な状況の中で体系的に作り上げられた。しかし、不安定感がなく生き残りの心配もあまり要らない人々の一連の伝統がある。これらの伝統は、ノア‐アブラハム‐ダビデの周りに集中している。私は広く包括的に考えて、これらの伝統は、生活が不安定ではなく、適切な管理と喜ばしい祝福についての問いを抱く「持てる人々」から出現し、彼らの状況を映していると提唱する。適切な管理についてよく考えることができ、また後代のために賢く扱われ適切に保持されるべき祝福が自分たちに与えられていると気づいている人々は、裕福な人々である。喜ばしい人生の祝い事についてわざわざ心配するほどの十分な思慮深さをもてるのは、裕福な人々である。

　私がここで言いたいのは、単純で、にもかかわらず重要な点である。裕福な人々は、生き残る心配をしなければならない人々とは非常に異なる人生についての認識と、非常に異なる神学的課題をもっている。聖書には両方の人々がいる。教会の神学は、生き残りについての聖書の神学を真剣に取り上げてきた一方で、管理と祝福についての聖書の神学についてはあまり理解してこなかった。この幸福についての神学は、繁栄と安全の時期の産物――おそらくは王国時代の産物――のように思われる。それはたぶん、まさしく管理すべき世界と、歓喜のための正当な理由を有する方である王の周辺における自然な状況である。私は、誰よりもクラウス・ヴェスターマンに助けられて、この神学を救済の神学から区別することを学んだ。われわれがこれまで考慮してきた伝統は救いが重要であるのに対し、この神学で重要なのは祝福である。

救いと裁きという対極的なわざの他に、旧約聖書は、歴史における、まるで異なる種類の神の行為を知っている。一時的な出来事においては表明されない継続的な行為、すなわち神の祝福のみわざである。祝福は、実際に生産力を意味する。神の祝福はすべての領域において、発展と成長を、成熟と実りを、いのちの力の静かなる前進をもたらす[4]。

続いて、ヴェスターマンはこの種の考察を、特に、族長物語、土地をめぐる思想、そして王国と神殿の物語に置く。彼はこう主張する。

この言葉〔救済史〕は、神の救いのわざと神の祝福のわざの違いを見えにくくさせる。……この歴史は、たった一つの概念に、すなわち救済史という概念に単純にまとめてしまうことは決してできない[5]。

このように、裕福な「持てる人々」のための祝福の神学は、不安定な「持たざる人々」のための救済の神学とは非常に異なるのである。明らかに、裕福な人々は、彼らの信仰が叫び声に始まるとは思わない。それよりはむしろ歌である。彼らは介入されるのを期待せず必要ともしないが、彼らは安定を喜ぶ。彼らは、たとえば「力ある救済行動」のような変動を、つまり断絶を切望しないが、堅固なる継続を喜び祝う。それは、彼らに益をもたらし続ける世界と社会秩序の永続性を意味する。そのような世界の理解のしかた、信仰的な応答のしかたは、予想されるように、非常に異なるレトリックを要求する。

不運なことに、旧約聖書学は、旧約聖書における救済史とモーセ契約の側面に集中してきた。このことは、ゲルハルト・フォン・ラート（Gerhard von Rad）のクレドの研究と、ジョージ・アーネスト・ライト（George Ernest Wright）の神の力あるわざの強調に反映されている。この要素を祝福のレトリックに位置づけることを、われわれはやっと始めたばかりである。注目点は、人間的な事柄への介入を求める性急な嘆願ではなく、世界の秩序正しいあり方についての安定した静穏な肯定である。次に挙げるのは、おそらくそのような世界観を反映している。

それは極めて良かった。（創一・三一）

「地の続くかぎり、種蒔きも刈り入れも
寒さも暑さも、夏も冬も
昼も夜も、やむことはない」。（創八・二二）

「あなたがたはわたしに悪をたくらみましたが、神はそれを善に変え、多くの民の命を救うために、今日のようにしてくださったのです」。（創五〇・二〇）

あなたがどこに行こうとも、わたしは共にいて、あなたの行く手から敵をことごとく断ち、地上の大いなる者に並ぶ名声を与えよう。（サム下七・九）

（しかし、）わたしは慈しみを彼から取り去りはしない。……あなたの家、あなたの王国は、わたしの前に〔新共同訳では「あなたの行く手に」〕とこしえに続き、あなたの王座はとこしえに固く据えられる。（サム下七・一五―一六）

彼女（バト・シェバ）は男の子（ダビデ）を産み、彼はその子をソロモンと名付けた。主はその子を愛された。（サム下一二・二四）

ユダとイスラエルの人々は海辺の砂のように数が多かった。彼らは飲み食いして楽しんでいた。（王上四・二〇）

いにしえの神は難を避ける場所
とこしえの御腕がそれを支える。
（申三三・二七。詩九〇・一―二と比較せよ）

これらの声明は、実に多様ですべて同じ類いではないが、いくつかのことが言える。まず、彼らはたいそうポジティブで、確信に満ちている。第二に対話的ではない。彼らは誰かに語りかけていないし、応答を期待していない。われわれが見てきた「叫び－救い」のパターンとは正反対である。第三に、彼らは物事がうまくいっているのを認識しており、その現状維持を願っている。彼らは介入を期待せず、必要とせず、望まない。彼らはただ、世界が、彼らが知り所有しているままに、保持されることの確信と安心を待望する。良き人生へアクセスできる人たちは、贈り物を待望しない。彼らはただ、すでに与えられた贈り物を喜び祝い、それらを保持しようとする。ある集団においては、この「持たざる人々」のための救いと、「持てる人々」のための祝福とのコントラストが、「すでに」と「いまだ」の緊張として見なされるかもしれない。持てる人々は、すでに、持っている。彼らにとって、世界はすでに健全で無傷である。神の介入を待つ貧困な人々は、まだそれを手に入れていない。そして彼らは、まだすぐには実現しそうにないことを、絶望的に、あるいは希望をもって待っていると理解する。

この、適切な管理と喜ばしい祝福の神学は、いくつかのテクストに生じているが、ほとんどの教会で用いられることなく見過ごされてきた。これらのテクストのうちのいくつかを以下に挙げる。

- 絶え間ない創造の構造に注目する創造伝承は、先ほど取り上げた創世記一章三一節、八章二二節に加え、多くの詩編に表現されている。
- 知恵のテクストは、フォン・ラートが示したように、物事の相互連結性に関心がある(6)。世界はたしかにつながっていること、そしてわれわれがどう生きるかと何を得るかとは結びついていることが断言される。これが近年、コッホ(Koch)によって「行為と結果の連続的経験の領域(7)」として提唱された知恵の教えの背後に色濃くあるものである。注目に値するのは、ロバート・ゴーディス(Robert Gordis)の知恵の社会学についての的確な評価である。「知恵文学が……根本的に、おもに首都エルサレムで生活していた、社会における上層階級の産物であったことが、この論文の主題である。……予想されるとおり、上層階級は考え方が保守的であり、基本的には現状に満足しており、変化を嫌った(8)」。そのような世界観は、のちにそうなる可能性はあるにしても、利己主義ではない。それはむしろ、世界が裕福な人々によって経験されている様子についての正直なレポートである。
- 王国時代のテクストは、管理するための絶大な権限と、喜び祝うための十分な資金を有する王たちについて物語る。ある意味、王と王家はそれらが頼りであるのだから、適切な管理は非常に重要である。世界の統一性と生産性を保つことは、王の正しい行為、すなわち、王の責任ある管理だとする主張が、王国時代のテクストの中にたしかに述べられている(9)（明らかに、傲慢への誘惑はつねにある。しかしそのことが、なされるべきポジティブな言明を覆い隠してはならない）。

これが、裕福な人々の間では当然の世界観である。いったい、彼らが現在の富を縮小したり否定したり、そのことで神に感謝しなかったり、それが保持されるのを懸念したりできるだろうか。そのような断言が、聖書的信仰の重要な側面を形作る。

さて、私自身と私の仕事仲間たちの印象では、いちばん居心地よく感じるのはサバイバル（生き残り）の神学である。それは、現在のひどさと重荷と新しい時代のやむにやまれぬ約束について語る介入を待望することへと向かわされる。おそらくそれはわれわれの神学教育のためか、あるいは聖職者を生み出す社会経済的な状況のためであろう。理由はなんであれ、それはわれわれがせいぜい知って語れることであり、われわれが自分たちの神学を行う道筋である。したがって私は、社会経済的に不利益な状況から解放についてのラディカルな福音の内容が現れていることを、そして、われわれの多くがそれに関わっていることを単純に肯定したい。不安定な生き残りとラディカルな解放の神学の間を接続する支柱は、ラテン・アメリカ発の解放の神学の起源についての、そしてより現代的には、その神学におけるポール・ハンソン（Paul Hanson）の見事な研究(10)に見出されるだろう(11)。

私は、この神学の力と中心性を少しも減じたくない。しかし、このもう一方の、適切な管理と喜ばしい祝福の神学もまた聖書的であることを認めることは重要である。さらには、われわれの文化的な状況において、この神学は、ますます裕福になっている多くの人々によりふさわしいと思われる。われわれは、職業的にはそれは説教しにくいということに直面するだろう。それは宣言のレトリックを呼び起こさない。たしかに辛辣さはないし、文化的受容に対してより無防備である。

シャロームの両極性

さて、私はどちらか一方の世界観を強く勧めているのではない。私のトピックはシャロームである。私が提唱しているのは、聖書には、シャロームに関する二つの異なる見方について、テクストの中に見出しうる十分な証拠があるということ、そしてわれわれが聖書と接触するその場を突き止めておくことが重要だということである。もっとはっきり言えば、われわれが説教している特定の福音を突き止め、そしてその定式に惹かれる直接の原因について敏感でいることが重要である。もしわれわれが、われわれの神学における社会政治的・経済的要因に敏感であるなら、われわれがシャロームという語を――もちろん、つねに良き聖書的権威を持って――用いるときに意味するものについて、われわれはより明敏に知覚できるかもしれない。

われわれのシャロームについての理解は、聖書の根本的な社会的両極性を共有するようにと、われわれを招く。要約するとこうである。

生き残ることに関心のある「持たざる人々」についての伝統がある。この伝統は、モーセの後継者としての預言者たちに特に位置を持つ。彼らのムードは、つねに古いものの終わりを宣言し、神の新しさによるラディカルな告知をし、そして新しく従うことのためのラディカルな要求を生み出す。彼らは、神の行為による、それまでのやり方と、現在のあるいはこれからの在り方との間のはっきりとした断絶に注目する。ハンソンが示したように、この、新しさ――新しい贈り物と新しい要求の両方――に向けてのラディカルな指向性は、黙示に通じる。もしハンソンが正しければ、黙示は、将来のために耐え難い古さを拒否する伝統である。それは、たしかに、新しい時代と新しい王国のラディカルな告知を伴うイエスを指し示す伝統である。

これとならんで、たくさんの所有財産に価値をおく「持てる人々」についての聖書的伝統がある。この伝統は、祝福の維持と財産の大胆な利用に賢く気を配るよう教育されて多くを任されている王宮の取り巻き集団の中に特に位置を持つだろう。私は、この伝統は知恵の教師とその後のラビたちに表れていると思う。彼らは、世界の在りようにたいへんに気を配る人々であるので、委託されているものを整えることに最大のエネルギーを注ぐ。そのように、彼らは財産管理のための選択的方法について、費用と利益とを非常に気にかける。彼らは新しい時代の到来を待望しない。なぜなら、現在の時代――つまり現在の配備状態――が、すでにその中で創造し再生産する能力を持っているからである。

この二重のコンテクストにおいて、われわれはシャロームについて語ることになろう。私は、教会においてシャロームの力強さを導入することは、ラディカルなしかたで新しい時代の可能性を強調することだったと思っている。しかしそれは、われわれに二種類の問題をもたらす。第一に、聖書におけるシャロームは、救いよりも祝福により近い――すなわち、新しいものに向けてのラディカルな期待よりも、裕福で利益をもたらす秩序を高く評価することにより近い、という強い主張が予想される。もちろん、表象（symbols）を別の方法で再解釈することは可能であるが、それをするとき、われわれは自分たちが何をしようとしているかを知るべきである。第二に、おそらく、こちらがより重要なのだが、私が思うに、われわれ平均的な教会の支持者層は、多かれ少なかれ「祝福された」人々である。われわれは、困窮した「持たざる人々」ではない。われわれは典型的に中流階級のアメリカ人であり、それはつまり、それぞれに心配事はあっても、われわれの生活はひどく不安定ではないということだ。さて、もし聖書が問題の両極を保持しており、そしてもし教会支持者層が私の言うとおりなら、シャロームについてわれわれは一体どう語るべきなのかという難問が生じる。われわれはそれを、切望する不安定さの観点から語るべきだろうか、それとも感謝にあふれた自己満足の観点から語るべきだろうか。われわれは、「すでに」に注目すべきだろうか、それとも「まだ」に注目すべきだろうか。われわれは、新しい将来を強調すべきだろうか、それとも現在を維持することを強調すべきだろうか。

私は、イエスがこれら両方を実践したとする主張は可能であると思う。ケーゼマン[12]（Käsemann）と共に、イエスは黙示を知っていたと言うことができるし、またたしかにクムラン文書は、「持たざる人々」と符号する現実についての見解を示す。イエスが「地上の不幸な人々」の間に、彼の本来の支持者層を見出し、彼らに解放の福音と変革される世界についての希望を提供したことは疑いがない。しかし、デーヴィス[13]（Davies）と共にこうも論じることができる。イエスは、賢者やラビたちの伝統を知り、これを評価した。また彼は「持てる人々」に対して、彼らの責任と責務について語った。彼はまた、生活の相互連結性とわれわれに与えられた贈り物についての管理の必要についても語った。どうやら彼は、さまざまな文脈においてさまざまな語り方をしながら、この両極間を行ったり来たりしたようだ。

それらは、シャロームの概念と取り組むときにわれわれの前にあるいくつかの選択肢である。われわれは自分たちの信仰と神学の社会経済的・政治的側面について真剣に考えることをまだ始めていないと私は思う。私は、不安定さと幸福との両極性のどちらに立ち位置を持つかについて正解は一つではないと思うし、われわれが答えを出すべきだとも言わない。しかしわれわれは、この両義性と、われわれの神学と生の位置の間の直接のつながりについて注意深くありたい。

- だからわれわれは、世界を、まもなく過ぎ去るおぞましい重荷としてか、あるいは価値があり大事に保持されるべき豊かな贈り物としてか、のどちらかでイメージする。
- だからわれわれは、人間としてのわれわれ自身を、新しい事を待つ不幸な人々のうちにいる者としてか、あるいは責任感と確信をもって行動するように教育された、信頼と評価の高い管理者としてか、のどちらかでイメージする。
- だからわれわれは、良き知らせの説教を、大変革の約束としてか、あるいは存在するものの耐久性についての保障としてか、のどちらかでイメージする。

われわれは、人間としてわれわれの福音とわれわれの戦いの場を定めるためになすべき仕事がある。もちろん、私はただ二つの極を示唆することで単純に割り切っている。われわれは、両極を出入りしつつ移動する。われわれはどちらかの極端にいなくてもよいし、人間は連続するものの多数の点上に位置している。しかしわれわれは概して、われわれがどこにいるか、われわれの組織がどこにあるのかに気づいていない。それでわれわれは、社会とさらに自分たち自身の特別な支持者層によって割り当てられる任務にたいして抵抗力がない。

シャロームの二つのモデル

以上述べてきた二つの極の理解に関連して、シャロームについての二つのモデルがある。シャロームは、不安定な人々にとって、自分たちが叫ぶ声の聞き手、自分たちの生活を変えるための侵入者、介入者がいることとの保証として理解されうる。裕福な人々にとってシャロームは、すべてがばらばらでも、われわれの存在を守り保証してくれる擁護者、保護者がいるので、世界はつながっているという楽天的な確信として理解されうる。シャロームは、われわれが何かをしなければならないものではない。それは、変換をもたらす介入者であり保証を与える管理者からの贈り物である。イスラエルは、「彼は来る」と、「永遠なる御腕のもとにある」の両方を言うことができる。それら両方が、われわれに対する父としてまた母として――介入する父として、保護する母として――存在する一人のお方についての声明である。そしてわれわれはシャロームという贈り物の受け取り手である。

世界はそのことを知らない。世界は、ただ自分たちだけ、ただ自分たちの仕事、技能、心配事、成功そして失敗だけがあると考えている。われわれは、これと異なるシャロームの分与者を思い描くことができる。われわれはこの異なるお方のゆえに、変革と浮力とがこんなわれわれのところにもやって来ることを知っている。驚くべきことに、われわれはその異なるお方の名を知っている。そしてこの事実がわれわれに与えられるシャロームの中心にある。

第Ⅱ部　自由についてのヴィジョン

3　自由と統合としてのシャローム

　また、そのころは、キリストとかかわりなく、イスラエルの民に属さず、約束を含む契約と関係なく、この世の中で希望を持たず、神を知らずに生きていました。しかしあなたがたは、以前は遠く離れていたが、今や、キリスト・イエスにおいて、キリストの血によって近い者となったのです。

　実に、キリストはわたしたちの平和であります。二つのものを一つにし、御自分の肉において敵意という隔ての壁を取り壊し、規則と戒律ずくめの律法を廃棄されました。こうしてキリストは、双方を御自分において一人の新しい人に造り上げて平和を実現し、十字架を通して、両者を一つの体として神と和解させ、十字架によって敵意を滅ぼされました。キリストはおいでになり、遠く離れているあなたがたにも、また、近くにいる人々にも、平和の福音を告げ知らせられました。それで、このキリストによってわたしたち両方の者が一つの霊に結ばれて、御父に近づくことができるのです。従って、あなたがたはもははや、外国人でも寄留者でもなく、聖なる民に属する者、神の家族であり、使徒や預言者という土台の上に建てられています。そのかなめ石はキリスト・イエス御自身であり、キリストにおいて、この建物全体は組み合わされて成長し、主における聖なる神殿となります。キリストにおいて、あなたがたも共に建てられ、霊の働きによって神の住まいとなるのです。

エフェソの信徒への手紙二章一一―二二節

シャロームは、たいへん多くの相違する意味を付与された、扱いに注意を要する概念である。しかし、その意味しうるあらゆる変化形のゆえに、シャロームという語と観念とは、われわれの教会の文脈においてラディカルなニュアンスをもっている。それは神は、世界はいかにあるべきかということと、いまだそうなっていないということの両方のヴィジョンを持っているという告知である。そして、教会で告白される信仰は、世界はいかにあるべきかについての神のヴィジョンをわれわれははっきりと見きわめるつもりであることと、そのヴィジョンに向かってわれわれは生きるつもりであることの、二つの決意表明である。さて、この決意表明は問題をもたらす。なぜなら、われわれはそれについて、(a)ほんとうに、神の新しい時代のために、福音によって変えられ、変革されることを選ぶか、あるいは、(b)抵抗し、ありったけのエネルギーとスタミナを奮い起こして、変わることを拒否するという二つの思いを抱くからである。そしてそれは取り扱いにとても注意を要する。なぜなら、われわれはラディカルに変わりたいと願うし、変わりたくないとも願うからだ。さらに、私は、あなたが変わってゆくための重要な方法をたくさん考えつくことができるし、あなたのために綿密な計画を立てることができる。けれども、それが私に強く及んでくるのは望まない。それは、どこにわれわれがいるかであり、いかにわれわれが教会であらねばならないかである。われわれが教会で福音を主張するのに非常に大胆でなくてはならないのと同時に、われわれが変わることや変わることを拒むことで悩むとき、お互いに対しては忍耐強くなくてはならないのは、私には明白のことに思える。

われわれがいくらシャロームという観念に含まれる特別な主張に抵抗しても、いくつかのことは明らかである。

- われわれは、予期しないところに行くことを期待される。
- われわれは、予期しないものになることを期待される。

神は、教会と世界とを現在あるがままにではなくご覧になる。しかし、われわれのここでの務めは、この主張を真実たらしめることである。たしかにシャロームは有名なビールの銘柄に似ている。あなたがシャロームと言ったとき、「あなたはそのすべてを言った」のである。「安全」、「自由」、「完全」、「安心」、「財産」、「正義」などすべてのことをあなたは言ったのである。そのようにわれわれはそれ一つですべてを言っている。しかし、それですべてを言うときに、無視できないこと、あるいは明白なことを何一つ言わないという危険を冒している。そこで、私は言い足りないところを付加するような二つの言葉のペアを提示したい。私は、「状況はきわめてまずい方向にある」ときにはすぐに気がつく。われわれは、聖書について語るときいつもそんなふうだ。――そして、明らかに聖書は、状況があらゆるまずい方向に行くのを許しているのだから、われわれのあわれな犠牲者である。――だから私は大胆に一つの方向に進もう。

一九七五年のケニアのナイロビでの世界教会協議会（ＷＣＣ）の総会の主要テーマであった「イエス・キリストは解放し、統合する」(1)（Jesus Crist Frees and Unites）から始めたい。ユルゲン・モルトマンの神学の影響を受けて明瞭にされたそのテーマは、何にもまして自由と統合に関するシャロームについて語るのによい方法である。それらを一つずつ取り上げていこう。

自　由

まずは自由（freedom）である。イエス・キリストは解放する。神は自由を意図する。われわれの聖書物語が――われわれの聖書的信仰が――、出エジプト記の物語から始まることは、誰にも明白である。歴史的には、はるか昔のある驚くべき夜に、イスラエルの一集団がどのように解放されたかという物語である。神学的には、自由に向かう神の目的がどのようにラディカルに歴史の中へ介入し、そして歴史の向きを変えたかについての宣言である。いまや歴史は、自由に向かう神の目的が、どのように諸国民の事情の中に力強い道を作ったかについての物語となる。出エジプト記は、人間の経験の主要問題は抑圧の問題だと分かるように、一つのモデルをわれわれに提示した。ここでそれはファラオに具体化される。そして出エジプトを記念して行われる過越《すぎこし》は、「かつてわれわれは奴隷であったが、いまは自由にされた」という宣言が中心である。これ以上に大胆で、驚くべき、理解するのに困難な、しかも高価な記憶を思い浮かべることは難しいだろう。「かつてわれわれは奴隷であったが、いまは自由にされた」。まずはイスラエル、それから教会が、長い時間、この言葉にその現実を映し出してきた。そして今日の教会におけるシャロームの強調は、われわれを新鮮な熟考へと招く。われわれを自由にするものとは何か。われわれが自由を保ち続けられるように求められているものは何か。どんなことで、われわれは自由を失うことになるか。

自由に関しては、隠された、神秘的な何かがある。それはつねにマナのように与えられる贈り物であり、管理したり理解したりできない産物である。マナと同様に、普通に蓄えておける何かではない。それはすぐに腐って食べられなくなるのだから。それは、われわれの信仰の中心であり、最大の誘惑である。それは、われわれの最も欲するものであるが、努力してそれを確保するための算段は問題を伴う。それはつねに、われわれの生活におけるデリケートな現実である。自由がやって来るときは神から来る。だが同時に、自由が与えられるとき、それを気にかけず、育てず、祝福しない人たちは、それほど長く自由を楽しむこともないようだ。

このテーマは、イエスと違わないのではないだろうか。ドイツの新約学者、エルンスト・ケーゼマンは、まさに『イエスは自由を意図する』(2) (*Jesus Means Freedom*) と題する小さな本を著した。それがまさしくイエスがそのとき意図し、今意図していることである。そして、イエスの到来がなぜこれほど栄光に満ち、これほど恐ろしさを与えるのかという理由である。イエスについての福音書の物語は、人々の生活の中にやって来て出エジプトを引き起こした人物として彼を描く。イエスは、神がイスラエルの出エジプトを為したように――力強く、ドラマチックに、しかしほとんど理解されない秘められたしかたで――それを為した。福音書の物語は、まるで新しい出エジプトのリサイタルのようだ。イエスは何度も繰り返し、人々を古い固定された圧制から新しい自由の荒れ野へと導き出したのだから。彼は、空腹の奴隷となっている人々に対して食べ物の自由を与え、盛大な祝宴という新しい王国さえ描いてみせた。罪に苦しむ人々に対しては、赦しを宣告した。すると彼らは「なんの権威でこんなことをするのか?」〔マタ二一・二三、マコ一一・二八、ルカ二〇・二〕と尋ねた。彼は、病のために交わりを断たれていた重い皮膚病患者のところに行き、彼らを自由にして、愛する共同体の中へ戻れるようにした。そこには繁栄のためのあらゆる資源が内部の人々のために蓄えられていた。彼は、意思の疎通を断たれた耳の聞こえない人のところに行き、耳を開き、口を利けるようにした。彼らの反応は予測どおりであった。「この方のなさったことはすべて、すばらしい。耳の聞こえない人を聞こえるようにし、口の利けない人を話せるようにしてくださる」（マコ七・三七）。彼が目の見えない人を癒したときは、恐れる人々と律法の専門家たちは皆、――恐れる人々と専門家たちは、しばしば同じ人たちであるが――何か良からぬことを考えた。しかし、盲人だった人は単純に答えた。「（わたしが）ただ一つ知っているのは、目の見えなかったわたしが、今は見えるということです」（ヨハ九・二五）。

聖なる人々は、それを恥だと言った。しかし、あなたは反論できるだろうか。

出エジプトの物語を全部ながめても、人々がどうして奴隷状態になるのかは分からない。ここでは人々がどうして視力を失ったり、耳が聞こえなくなったり、話せなくなったりするのかについてはほとんど記されない。自分が奴隷状態に実際にあるとき、自らをだまして楽しむのでない限り、われわれはそこにいるのだと分かっている。それだから、これらの物語の語り手は、イスラエルの出エジプトの語り手と同じように、開放の理由やその経過について思いめぐらそうとしないのである。彼らはただ、主が介入したことだけを知っている。そして主が来られたとき、事態は一変し、状況は覆され、生活は変革され、そして共同体は新しくされたのである。

自由と正反対のものがわれわれの周囲を取り巻いている。われわれの社会における、あらゆる種類の少数派グループに対する不正を、われわれはよく知っている。またわれわれを自由にしてくれない個人や個人間の訴えをよく知っている。人々を動けなくさせる物質的な欠乏をよく知っているし、われわれをひどく当惑させる罪と弱さの重荷を知っている。これらすべての共通点は強制――われわれは、駆り立てられ、管理され、操縦されている人々であり、選んでもいないのに、しなければならないことをしながら人生を過ごすということ――である。しかしイエスは、イスラエル人の神と同じように、われわれはもう強制された人生を生きなくてよいと力強く告知した。なんという栄光！　このことを最もよく理解したのはパウロであった。パウロは、イエスが彼の人生の中に入って来る前までは、強制された生を生きていた。それから、彼の目からうろこが落ちた。そしてもはや彼は、おびえ、縮こまり、安全第一の姿勢で生きることをやめた。

この自由を得させるために、キリストはわたしたちを自由の身にしてくださったのです。だから、しっかりしなさい。奴隷の軛に二度とつながれてはなりません。……兄弟たち、あなたがたは、自由を得るために召し出されたのです。（ガラ五・一、一三）

パウロが福音の中に発見した自由は、決して無責任さへの招きでも、重荷や苦労とは無縁になるという約束でもなかった。しかしいまやそれらは、一人の自由な人間の責任、重荷、そして労苦である。自由な人は、駆り立てられず、しかし、選択肢を直視して、決してかなわない約束をするあらゆる悪い知らせの代わりに、良い知らせを選ぶための力を持つ。

奴隷状態には、多くの異なる事情がある。われわれは、物質的に乏しく、困窮し苦しんでいる人々と、有り余る「物」を持っているのに自由な生を生きていない人々との間を割かないように気をつけなければならない。われわれは、奴隷状態の社会学的な形態と精神的な形態とを――それらは同じだと言ったり、こちらの方が他方より深刻でもっと傷ついているなどと論じたりして――、互いに闘わせてはならない。なんであれ個人を縛り付ける奴隷状態にあること、重要なのはその点である。奴隷状態の特徴を単純に、われわれに喜ぶことをさせない状態とでもしておこう。それを突き止めてゆくとき、われわれは抑圧の根源に接近する。喜びを妨げる事柄を私はいろいろ考えてみた。その中には少なくとも、恐怖、価値がないと思う感情、食べ物の不足、愛がないこと、偽りの忠節への傾倒、半狂乱的で非生産的な義務などが含まれる。人生の経験の中でこのリストに書き加えることが増えるかもしれないが、会社の倉庫での勤務のように、われわれを強制下に置くだけで、どれ一つわれわれを喜ばせない。教会の人間なら、われわれは教会と共同体におけるこの類いの奴隷状態についてよく考えることだろう。奴隷化をもたらすものは福音の敵であり、政治や公共の問題とも関わることではあるが、抑圧する勢力はわれわれのすぐ近くにもある。われわれの内部のそのような要因を考え、教区の予算を立て、われわれの間の奴隷状態の関係者に呼びかけるプログラムを計画するのはどうだろうかと探ってゆくことは、示唆的で健康的なことであろう。

パウロは、長い間、奴隷状態と自由について熟考した。彼は、小さな奴隷状態がたくさんあるのではなく、それらはみな同質で、それらに名前を付けることができると考えた。パウロはそれらを“elemental spirits”〔= στοιχεῖον.「世を支配する諸霊」〔新共同訳〕、「この世のもろもろの霊力」〔口語訳〕、「この世の幼稚な教え」〔新改訳第三版〕〕と呼んだ。

わたしたちも、世を支配する諸霊に奴隷として仕えていました。（ガラ四・三）

あなたがたは、キリストと共に死んで、世を支配する諸霊とは何の関係もないのなら、なぜ、まだ世に属しているかのように生き〔るのですか〕。（コロ二・二〇）

多くの人がそのように信じない今日では、これは幼稚に聞こえるかもしれない。しかし、たとえわれわれがもっと成熟しているとしても、われわれを強制する勢力は力強く活発であり、われわれはなぜだか喜びに向かって自由に生きることができないことを知っている。われわれは泣きながら、他人を満足させながら、しっかり計算しながら、ノルマを満たしながら、われわれの時間を費やしている。

もし、「世を支配する諸霊」があなたにとって問題なら、頭の中であなた自身について、世界について、そして神について絵を思い描いてみるとよい。イエスは、われわれが世界をどのように理解し、分かち合い、物語るかについて、新しい絵を提供してくれた方である。それらは、古い讃美歌の言葉をまねれば、「人生のすばらしい絵」（"wonderful pictures of life"）〔古い讃美歌とはブリス作 "Wonderful Words of Life"（『讃美歌』五〇一番『生命のみことば』）を指すか〕である。彼は、われわれがあらゆる強制に敬意を払わないことを望む。それらには、われわれの生における真の力も合法的な権威もないからである。あるのはわれわれがそれらに与えている力と合法性だけであり、それは自己欺瞞である。

統合

われわれのテーマの第二の内容は「イエスは統合する」である。神は一致を望む。神は民が共にあることを欲する。神は仲たがいや分裂に反対する。解放のテクストのほとんどがモーセの出来事に根ざす一方で、統合のテクストはアブラハム伝承に関連するテクストの大部分に見出されることは、興味深く注目に値する。統合の大きなヴィジョンを告げているのはアブラハム伝承である。イスラエルが諸国民の祝福の源として告知されるのはここである。ハンス・ヴァルター・ヴォルフ（Hans Walter Wolff）が示したように、創世記の古い伝承がもっぱら強調するのは、この祝福がその世界のあらゆる要素に調和をもたらす命令となるということである。(3)

分割され、敵対し、意思疎通のない世界という考えは、神が望むものではないが、それはまさしく福音以外のものを基盤にして存在の保証を得ようとする結果である（創一一・一―九と比較せよ）。

統合への意図が明白に表現されるのは、アブラハムのヴィジョンに影響されてのことと私は考えるのだが、特にイザヤの伝承においてである。イザヤ書二章二―四節で詩人は、多様で不調和でさえある生のあらゆる要素がそこに統合される場所としてのエルサレムについて、あるヴィジョンを示している。「国々はこぞって大河のようにそこに向かう」と。同じ箇所で、剣を打ち直して鋤とし、槍を打ち直して鎌とする状景が描かれる。「国は国に向かって剣を上げず、もはや戦うことを学ばない」。これは、単なる政治的な協定や、武力解除の計画についてのヴィジョンではない。そうではなくて、新しい世界の出現、そこではもはや武器を持つ必要がないくらいに人々が十分に信じ合い、通じ合うことのできる新しい状況の出現である。世界のための――われわれの世界のための――神の意志は、われわれがちっぽけな予定表や、ささやかな投資を保護する趣味などに心奪われることを望まない公正と正義に中心をもつ。私はそのヴィジョンが、人を困惑させる――あまり歓迎されないものであると思う。なぜなら、私は自分が最も価値を置くものを失ったり危険にさらしたりしようとは思わないし、さらに他人と分かち合うなどもってのほかだからである。

そして次に、統合についてのとても壮大な考えがこれである。

狼は小羊と共に宿り
豹は子山羊と共に伏す。
子牛は若獅子と共に育ち
小さい子供がそれらを導く。
牛も熊も共に草をはみ
その子らは共に伏し
獅子も牛もひとしく干し草を食らう。
乳飲み子は毒蛇の穴に戯れ
幼子は蝮の巣に手を入れる。

（イザ一一・六―八）

未曾有の、想像を絶する状景である！　このような統合のイメージは、あまりに尋常でないので熟考に値しないことのように私には思われる。しかしもう一度眺めて別のことに気づく。この詩人は、新しい時代において、これらは普通のことだと言っているのだ。そしてこの詩の趣旨は、われわれが当たり前だと思っている生の本当の異常性を暴露することにある。われわれはとても長い間、異常な事柄と共に生きてきたので、それらに馴れきってしまい、それらが普通だと思っている。(4)　われわれの家族をとってみると、普通だと思っている異常な事柄の一つは、父と息子のテレビをめぐる言い争いだ。「もう消しなさい」、「いつまで見ているんだ」などなど。じっさいのわが家の風景である。父と息子間のやりとりについて、家族の誰かに尋ねてみるとよい。みんなこう答えるだろう。「テレビで言い争うのは、わが家のインドア・スポーツですね」。でも、それは異常ではないだろうか。

他にも問われることのない異常な事柄がある。アメリカ合衆国は世界大戦に乗り込んでいくだろうと思われ、そしてそのとおりになるのは当たり前だとわれわれは考えてきた。われわれは、常に（過去二、三〇年間という意味である）そうしてきたし、そうしないことは想像できない。もっと言えば、そういう感覚が麻痺している。それがもうどれほど異常で不自然なことであるかに気がつかない。あるいは、身近なことで、異人種間関係の異常な事柄について考えてみよう。市民権運動から何十年経っても、他の人種や民族についての憶測がつきまとうことが非常に多い。「わたくしたち」が、「あいつら」は「あんなやり方なのだ」だとか、「町のあの辺り」や「あの町」に住んでいる人たちはみんな生まれつきあんな風なのだ、などと仮定するのは非常に簡単だ。そういうことは、「赤線引き」（redlining）（銀行の融資や保険加入の対象外となること）から、「人種プロファイリング」（racial profiling）（特定の人種を対象とした犯罪調査）まで、さまざまなケースにおいていまも続いている。そうでなくすることが政治的に可能であるとは思われないだけでなく、それがごく当然の物事の秩序のように思われ、われわれはただその仕組みを放置しているだけだ。

しかしながら、獅子と小羊のヴィジョンをよく考えよう。羊を食べるのはライオンの仕事で、安全な場所に留まっているのが羊の仕事であることをわれわれは知っている。また、子供と蛇が、本当に「生まれつきの」敵同士であるということも。しかしこのヴィジョンは、そこでは生まれながらの敵が共に遊び友達であり兄弟姉妹である、別の種類の現実なのである。統合をめざすヴィジョンはラディカルで、痛みを伴わずにはやって来ない。しかしそれは、良い知らせについて、神が別のしかたで世界を望んでおり、そしてそのようになるであろうという知らせについての痛みである。

統合のテーマは、自由のテーマほど目立たないがイエスの教えの中にある。

「わたしは羊のために命を捨てる。わたしには、この囲いに入っていないほかの羊もいる。その羊をも導かなければならない。その羊もわたしの声を聞き分ける。こうして、羊は一人の羊飼いに導かれ、一つの群れになる」。（ヨハ一〇・一五b―一六）

「わたしは地上から上げられるとき、すべての人を自分のもとに引き寄せよう」。（ヨハ一二・三二）

イエスは、共観福音書においてさえ、皮膚病患者と健康な人、律法遵守者と罪人、良い人々と「そうでない人たち」の間がきっちり区切られ隔てられるのを、決して認めない。彼はまるで、すべての人々のための一つの世界があるかのように、生活し行動した。そして自分のわざにおいて、イエスは新しい現実を創造した。ヨハネによる福音書一〇章と一二章において、統合のヴィジョンは彼の死の痛みを貫いていることは重要である。統合に同伴する死がある。剣と槍を捨てて、鋤と鎌をもって生きることと深く関わる痛みがある。無防備な世界に生きることにつきものの、痛みと死ともろさがある。しかし、そのようにして統合はやって来る。

イエスのテクストは自由についてより多くを語るのだが、パウロはもっと統合について考えている。シャロームについて、われわれが目下考えていることの大部分の重要なテクストは、エフェソの信徒への手紙にある。パウロはこう書く。

心に留めておきなさい。あなたがたは、そのころは、キリストとかかわりなく、イスラエルの民に属さず、約束を含む契約と関係なく、この世の中で希望を持たず、神を知らずに生きていました。しかしあなたがたは、以前は遠く離れていたが、今や、キリスト・イエスにおいて、キリストの血によって近い者となったのです。実に、キリストはわたしたちの平和であります。二つのものを一つにし、御自分の肉において敵意という隔ての壁を取り壊し、規則と戒律ずくめの律法を廃棄されました。こうしてキリストは、双方を御自分において一人の新しい人に造り上げて平和を実現し……。

（エフェ二・一一―一五）

そして、同じ手紙の中で、パウロは最初の讃歌をこのようにまとめている。

> 神は、秘められた計画をわたしたちに知らせてくださいました。これは、前もってキリストにおいてお決めになった神の御心によるものです。こうして、時が満ちるに及んで、救いの業が完成され、あらゆるものが、頭であるキリストのもとに一つにまとめられます。天にあるものも地にあるものもキリストのもとに一つにまとめられるのです。
> （エフェ一・九―一〇）

そしてさらに明瞭に、彼は統合の現実を、まさしくアブラハムのヴィジョンに結びつけて示す。

> そこではもはや、ユダヤ人もギリシア人もなく、奴隷も自由な身分の者もなく、男も女もありません。あなたがたは皆、キリスト・イエスにおいて一つだからです。あなたがたは、もしキリストのものだとするなら、とりもなおさず、アブラハムの子孫であり、約束による相続人です。
> （ガラ三・二八―二九）

そして、パウロの伝統を引くテクストの中で最も雄弁なものがこれである。

御子はすべてのものよりも先におられ、すべてのものは御子によって支えられています。

（コロ一・一七）

社会に分裂と憤懣とが明らかにあり、それらに打ち勝つ方法は何もないように思われた紀元一世紀において、それはラディカルな声明であった。多神教と宗教多元主義という事実を考えると、実にラディカルだった。このとても小さな共同体が、大きな都市の抵抗に直面して、真に世界はいかにあるべきだったかについて、別のヴィジョンを告知した。世界はバラバラになるために造られたのではない、一つになるためだ！

統合についての良い知らせは、分け隔てられ、疎外された人々に向けられる。神は世界における分裂に心を痛められる。私は、何がわれわれを分裂したままにしておくのか、あなたがたに考えてもらいたい。その要因の中には少なくとも、地位や業績についてのプライド、物質への欲求、権力、恐怖、そして誤解が含まれる。これを考えていたとき、恐怖が、奴隷状態の要因、分裂の要因の両方のリストにあることが、とても明瞭に思い出された。たしかにイエスの宣教において、彼が関わりをもった誰もが――幸福な人々も見放された人々も――、動けなくされ、疎外された恐怖についての覚書を持っていた。そしてそれは今も変わらないのではないか。だから再び、断片化された世界において、神の統合への御心のために教会がいかに仕えられるかを見るために、教会の人たちが自分たちの共同体と教区の分裂の要因のリストを作り、——支出することと計画することを通して——それらの要因と取り組むことは有益であろう。あなたの生の危機はどこにあるだろう。老人と若者、金持ちと貧乏人、黒人と白人、保守派とリベラル派、男と女の間の危機など、標準的なものをいくつかわれわれは知っている。教会においてそれはときどき、人々と、地元の指導者たち、さらにはわれわれの教会の国家的援助との間にさえ起こる。われわれは取り組むべき重要課題に事欠くことがない。すべてわれわれにはごく自然に思われるが、それは神の目的に背いており、将来流行るものではない。

ピーター・バーガーらは、『故郷喪失者たち』（*The Homeless Mind*）と題する本の中で、われわれ現代人のメンタリティーについて的確な分析をしている[5]。技術的・官僚的な世界が機能するのを可能にしているものの一つが、われわれの「コンポーネンティアリティー」（*componentiality* = 構成要素性）——置き換え可能な部分として見られる人々、役割、思想、その他あらゆることを指す彼らの造語——に対する傾倒であると彼らは気づく。単に構成要素であることは進歩かもしれないが、バーガーらが示すように、それもまた非常に問題を含んでいる。彼らは、コンポーネンティアリティーは断片化と同じだと言わないまでも、同じ文化の中で生じると言う。そして、バーガーらが重要視する疎外状態の一つは、公的な役割と私的な人格と

の間のそれである。(6)

われわれが直面する統合の欠如は、社会のグループの間だけでなくわれわれ自身の生活において気にも留めなくなっている統合失調的態度にもある。それゆえわれわれは、注意深く描写された役割の中で、レギオンという名の悪霊に取りつかれた男のようである（マコ五・二―九）。福音は、そのような生をわれわれが生きることを望まない。イエスがその悪霊を追い出したあと、福音書はこう記す。

彼らはイエスのところに来ると、レギオンに取りつかれていた人が服を着、正気になって座っているのを見て、恐ろしくなった。（マコ五・一五）

これがイエスの為すこと、そして教会が為しうるかもしれないことである。イエスは、一貫性を欠く生活をしていたこの人を捕らえ、彼の人格に関わる統合を彼に取り戻した。「正気になって」(right-mind) という訳語に注目しよう。また、他の人々がそれを見たとき恐れたという点にも注目したい。世界は、正気の、つまりひたむきな人々を恐れる。あらゆる人のための単一の目的を持たず、物事を分断しておくのは、われわれの精神に分裂的傾向があるからだ。バーガーらの分析は、そこまで及んではいない。しかし、この声明には、われわれが知る世界は、もしわれわれが正気を持つ方向へ動かないなら崩壊するだろうということが含意されていると私は思う。福音は力強いので、われわれは自らの心を整えなくてはならない。おそらくわれわれは分断化にあまりにも多くを費やしてしまったが、しかしそれに代わるものがある！それが知らせである。それがわれわれの世界の解体を意味するなら、それは悪い知らせだ。それがわれわれを新しい人間らしさへと招くのなら、それは良い知らせだ。

自由と、統合

福音が約束するのは、われわれが自由であり、かつ統合されているということである。それがシャロームの実質である。あるいは、少なくともわれわれがそうではない状況になっていることを知る方法である。それは大きな約束だ。われわれの時代の人々が聞きたくて待っている約束である。自由の約束は、抑圧された生を生き、喜びから切り離された人々に対して影響力がある。統合の約束は、他の人々から切り離され、自分自身の生からも切り離された人々、分裂のせいで熱狂的で自制心を失っている人々にとって影響力がある。人が自由と統合の約束について、また強制と分断の問題について熟考するとき、この二つの交差点は明らかになる。私がバーガーらの分析から学んだのは、強制（自由の正反対）と分裂（統合の正反対）とは互いに親密な関係にあるということだ。われわれが強制された抑圧状態にあるのは、われわれの生活が、あまりにも多くの神々に仕え、そしてあまりにも多くの優先事項を尊ぶという空しい努力の中で分裂しているときである。われわれの生活がどこにも重大な満足感のないまま、終わりなき追求となるのは、われわれがあまりにも多くの期待に応えるために駆り立てられ、そしてあまりにも多くの基準を満たすために操られているときである。イエスは、人々の人間性を軽視し侵食するさまざまな期待から彼らを解放することによって、人々の生における強制と取り組んだ。彼は人々を強制されない生へと招き入れた。

「自分の命のことで思い悩むな。……何よりもまず、神の国と神の義を求めなさい。そうすれば、これらのものはみな加えて与えられる」。（マタ六・二五a、三三）

「あなたに欠けているものが一つある。行って持っている物を売り払い、貧しい人々に施しなさい。そうすれば、天に富を積むことになる。それから、わたしに従いなさい」。（マコ一〇・二一）

「疲れた者、重荷を負う者は、だれでもわたしのもとに来なさい。休ませてあげよう。わたしは柔和で謙遜な者だから、わたしの軛を負い、わたしに学びなさい。そうすれば、あなたがたは安らぎを得られる」。（マタ一一・二八―二九）

「もう、罪を犯してはいけない」。　（ヨハ五・一四）

イエスは、人々に自由な生を生きる可能性を提示した。——それは駆り立てられず、自制心を失わず、自己を発見するところで責任的に生きることである。
だが彼らの抑制された生の終結は、分裂の終結をも要求した。そしてイエスは、彼の伝承がつねにしたように、偶像崇拝から離れるよう人々に呼びかけながら、分裂の終結は可能であると告げた。

「だれも、二人の主人に仕えることはできない。一方を憎んで他方を愛するか、一方に親しんで他方を軽んじるか、どちらかである。あなたがたは、神と富とに仕えることはできない」。　（マタ六・二四）

「なぜ、あなたたちも自分の言い伝えのために、神の掟を破っているのか」。　（マタ一五・三）

「自分の持ち物を売り払って施しなさい。擦り切れることのない財布を作り、尽きることのない富を天に積みなさい。そこは、盗人も近寄らず、虫も食い荒らさない。あなたがたの富のあるところに、あなたがたの心もあるのだ」。

（ルカ一二・三三―三四）

シャロームは、強制の終結である。シャロームは、分裂の終結である。シャロームは喜ぶ自由である。シャロームは、一貫性ある共同体における統合された生を生きる勇気である。これらは単に、付け加えておいたほうがいいすてきな価値観ではない。それらは、われわれの世界を動かしている中心的な価値観に対抗する大規模な抗議である。世界は強制に依存している。世界は、分裂した忠誠心に依存している。いまあるように指示された世界は、それに対して福音が抗議しており、福音がそれに代わるものを差し出しているまさにそのような事情に依存している。

だから、われわれにはこの自由と統合の福音がある。シャロームのこれら二つの中心的側面は、反対方向に引っ張り合うことに私は気づいた。それは自由の約束であるが、自由はたしかに「自分のことは自分でする」ことである。われわれが自分たちのため、また他の人々のために骨を折っているとき、人があらゆる他のことを後回しにしないで自分のことだけしているのを許せるだろうか。しかし統合は、皆が一緒に持つことである。われわれ皆が共同で持ちものを分かち合い、喜び合うことである。シャロームの困難な仕事は、これらを互いの間の均衡と緊張をもって保ち続けることである。統合なき自由は、他者を顧みない破壊的な自己探求になりやすい。自由なき統合は、関わりをもつ人々の人間性と想像力を破壊する服従になりやすい。

だから、ここで保たれる人間らしさのヴィジョンは、本物の自由である。それは統合のコンテクストの中にあり、人々の自由を真剣に取り上げる力強い統合である。そしてわれわれはいまだに尋ねている。そのような共同体は可能であるか、本当に自由でなおかつ本当に皆が一緒であることは両立するのか、と。その間にも、われわれは自由のために互いを悩ませ、冷淡な個人主義となり、また統合のために互いを悩ませ、抑圧的な服従状態となる。

もちろん、自由は乱用されうる。また、われわれが自由を高く評価するとき、責任ということを気にしなければならない。汚染する自由は、他者のためのきれいな空気について問わなくてはならない。銃を所有する自由は、夜間の人々の安全について問わなくてはならない。セックスの自由は、人間性喪失と人格の尊厳について問わなくてはならない。そのように、われわれの自由は、説明責任を気にかけることとつねに関わる。そして統合は、正義について、それぞれの神の子が当然正しく受けるべきものについて聞かなくてはならない。居場所がありルールを守っている人々についてだけでなく、そこで育ち、夢を見、学び、働く空間を持っている人々についても、また所属することについてだけでなく、抑圧したり操作したりしない道に属することについても、問わなくてはならない。そのようにイエスは解放し統合する。しかし彼は、人々を責任性へと解放する。人々を完全な自由へと統合する。

われわれの家族のうち何人かは、明らかにどちらかの傾向をもつ。たぶん若い人たちは自由のほうに、年長者たちは統合のほうに傾いているだろう。あるいはそれは、裕福な人々が秩序を気にし、恵まれない人々が自由を求めて叫び声を上げるということになろうか。家族のうち、私は統合の側の人間である。「みんな一緒に食事をすること。それが家族というものだ」。だが私の妻は自由の代理人だ。「もし皆がしっかりと帰属意識を持っていて、自由に行ったり来たりすることができるなら、私たちはもっと家族になれるわ」。それでわれわれは、その両傾向と闘い、それらを緊張状態に留めていなければならない。

ここまですべて述べてきて、私は、自由と統合が共にやって来るというモデルや体験がわれわれにあるのだろうかと思った。私は、聖餐こそ、まさにそれではないかと思う。聖餐式は、われわれの望むようにではなく、神が望む通りの条件で、すべての神の民が共に集うすばらしい体験である。われわれの統合のヴィジョンがそこで現実に起きている。しかし、それはまた自由の場である。そこでは、あらゆる男女と子供たちが、復活された主の力によって顔と顔を合わせて集い、洗礼を祝い、その人自身の人間性へと解放される。人間の内なる霊のために自由な道が開かれて、われわれが親密に強力に一つとなるのは、聖餐の場である。そこでわれわれは言う、「これは神の民の喜ばしい祝宴です。おいでください、東からも西からも、北からも南からも」(7)と。それは喜ばしい祝宴である。われわれは喜びをもってやって来る。なぜならここではわれわれは、われわれの独特な尊厳と値打ちとをもって価値ある者とされるから。しかしそれは、共通のアイデンティティーをもった一つの民のための喜びである。その食卓では、われわれの喜びとわれわれの共通性は衝突しない。それらは互いにとって必要不可欠である。

それゆえその食卓にあずかるとき、われわれは十全に、シャロームなるものの面前にいる。そしておそらく、そのような喜びと共通性が、そのような自由と統合が、つねに「彼が引き渡される夜」に起こらなくてはならないというのはそれらの特徴であろう[8]。

その食卓とわれわれのシャロームのすべてにあって、最後に、シャロームを具体的に表すそのお方に注目したい。彼は、自由にし、統合する方であるだけではない。彼こそが自由で統合された方である。彼は、世界のあらゆる主張と期待から自由な、何ものにも強制されない人格である。彼はまた、統合された人格である。単一のヴィジョンと忠誠心をもってその人格が統合され、世界の痛みと喜びにおいて彼の兄弟姉妹たちと一つに結ばれて、その人格は完全に分断されない。すべての人が「夢中になって話に聞き入っていた」（ルカ一九・四八）のには十分な理由がある。イエスのスキャンダル、福音のつまずきは、世界が有していないどころか、抵抗し、積極的に敵対しなくてはならないある種の人性を彼が具現化した（つまり「受肉した」）ことにあった。まさに彼は人間らしさの具現化であるが、世界はそれに耐えられず、それゆえ「イエスを殺そうと謀った」人々がいた（ルカ一九・四七）。ほとんどの人はそうでなかったが、強制と分裂に既得権をもっていた人々は彼にとても腹を立てた（ルカ七・二三）。彼らはイエスのもたらした完全さ、自由、そして和解のヴィジョンに耐えられなかったのである。

イエスが自分の人格に自由の力と統合の力を持っていたとはどのようなことであるのかを、われわれは問わなければならない。それは多くの方法で説明できるかもしれないが、それは彼の無防備においてではなくて、そのことが秘義であるということだろうか。彼は、何も手に入れようとしなかった。何も要求しなかった。何も恐れなかった。彼は自分を空っぽにし、十字架の死に至るまで従順な者となった。そして、彼の空虚さ、彼の従順さ、そして彼の死が、いのちへと、自由へと、そして統合へと向かう力となっている。彼の無防備は、世界にとってがまんならないものである——それは、彼を受け入れられないからではなく、世界の解体されるのを彼が見通しているからで、それが耐えられないのだ。われわれが大胆にシャロームに向かって変わろうと決意し、そして同時に、同様の熱心さで絶対変わりたくないと言ったとしても不思議はない。シャロームはつねにそんなふうにヴィジョンと関係している。われわれは、強制されず、分断されない生を生きたいのかどうかいまだ、決めかねている。しかし、できなくはない。

4　れんが工場での出来事

その後、モーセとアロンはファラオのもとに出かけて行き、言った。「イスラエルの神、主がこう言われました。『わたしの民を去らせて、荒れ野でわたしのために祭りを行わせなさい』と」。ファラオは、「主とは一体何者なのか。どうして、その言うことをわたしが聞いて、イスラエルを去らせねばならないのか。わたしは主など知らないし、イスラエルを去らせはしない」と答えた。二人は言った。「ヘブライ人の神がわたしたちに出現されました。どうか、三日の道のりを荒れ野に行かせて、わたしたちの神、主に犠牲をささげさせてください。そうしないと、神はきっと疫病か剣でわたしたちを滅ぼされるでしょう」。

エジプト王は彼らに命じた。「モーセとアロン、お前たちはなぜ彼らを仕事から引き離そうとするのだ。お前たちも自分の労働に戻るがよい」。ファラオは更に、言った。「この国にいる者の数が増えているのに、お前たちは彼らに労働をやめさせようとするのか」。ファラオはその日、民を追い使う者と下役の者に命じた。「これからは、今までのように、彼らにれんがを作るためのわらを与えるな。わらは自分たちで集めさせよ。しかも、今まで彼らが作ってきた同じれんがの数量を課し、減らしてはならない。彼らは怠け者なのだ。だから、自分たちの神に犠牲をささげに行かせてくれなどと叫ぶのだ。この者たちは、仕事をきつくすれば、偽りの言葉に心を寄せることはなくなるだろう」。

出エジプト記五章一―九節

ヨハネが捕らえられた後、イエスはガリラヤへ行き、神の福音を宣べ伝えて、「時は満ち、神の国は近づいた。悔い改めて福音を信じなさい」と言われた。

マルコによる福音書一章一四―一五節

聖書を学ぶと、自分たちの生活の流れや状況をよりよく理解するのに役立つイメージを与えてもらえることがある。シャロームは、抽象的な言葉に聞こえるので、それをもっと具体化する方法を見つける必要がある。聖書は決してシャロームを抽象的にも不明瞭にも語っていない。つねにそれは非常に特定的で具体的である。ネガティブにとれば、もしシャロームが経験されるなら、それは大変具体的な経験であるということ、それは聖書的信仰のスキャンダルである。ポジティブにとれば、人々が歴史の経験でそれが起こっていると知る方法で神のシャロームがつねに具体化しているということ、これはキリスト教信仰においてわれわれが受肉を語るときに意味しているものである。

れんが工場のドラマ

いま私が一緒に追求したいイメージは「れんが工場」である。それはシャロームをスキャンダルとしてだけでなく受肉としても具体化できるかもしれない。「れんが工場」は、肉体労働をほとんどしない人々にとっては遠いイメージだが、それでも想像することはできる。私はこのイメージを旧約聖書の出エジプトの出来事を追求するために用いる。しかし出エジプトを語る前に、れんが工場の雰囲気と需要の中に入って行こう。れんが工場は、適正な生産の場である。そこでは仕様に合ったれんがが、計画どおりに作られる。そこの作業員がよい扱いを受けていれば、割当分のための材料が提供される。良い扱いでなければ、材料さえも自分たちで調達しなければならない（出五・七）。「わらなしれんが」を作るということは、それらが劣ったれんがだということではなく、イスラエルの人々が、材料を手に入れることとれんがを作ることの両方をいつもと同じ時間枠内でしなければならなくなったことを意味する。このように、れんが工場はきわめて深刻なスケジュールで、適正な製品を生産している場所である。

れんが工場はまた、強制と利益の場でもある。それは、れんがを所有し、売り、生産スケジユールを決める人々のための利益である。しかし、れんがを作る人たちには強制の場である。彼らがそこにいるのは、他人の定めた基準を満たすため、他人の要求に屈するためである。ここには自由の場はなく、一日の労苦の慌ただしさの中で一時の休みすらもない。利益を得る人々と強制されている人々との間のギャップは、システムの故障ではなく、システムの設計内部に組み込まれている。非常に多くの場合、れんが工場の話は会社の刊行物で公開される。注目すべきことに、聖書のれんが工場の物語は、強制されている側の視点で語られる。

彼らは強制されているのだから、れんが工場は、不運、抑圧、そしてもちろん途方もない敵意の場所ということになる。敵意は必ず、抑圧と、自分は自分の人生を任されておらず、何の選択の自由もなく、他の誰かが代わりに私の選択権を行使する非道徳な特権を楽しんでいるのだという疲弊した絶望的な評価とが伴うことによって起こる。実のところ、れんが工場は希望のない場所である。他人のために生産しなければならないばかりか、いいかげんな想像でなく、そこでは物事が変化していく見込みがない。そこでは、ノルマを達成する十分なれんがは決して作れないだろう。そこでは、その管理制度を満足させる十分な利益は決して上げられないだろう。そこには、抑圧と要求をはね返すだけの力は決してないだろう。そうして、生活の中で残された道は、れんがを作って苦しむか、れんがを作ることを拒否してもっと苦しむかである。いわば、Catch-22［ジレンマ、八方塞がり、矛盾した状態、の意。小説の題名から］の状態である。

そのような現実からほど遠い人は誰一人いない。このイメージはまさにわれわれ自身の経験のようであるので、影響力のあるものになりうる。われわれは各自、れんが工場にいる。われわれは皆、会社の倉庫のお世話になっている。要求の多い野球コーチのいる五年生の子であろうと、大声でどなる教師やうるさい父親のいる三年生の子であろうと、いつもぎりぎりの納税者であろうと、評価してもらえない母や妻であろうと、委員会を決して満足させない卒業生であろうと、大きな重圧を受けている下級幹部であろうと、多すぎる患者を抱えた医師であろうと、ノルマがいつも引き上げられている営業マンであろうと、重い仕事を任されたソーシャル・ワーカーであろうと同じだ。どんな人も皆、ただ狂気じみた敵意と絶望的な努力だけをもたらす生の在り方に捕らえられていて、それは結局実を結ぶことがない。

われわれはれんが工場に出向き、またそこから出てくるのだから、そのシンボルは力強い。時にわれわれは、決して自由の場を持たない、希望のない奴隷である。時にわれわれは、熱心にノルマに目を配るが、つねに新しい心配事を発明家のように見つけ出す工場の所有者である。それは公の生活では明瞭なシステムであり、しかしわれわれの心の奥底にひそむ敬虔さと道徳心を蝕むシステムである。れんが工場は、つねにわれわれを封印するかのようだ。そしてわれわれは一つのれんが工場から次のれんが工場へ行くけれど、その移動はあっという間だ。

誰もがしかたがないと考えていた。奴隷たちも所有者たちも。いつだってそうだったし、今日でもそのままではないだろうか。しかし、シャロームの告知である聖書は、聞いたこともない問題を掲げる。そこに、敷地内に集まっている小さな人々の群れが見える。現場監督さえやって来る、少しの不安と少しの好奇心をもって。その見慣れない人が奇妙な質問をする。たしかモーセだか誰かそんな名前の人だった。それより重要なのは彼が言ったことだ。「わたしの民を去らせよ！」。彼はそう言った。それが言われた瞬間、れんが工場は変わった。そして、もう決して以前のようではない。これは良い知らせだ。奴隷たちにとって、しかし現場監督にとっても良い知らせである。れんが工場は、「わたしの民を去らせよ！」との宣言によって完全に一変させられた。その声明が発せられたれんが工場、それがシャロームの始まりである。

その言葉はすぐさま、宮廷に伝わった。ファラオ自身がれんが工場を見に来て、すぐに変化に気づいた。ファラオはすぐに問題の対処に当たる。最初は、モーセと現場監督の対決のように見えた。しかし対決はすぐに、モーセ対ファラオに拡大した。やがて、自由の神ヤハウェ対エジプトの神々の対決であることが明白になった。どちらも、れんが工場の計画書を持っていた。それは「わたしの民を去らせよ」対「もっとれんがを作れ」であった。重要なのは、誰が戦いに勝利したかだ（そしていまでも決定的問題である）。というのも、その結果がれんが工場の生活の性格と質を永久に決定づけるだろうから。

れんが工場のドラマは、「誰が責任者か？」という問いを中心に回っている。もし、強制と抑圧の神々であるエジプトの神々が監督責任者であるなら、ひたすられんがを作るだけだ。しかしもし、ヤハウェがそうなら、歌い、踊り、自由な時間となる。それゆえ裁決が求められる。

［モーセは水を血に変えた。］ところが、エジプトの魔術師たちも秘術を用いて同じことを行ったのでファラオの心はかたくなになり、二人の言うことを聞かなかった。

（出七・二二）

気掛かりな状態は高まるが、同じ行動が繰り返される。

［モーセとアロンは蛙をエジプトの国に這い上がらせた。］ところが、魔術師も秘術を用いて同じことをし、蛙をエジプトの国に這い上がらせた。

（出八・三〔七〕）

そこまでは互角の引き分けである。だがそれはただのウォーミングアップの時間だった。それから彼らは次の出来事に進んだ。

［モーセとアロンはぶよをエジプトの国に及ぼした。］魔術師も秘術を用いて同じようにぶよを出そうとしたが、できなかった。

（出八・一四〔一八〕）

彼らにはできなかった！　それを想像してみよ！　れんが工場をつねに所有していた人たちは、本物の力を有していないことが示された。この言葉はれんが工場中に知れ渡った。それは、れんが工場の歴史において決定的な瞬間であった。抑圧する力が打ち負かされた。ヤハウェの力の方が勝ったのだ。彼こそが責任者だった！　シャロームがれんが工場にやって来て、物事は逆さまになった。古いノルマ制度はなくなった。威圧的で恐怖を与える力は崩壊した。抑圧と敵意の終わりだ。しかし何より、絶望が終わって希望が生まれた。もしこれが、何も良いことが起こりそうになかったわれわれのれんが工場においても起こりえたのなら、どこでもどんな状況下でも、自由の方へと導く何かは起こりうる。そしてこれは態度の変化や、単なる認識の変化ではないことに注目し、とりわけ注意を払うべきである。これは、権力の現実の変化、力の決定的な再分配、政治的・経済的な協定の突然の遮断である。れんが工場はもはや強制のためのものではなく、自由のためにある。それから奴隷たちは去り、荒れ野を経て、契約の山と約束の土地をめざして急いだ。彼らはなんとか最初の場所へ、新たなる契約へすぐにたどり着いた。約束ははるか先のところにあったが、れんが工場は様変わりした。

　われわれの伝統では、出エジプトを語らずしてシャロームを語ることはできない。そして出エジプトを語るとき、れんが工場は権力の問題が問われる場になったことをわれわれは認める。「ここの責任者は誰だ?」と。この問いの答えはこうだ。「私の名前は、『わたしの民を去らせよ！』だ」。「わたしの民を去らせよ！」がいまや主たる責任者である。

　われわれの先祖は――われわれの父母たちは――、その出来事以来、その意味は何かと考えることに何世紀も費やした。それが、すなわちその問題に向き合うことが、まさに神学の任務である。自由の主がれんが工場を管理しているとは何を意味しているのか。もちろん、それはこの主についての何かを言っているということだ。それは、「わたしの民を去らせよ」と言う主は、われわれに影響力を持っているということだ。それは、われわれに「抑圧と強制の重荷から逃れよ」と言う。この主の意志は、目の前にどんなにたくさんの多くの体制の技術的・官僚的な宣伝活動（プロパガンダ）が課されていても、われわれはそのような生活を送る必要はないということである。この主は、自由の側に立ち、ありえないくらい苛酷なれんが工場に自由をもたらすほどに十分力強い。それがイスラエルの子らの風変わりな信仰であり、われわれはその子孫である。それは、主は世界を見捨てておらず、世界において抑圧的な勢力（要因／agents）の自由になるように、生の力と存在の神秘を置いたということである。

しかし、それはわれわれに関して何を言うのか。それは、われわれには自らの存在を確保することも、更なるノルマをもってれんが工場に命令することも決してできないということを確言する。われわれは、われわれが取り仕切るれんが工場の中でも、そうすることはできない。また、れんが工場の中で、われわれが正反対の立場にあっても、そうすることはできない。われわれは、生産力や苦心によっても、また工場所有者への忠誠によっても、自分たちの存在を確保することができない。自分たちの存在を確保する能力は、われわれの手に引き渡されていない。主がそれを保持している。それは、もちろん、われわれが好まないことだ。それが自分たちの手に戻ったなら、なんと好都合だったろう。どうやらわれわれの手に引き渡されているらしきものは、われわれ自身を破壊する能力である。しかし主は、われわれの生を安全で、完全で、自由にするに足る力をわれわれの手に与えられなかった。これは神によって保たれている。神はそれを、見知らぬ時間と空間において与える。われわれに関する最高の事実は、奴隷たちがあの夜エジプトで発見したものだが、われわれの幸福、われわれの救い、われわれのシャロームは、神の聖なる秘義のうちに隠されているということである。それはわれわれがどんなに最善の努力をもってしても見抜けないし、説明できない。

われわれは、この「わたしの民を去らせよ」を短くした名――ヤハウェ――を知っている。しかし、われわれがこの名を知っているのは、ヤハウェが告げてくれたからにすぎない。そして告げられた時、それはあまりにも謎めいていたので、この途方もない力の起源や性質についてわれわれは何も分からなかった。われわれは名を知ってから意味を推量する。われわれがせいぜい知っているのは、「わたしの民を去らせよ」〔ヤハウェ〕が、れんが工場にやって来て、世界におけるわれわれの存在の基盤を変えるようにわれわれを招いているということである。エジプトの軍隊を制した勝利は、奇妙ですっかり明確に理解できそうにない。しかし、その謎めいた名をもつ方による不明瞭な勝利に基づいて、われわれは新しい生活を築き、新しいアイデンティティーを選ぶように、そして、ヤハウェが奇妙な十項目の自由の概念をもってわれわれに出会うことになる荒れ野に向かう新しい道を歩くようにとわれわれは招かれる。

では、本当の責任者は誰なのか。われわれは途方もない答えを期待されているのだから、慎重に答えるべきだ。しかし、もしその答えが正しいなら、それ以外の答えはどれも誤りだ。責任者が別の誰かだと言い出すことは、攪乱する主、変わらぬ自由の主以外の名を挙げることは、それは答えを間違えることである。それは偶像を抱くことだ。偶像崇拝は、抑圧と強制の中心にある。偶像崇拝は、われわれが抑圧することと抑圧されることの両方の根っこにある。偶像崇拝――誰が責任者なのかを誤って認識すること――は、シャロームと敵対する。シャロームは、われわれがそれを認めるよう求められているように、誰が責任者かを知ることと、自由と契約の山へと人生を新たに方向づける巡礼の旅に出ることを前提とする。

　れんが工場と偶像崇拝について、荒れ野と山々について、自由と契約について語ることは、キリスト教共同体の通常のレトリックではない。少し言葉は違って聞こえるかもしれないが、この主題は新約聖書におけるわれわれの信仰の表現と同じであると私は単純に断言したい。われわれは、キリスト教の福音における力の問題をとてもあいまいにしてきたので、「ここの責任者は誰か?」という福音の問いに対して目が開かれていなかった。それゆえ、同じ問題が新約聖書においていかに福音の記憶を支配しているかについて論じたい。

福音とれんが工場

マルコによる福音書の枠組みについて語ろう。それは、学者たちも認めているように、この信じがたい声明で始まる。

「時は満ち、神の国は近づいた。悔い改めて福音を信じなさい」。（マコ一・一五）

それがあたかもれんが工場で告げ知らされたかのように、この声明を聞こう。経営者が変わるときだ。イエスがれんが工場にやって来て、「新しい経営者のもとで」と書かれたしるしを貼り出す。あるいはもっと劇的に、あたかも植民地主義を終わらせるために、帝国の古い旗を取り下ろして、政府を追い出すために彼がやって来たとしよう。すべてのことがラディカルな方向に変わる時が近づいている。王の統治の時である。神の国の御支配の時である。ファラオを倒したその同じ神が、自由のために、あらゆるかたちの強制に反対して今も働いておられる。福音は同じ知らせをもって開始する。いまや、すべての強制を終わらせる新しい方針が実施されつつある、その事実に直面するときだ。

戦いが猛威を振るい、事態がどう転じるかは決して定かでなかった。マルコによる福音書は、決定的に十字架上において、強制的で混沌とした権力者たちが力を振るうさまを示した。そして、まさに彼らが勝利した金曜日の夜、自由の声はその地において沈黙させられたかに見えた。しかし福音は、ふさわしい場でふさわしい言葉を放つ。十字架上で死んで、明らかに敗北したイエスは、すべての人々から見捨てられた。ただ一人、権威の下にいて、誰が責任者かを見極めることに慣れたローマの兵士を除いて。その彼の口からこの信じられない結論が出される。「本当に、この人は神の子だった！」（マコ一五・三九）。いまや最終的に、死と放棄の瞬間に、重要な問題が解かれた。いまや、自由の神が責任者であることが明らかになり、強制する力は、強力であるにもかかわらず勝利を得られなかった。

エルサレムでのその日、この兵士はそこで何を見たのだろうか。人がいつもれんが工場で見ているものである。強制と競争と生産について語る声はいつも大声である。しかし彼は、そんな騒音には無頓着で、少しも心を動かされなかった。彼はそれを切り抜けて、この無情なれんが工場においてさえも自由の力が勝利したのを見た。なぜなら、その日彼に起きたことは、単独で生じたのではなかったからである。それは、彼がなした他のすべてのことと連続していた。彼には、力の勝負はすでに金曜日についたとするのを真実が否定しているように思われ、実際その通りだったと分かったのだ。

次の二つのテクストは、イエスの働きの開始と告別の言葉を含む。

- 悔い改めよ。神の国は近づいた。
- 本当に、この人は神の子だった。

これらは同じ種類の声明である。どちらも、誰が責任者であるかを確言している。どちらの声明も、孤独な兵士の口においても、巡回説教者の口においても、当たり前のことではなく、信じ難いことである。だが、それらを結んでいるものを考えよう！　マルコによる福音書一章一四―一五節と一五章三九節の間には、病人、悪霊に取りつかれた人、重い皮膚病患者、死者、罪人、恵まれない人などとの出会いの記事が長く連なる。その二つの声明は、イエスの無力な人々との接触によって結び合わされている。それは、それらすべての人々に共通しているものだ。彼らは無力である。そしてあなたがたは、れんが工場における無力を知っている。彼らはれんがを作れない、だから彼らには価値がない。しかし、イエスのメッセージのラディカルさはここにある。無力な人々を解放しただけでなく、価値あるものとしたことにある。イエスは彼らと共にいることを楽しんだ。彼らを真剣に受け止めた。彼らを価値あるものとした。

そしてイエスは、彼らを価値あるものとすることで、他のすべての価値に問いを投げかけた。世界が構成される方法についてわれわれが認めうる何らかの相互関係がある。強制は能力に依存する。強制と能力は、質と量の両方を価値あるものとすることにおいて合流する。それが、強制、能力、質、量を一つに結びつけている。イエスは、かつてのエジプトにおけるヤハウェのように、事柄全体を拒否した。強制はもうたくさんだ。彼は民を強制から自由にした。無力さはもうごめんだ。彼はそんなことには明らかに興味がなかった。ノルマのためはもういやだ。良い生活をわれわれに与えてきたまさにその価値の拒絶である。われわれを成功させ、快適で裕福で尊敬に値するものにする事柄の拒絶である。それが新しい経営の、神の国の管理の本質である。

- 人々はその能力によっては評価されない。
- 誰もノルマを押し付けられない。
- 誰もノルマを満たすことを心配しない。

最後に、出エジプトを語ることはみな、われわれが復活に対面するよう導くに違いない。復活は、誰が責任者なのかという問題の究極的な解答である。復活の驚きは、「グッド」・フライデー（聖金曜日）に責任者であると思われた人々が、実はそうでないことが判明したことにある。おそらくあの百人隊長が他の人々よりも先に気づいていたことがこれだ。おそらく彼は、世界が普通に見逃していること、――金曜日の外見上の勝利はいつまでも続かないということを、発見したのだ。

マタイによる福音書において、その出来事の説明は驚くほど詳細なものである。マタイによれば、百人隊長が見たものはこれであった。

墓が開いて、眠りについていた多くの聖なる者たちの体が生き返った。そして、イエスの復活の後、墓から出て来て、聖なる都に入り、多くの人々に現れた。

（マタ二七・五二―五三）

それについて考えてみよう。――勝利は日曜日を待たなかった。すでに金曜日に死人が墓から出て来たのだから！　エジプトでもそうだった。イエスが無力な人の所へ来て、その人の価値と市民権を完全に取り戻すたびごとに、そのようなことが起きた。死者たちは、役に立たないものとして、たしかに世界が退けた人々であった。たとえば、『見えない人間』[1]（*The Invisible Man*）を思い起こそう。人々は彼を見ない。それは、彼らが彼のことを価値のないものと考えたからだ。十字架と復活とは、世界によって、無力で無価値で、それゆえ見えないと宣告されたすべての人たちにとって、解放の尊重の出来事であった。百人隊長は、体制にうまく入れない無力な人たちを評価することができ、死人に命をもたらすことのできる誰か、神の力と秘義に託されていたことをすることができる誰かを知ったのだ。

マタイは復活について別の見方をした。もし復活が力の問題の最終的な解決であるなら、それはわれわれを驚かせないだろう。マタイは、復活は統治者たちにとって悪い知らせであると見ている。事実、彼らは復活を認めることができない！

（マタ二八・一四）

「もしこのことが総督の耳に入っても、うまく総督を説得して、あなたがたには心配をかけないようにしよう」。

復活は、死者や、無力で無価値な者たちにとっては偉大である。しかし、統治者や、世界のやり方がまだ通用し、ノルマや強制やその他もろもろがあり、復活などない活動の場を保持しようとするれんが工場の経営者たちにとっては、そうではない。だが、復活とはこういうことである。

- 復活は、ノルマの終わりである。
- 復活は、人々をつまずかせる。
- 復活は、誰をも評価しない。
- 復活は、ラディカルな新しさの領域であり、古いものの突然の終わりである。
- 復活は、誰が責任者であるのかについての声明である。

それは、世界を変えることさえできる宣言である。そしてそれはシャロームのことである。それがわれわれの信仰の実質であり、われわれの宣教の推進力である。われわれがシャロームと言うとき、われわれは統治者が聞きたくない言葉を発するのである。しかし明確にしておきたい。この類いの力の解決とこの類いの自由は、組織を解体することについての軽々しいおしゃべりのことではない。また、それらはどうでもいい人たちに自由のポーズをとらせる無知な人たちのわがままでもない。むしろそれらは、リスクを取るようにと、まだ問題が解決されていないれんが工場において、新しい選択肢の周りに立ち、集まるようにと、われわれを招く類いの自由のことである。たいていわれわれは、魔術師たちがヤハウェから送られた人たちと同じことができるれんが工場で生活している。さらに言えば、われわれはつねに抑圧された奴隷であるとは限らない。あるときは、われわれはクリップボードをもった統治者にもなるのだ。

自由に向かう力の問題は、疑いなくわれわれを悩ます。それは悪い知らせであり、われわれ皆を激しく怒らせる。しかしそれはまた、良い知らせでもある。われわれを頌栄へと導く。われわれを一人残らず。

5　物語が何をなすべきかを伝える

エジプト人は、民をせきたてて、急いで国から去らせようとした。そうしないと自分たちは皆、死んでしまうと思ったのである。民は、まだ酵母の入っていないパンの練り粉をこね鉢ごと外套に包み、肩に担いだ。イスラエルの人々は、モーセの言葉どおりに行い、エジプト人から金銀の装飾品や衣類を求めた。主は、この民にエジプト人の好意を得させるようにされたので、エジプト人は彼らの求めに応じた。彼らはこうして、エジプト人の物を分捕り物とした。

イスラエルの人々はラメセスからスコトに向けて出発した。一行は、妻子を別にして、壮年男子だけでおよそ六十万人であった。そのほか、種々雑多な人々もこれに加わった。羊、牛など、家畜もおびただしい数であった。彼らはエジプトから持ち出した練り粉で、酵母を入れないパン菓子を焼いた。練り粉には酵母が入っていなかった。彼らがエジプトから追放されたとき、ぐずぐずしていることはできなかったし、道中の食糧を用意するいとまもなかったからである。

イスラエルの人々が、エジプトに住んでいた期間は四百三十年であった。四百三十年を経たちょうどその日に、主の部隊は全軍、エジプトの国を出発した。その夜、主は、彼らをエジプトの国から導き出すために寝ずの番をされた。それゆえ、イスラエルの人々は代々にわたって、この夜、主のために寝ずの番をするのである。

出エジプト記一二章三三―四二節

われわれは何をなすべきか、そしてそれをどうやって決めるかという問題はつねに難しい。聖書的信仰では、古代エジプトでの大混乱のある夜、奴隷たちの母親が子供たちの眠るあばら屋にやって来て、「静かに」と彼らの口を覆い、彼らを起こし、そして「おいで。さあ、行きますよ」と言ったとき、生の「こうすべきである」の基本的な形が与えられた。

暗くて恐ろしい夜だった。危険と恐怖に満ちていた。奴隷たちの家族が全員静かに集まることから始まった。それからエジプトの王の軍隊が激しく追跡してくる中、パニック状態で国境まで急いで移動した。奴隷たちが向こう側に到着したとき、彼らは自由になった！　彼らにそんなことは決してできないだろうとだれもが思っていた。彼らは、タンバリンを取り出して踊った。彼らは歌い、そして祈った。彼らは神に感謝した（出一五・一、詩一五・四三）。

これに続く聖書の歴史的文書はすべて、その恐怖と解放の夜と、喜びとダンスの翌朝についての信じがたい物語を再び伝えている。子どもたちが物語を自分のものとするようになるため、時に忍耐を要する物語の繰り返しがなされる。申命記二六章五―九節にあるように、出エジプトの物語は、語り方が「彼ら」から「わたしたち」に簡単に置き換えられる。それはいつも、われわれの物語であって、「彼らの」物語では決してない。それはわれわれについての物語である。われわれは、その夜中に起こされたことを思い起こす。時にはそれは、関連が全く明らかでない、まるで異なる状況において、その物語の意味を尋ねる大人たちの緊急な鋭い質問を引き起こすこともある（アモ二・六―一六、ホセ一一・一―九、ミカ六・一―八）。物語は決して明白なルールやガイダンスは与えないので、それらを連結するにはかなりの想像力を要する。それはただ、われわれは誰であるのか、誰になったのかをわれわれが記憶することを要求する。それが聖書における倫理の道である。時にはそれは、自由についての情熱的な頌栄である。時にはそれは、出エジプトはもうこれ以上起こらないと知っての悲痛なうめき声である。

ともかく、それらの聖書的信仰は、基本的な「こうすべきである」生は、人が聖なる方に出会うところで出現することを知っている。また、出エジプトのような出来事において、最も確実に、最も力強く、最も誤りなく、その聖なる方がわれわれに出会うことを知っている。われわれの奴隷状態が自由に転じるのは、われわれの絶望的な寂しさが見出される喜びに置き換えられるのは、われわれの死の感覚が命のダンスに圧倒されるのは、ここである。そしてそれは、われわれが奴隷の状態で眠り、自由の夢を見る生活の夜中にしばしば起こり、そうして悪夢から目覚める。

彼ら同じ家族たちは（海の賛歌を歌い終えて）、シナイの荒れ野をさまよい続け、そこで自由の聖なる方が彼らと再び出会われた。聖書的信仰の十戒が現れたその出会いをあなたがたは知っている。しかし、「こうすべきである」の内容は、「わたしは主、あなたの神、あなたをエジプトの国、奴隷の家から導き出した神である」（出二〇・二、申五・六）だということに、われわれは十分注意を払っていない。聖書的倫理観は、十戒の中にも、それらのどの部分にもなく、ただ聖なる方の行動に見出される。シナイ山は、出エジプトの意味を鋭く問うものである。私の判断では、これが聖書テクストにおける倫理を理解する鍵である。シナイ山は、具体的で多くを要求するが、その主張とその力は、出エジプトの多様性の一つである。

われわれが倫理の崩壊に言及するとき、われわれはおそらく、聖なる方の力から引き離されているときの「こうすべきである」の機能停止状態と失敗について語っているのである。シナイ山での「こうすべきである」は、あの恐怖の夜に起こされたことと、それに続いて海の向こう側で朝にダンスをした自由とを思い起こさない人々の上には、何の主張もしない。解放の物語が他人事であるとき、それはわれわれに何の主張もしない。

あるいは表現を変えれば、聖書的倫理観は、一連のルールの中にというよりも、一つの物語の中にある。われわれの家族の中でもそんなふうだ。われわれが一般的にどう行動するかは、両親がしなさいと命じたことによってではなく、家族の中でわれわれが成長させられた出来事によって決定される。聖書において、それは大切に覚えられている物語である。われわれの信仰上の家族、たとえば夜中に起こされた小さな信仰上のいとこたちや、海を渡り、信じられない思いでダンスをした信仰上のおじやおばについての物語である。倫理は、その物語はわれわれの物語であって、単に思い起こされるだけでなく、実際に経験した——夜中に起こされ、危険な海の中へと、そして再びダンスをするようと招かれた——物語であるという確信に基づくものである。

もちろん、見るためには目を必要とする。出エジプトは、われわれの周りのどこにでも起きている。——個人的なことでは、成長の痛みと喜びにおいて。社会的なことでは、人々を解放し、組織を開かせる大変動や変革において。見えること、外部的なこと。隠れたこと、内部的なこと。聖なる方は、内側でも外側でも、人々を自由にすること、楽しむことへ招くことを止めたことがない。

それらはたぶん、旧約聖書の教師が使いそうな表現である。では少しだけ描写を変えてこう述べよう。聖書的な倫理は、キッチンに駆け込んでくる一人の子供で始まる。彼はさっきまで表通りにいたけれど、彼は息もつかずにそこで見たことを母親に告げるにちがいない。何十年も市中の池のそばでじっと動かずにいた年老いた物乞いが、一人のラビにちょっと触れられただけで、たちまち癒されたのだ（ヨハ五・一—九）。その子は家に走って帰り、頰を紅潮させ、よどみなくこう断言する。「想像してみて。ぼくらの町に癒しがやって来たんだ！」。家族全員がそれを聞いて集まり、疑いなく彼らもダンスをする。われわれは本当の癒しがすぐそばにやって来るだろうとは思わないのだから。

あるいは、通りにいる風変わりな人たちの群れはどうだろう。彼らは議論していて、その中に怯えている人もいる。しかし、その場の中心的な人がとてもあっさりと、そしてきっぱりと答えている。「わたしがただ一つ知っているのは、目の見えなかったわたしが、今は見えるということです」（ヨハ九・二五）。そして彼らは、出エジプトの民が踊ったダンスを踊る！

もう一つのシナリオ。一人の婦人が急いで家に帰って来る。ショックを受け、混乱し、少しヒステリックになっている。彼女は言葉が出て来ない。ついに、彼らは彼女から話を聞き出す。墓が空っぽだった！　イエスは生きている（マタ二八・一―一〇）。ここで倫理が始まる。われわれの「こうすべきである」は、たくさんのルールから生まれるのではない。そうではなく、信じられないような癒しがわれわれのすぐ近くにやって来るとき、われわれは、われわれの上に掲げられる新しい主張を受け入れるのである。

これらのすべての場面には、共通の要素が一つある。それらは、人々の生活における説明不可能な方向転換――完全性へと向きが変わること、思いもよらず、時には望みもしなかった方向へ転回すること、誰も想像できず、自分自身したこともない突然の変転をすること――について語る。ある人は「奇跡」と言い、ある人はそれを「救い」と呼ぶだろう。

それらは、生が完全性へと向きを変えるときの、類いまれな瞬間である。それらは、分かち合い、ダンスをするために、また物語を伝え、再び語るために、そして他の人たちに与えるために設けられた貴重な瞬間である。それらは聖書の全体にあり、またわれわれの「こうすべきである」の根源である。われわれの「こうすべきである」は、シャロームの贈り物から動いてくるが、それはわれわれにとって信じられないしかたでやって来る。われわれはあまりにも容易くそれを見過ごしてしまうことがある。

これを書きながら、私は、自然に子供たちの興奮や、婦人の驚きを語ったことを不思議に感じた。われわれの文化における男らしさの考えは、――支配し、管理し、がんばる必要は、出エジプトの反対、復活の反対、そしてそれゆえ、倫理の反対ではないだろうか。われわれが計画表や人と会う約束について苛立つとき、出エジプトはめったにやって来ない。われわれはあまりに忙しくて、またあまりに冷笑的で、あまりに献身的に自分たちを奴隷状態に追い込むので、自由の夢を見ることができない。そしてわれわれは、奴隷状態がどれほど不必要な悪夢にすぎないかに決して気がつかない。出エジプトのシンボル、あるいは復活のシンボルは、ただ存在の新しいあり方の開始なのではない。それはまた存在の古いあり方への審判でもある。だが、それはわれわれをとても不安にし、怖じ気づかせるので、われわれは夜中に出発する危険を冒すことができない。

そのような出来事、出エジプトあるいは復活の出来事は、聖なる方を垣間見ることである。

われわれは、われわれの生を完全性へと方向転換するとき、その聖なる方を知るに至る。そのように聖なる方を考えることは、神とはどなたなのかを考える、「独特な」と言わずとも、「格別な」考え方である。それはつまり、われわれが神を認識するとき、ルールを与える方として、正しいか間違いかを確立する方として、現状を保証する方として認識するのではないということを意味する。むしろ神は、方向転換の瞬間に行動する。そして、その先のわれわれの信仰は、われわれの生の転換の瞬間を熟考することから成る。そのような瞬間はわれわれに語りかけ、われわれは変えられたことを強く主張する。そのような出来事が、われわれに訴える。それらはわれわれを、要求によって圧倒する。それがやがて倫理となって現れる。

- 自由な人々は、奴隷のように生きることはできない。
- 目の見える人は、盲人のように行動することはできない。
- 生きている人は、死人の倫理で我慢することはできない。
- 再び見出された息子は、失われた者の役を演じることはできない。

これはわたしのものだと主張され、愛され、そして自己を明確にされた民は、価値なき者のように生きることはできない。だから倫理は、生が完全になり新しくなる貴重な瞬間のときから出現する要求と主張とを整えているのだ。もし、われわれが自分たちの出エジプトに従って生きるつもりなら、どのように行動すべきかよく考えよ。シナイ山はいくつかの鍵を提供する。

- 出エジプトの民は、安息日を重んじる。なぜならそれは、強制的な仕事と、癒しや人道的な休息との間の対照を思い起こさせるものだからである。
- 出エジプトの民は、他人の物を欲しがらない。なぜなら、ファラオの暴虐は、十分に所有した後に、さらに他人の物を欲しがることにあったから。
- 出エジプトの民は、盗まない、殺さない、また姦淫をしない。なぜなら、彼らはいまや、生があまりにも貴重なので、虐待や堕落行為などとてもできないと知っているから。

イスラエルの法は、出エジプトによって知らされる。

あなたは寄留者を虐げてはならない。あなたたちは、エジプトの国で寄留者であったからである。
（出二三・九）

あなたたちは寄留者を愛しなさい。あなたたちもエジプトの国で寄留者であった。
（申一〇・一九）

イスラエルの倫理の多くは、社会において相続権を奪われた人々――やもめ、孤児、寄留者、そしてよそ者たち――に関心を寄せる。彼らを遇する鍵は、よそ者であったイスラエル自身の経験である。イスラエルの倫理の多くは、利己的な高慢に注意を向ける。その高慢を理解する鍵は、それは彼らがファラオの下で知った暴虐につながるだろうということである。

律法と倫理的な教えの中で、出エジプトが時おり言及される。それが明白でない場合でも、われわれが搾取（アモ二・六―八）、独り占め（イザ五・八―九）、移り気（ホセア七・一一）などのさまざまな危険に気づかせられるとき、それはいつもわれわれの意識の中に漂っている。出エジプトのモデルと力によって、生は営まれる。そのモデルによってもはや制御されないなら、その物語が力を失ったことを意味する。われわれは、自分たちが何者であるのかを忘れてしまったのだ。その物語は、いまは誰か他の人の物語のように見える。われわれはもはや、それを自分たちの物語として喜び祝うことをしない。

それは、新約聖書の初期の教会においても変わりはない。悪と創造的に対抗するようわれわれに命じるのは、復活の力である（ロマ一二・九―一二）。ペトロが「歩きなさい」と驚きの言葉を告げるときのように、他の人々を癒すように人々を促すのは、復活の力である（使三・六）。われわれに、喜び、平和、忍耐、節制を特徴とする生を生きることを可能にするのは、新しい命の転換である（ガラ五・二二―二三）。新約聖書の全体的な倫理は、自由に根ざしている。出エジプトの自由と復活の自由である。「この自由を得させるために、キリストはわたしたちを自由の身にしてくださったのです。だから、しっかりしなさい。奴隷の軛に二度とつながれてはなりません」（ガラ五・一）。

われわれのために保存されたイエス自身の宣教の記録は、出エジプトと復活の出来事の驚くべき連続性である。彼は悪霊を追い出して、一人の人を慈愛に満ちた生へと呼び戻す（マコ五・一―一三）。イエスは、重い皮膚病を患っている人たちを癒す。それは「清くない」（マコ一・四〇―四一）者を排除しようとする社会的な隔ての壁を打ち壊すことを意味する。イエスは、嵐に対する力ある行動によって、その友人たちを恐怖に怖じまどうことから解放する（マコ四・三五―四一）。それらすべては、驚くべきしかたで要約される。「……目の見えない人は見え、足の不自由な人は歩き、重い皮膚病を患っている人は清くなり、耳の聞こえない人は聞こえ、死者は生き返り、貧しい人は福音を告げ知らされている」（ルカ七・二二）。

それが倫理であるが、非常に変わった類いの倫理である。ルールを守るとか、あるいは善いことをするとかでは全くない。人々を自由へと解放することがすべてである。人々を新しい命へと起き上がらせることがすべてである。イエスは、彼に従う者たちをそのような種類の倫理へと招き、それが悪霊からの解放と癒しをもたらす（マコ六・一三）。倫理は、世界が現在のあり方のままである必要はないのだという確信から育つ。それは、われわれを閉じ込め、人間らしくあることから遠ざける奴隷状態と悪の力を克服することによって、世界を転換させることを課す倫理である。倫理的であるとは、人間らしさのために、真剣に、世界の変換に従事することを意味する。新約聖書は、それを「御国の生活」と呼ぶ。それは、われわれの古い義務に異議を唱え、われわれのうちの大部分が受け入れる用意のある自由にまさる自由へとわれわれを招く、聞いたこともない種類の生への招きである。

しかし、この自由は、放縦ではないし、無責任や、怠慢や自分勝手な行動でもない。「すべてのことが合法的である。けれどもすべてのことが益をもたらすのではない」（Ⅰコリ一〇・二三。著者私訳）。これは、われわれの自由が、助け、啓発し、慈悲深さを出現させる自由であるかどうかの試みと基準である。倫理的行為は、新しい出エジプトと新しい復活を起こす行動である。非倫理的行為は、――解放しないか、または破滅的な方法で解放するような――反・出エジプト、反・復活的行動で成り立つ。

このすべてにおける厄介な要求は、聖書が単純に個人を扱う倫理で決して満足しようとしない点である。それはつねに、社会の構造のことを、行政と法と社会政策のことを、出エジプトを起こすことも阻止することもできる組織のことを問う。今日では、教会を掻きむしるのは、倫理の役割である。われわれはしばしば、聖書的倫理の主張を、それは正しいか間違っているかという私的な質問に閉じ込めることに熱心になる。われわれには、倫理を個人主義化し、潔白さと誠実さの私的な美徳をもって満足することができると考える長い歴史がある。しかし、聖書的倫理観の深い問題は、たえず出エジプトの公的で社会的な側面に関わる。ファラオの問題は個人的な不純さにあるのではなくて、専制的組織という国家システムにある。預言者たちは、堕落した法廷（ミカ三・一二）と、不正な不動産の取得（ミカ二・一―四、王上二一章）のゆえにイスラエルを非難する。イエスが当時の支配階級を非難したのは、最終的に彼を殺すことになったのだが、支配者層が社会的な関心事を個人的な美徳に置き換えていたことにある。そしてそのような堕落した倫理観が復活を阻止するのである（マタ二三・一三―二八）。

問題は、もちろん、ふつうに定義される通りの個人的な倫理観が、われわれに与えられている関心事とよく合致するということだ。反対に、組織的な倫理観の問題はわれわれの関心事としばしば衝突する。しかしそれ以外の道はない。復活と出エジプトは、社会の構造と秩序に疑問を投げかける公的な出来事である。であるので、それらは、最も多く要求し、われわれが最も頻繁に抵抗するわれわれの生活の場において、われわれに語りかける。

われわれの時代の倫理の問題は難しい。またこれからずっとそうだろう。それらが難しいのは、複雑で、われわれがデータを全部持っていないからである。それらが難しいのは、われわれの小さなシステムに疑問を投げかけ、それがわれわれを怯えさせるからである。それがわれわれを怯えさせるのは、いろいろな人々の出エジプトが――若者の、アフリカ系アメリカ人の、貧困層の、女性の、情緒的に不安定な人々の、それぞれの出エジプトが、皆われわれの周りにあり、神が望まれる通りに、たくさんの人々が自由になることを願っているからである。そして、われわれがそれらの形の自由の脅威をよく考えるとき、残りのわれわれの誰もがやはり自由でないことに気づく。

聖書は、そのような問題に何の解決策も記していないが、ヴィジョンという考え方をわれわれに授ける。そのような倫理の問題は、われわれ皆にとって難しく恐ろしいものであり続けるだろう。しかし、ファラオのためにれんがを作り続けている人々は、自由のダンスを踊っている人々よりも、この問題がもっと難しくもっと恐ろしいということが分かっている。たびたび、われわれはれんがを作ることに忙しすぎて、音楽を聴くことさえしない。私は、自分の作ったれんがを眺めて驚くたびに、どれだけ多くの出エジプトの機会を逃して来ただろうかと考える。

倫理が難しいのは、古いガイドブックがもうすべてボロボロになってしまったように思われたり、少なくとももう役立たずに見えたりするからである。銃による国境の防衛演習は、都会の社会にはふさわしくない。持てる限りの物をすべて所有するという古い慣習は、人の密集した世界においては機能しないだろう。単なる戦争や「勝利」の古い見方は、巡航ミサイルや誘導弾の世の中では、時代遅れのように見える。そして、「人々は皆、ぶどうの木の下、いちじくの木の下にいる」（王上四・二五〔五・五〕）状況は、生き物に害のある汚染のただ中で、修正されるべきヴィジョンである。誰もがもうこれ以上倫理を告知する権威を持たない。われわれの教会は正しくもこの信仰の危機に気づいている。

信仰の危機にある人々と会衆は、古い物語のもつ力と再び向き合い、その訴えを聞く準備ができている。人は、自分がいつ「おいで。さあ、行きますよ」という囁き声で真夜中に起こされるのかを決して知らない。あるいは、子供たちがいつ部屋に飛び込んで来て「癒しがこの町に来たんだ！」と言うかを決して知らない。そのとき、われわれは自由のダンスを踊るだろう。そしてそのとき、われわれは、十戒の主をダンスの主として知るだろう。その方は自由をもたらし、そして驚くべき「こうすべきである」へとわれわれを招く。

第Ⅲ部　命令についてのヴィジョン

6　命じることと食べること

ヨセフが帰宅すると、一同は屋敷に持って来た贈り物を差し出して、地にひれ伏してヨセフを拝した。ヨセフは一同の安否を尋ねた後、言った。

「前に話していた、年をとった父上は元気か。まだ生きておられるか」。

「あなたさまの僕である父は元気で、まだ生きております」と彼らは答え、ひざまずいて、ヨセフを拝した。

ヨセフは同じ母から生まれた弟ベニヤミンをじっと見つめて、「前に話していた末の弟はこれか」と尋ね、「わたしの子よ。神の恵みがお前にあるように」と言うと、ヨセフは急いで席を外した。弟懐かしさに、胸が熱くなり、涙がこぼれそうになったからである。ヨセフは奥の部屋に入ると泣いた。やがて、顔を洗って出て来ると、ヨセフは平静を装い、「さあ、食事を出しなさい」と言いつけた。食事は、ヨセフにはヨセフの、兄弟たちには兄弟たちの、相伴するエジプト人にはエジプト人のものと、別々に用意された。当時、エジプト人は、ヘブライ人と共に食事をすることはできなかったからである。それはエジプト人のいとうことであった。兄弟たちは、いちばん上の兄から末の弟まで、ヨセフに向かって年齢順に座らされたので、驚いて互いに顔を見合わせた。そして、料理がヨセフの前からみんなのところへ配られたが、ベニヤミンの分はほかのだれの分より五倍も多かった。一同はぶどう酒を飲み、ヨセフと共に酒宴を楽しんだ。

創世記四三章二六―三四節

また、イエスは招いてくれた人にも言われた。「昼食や夕食の会を催すときには、友人も、兄弟も、親類も、近所の金持ちも呼んではならない。その人たちも、あなたを招いてお返しをするかも知れないからである。宴会を催すときには、むしろ、貧しい人、体の不自由な人、足の不自由な人、目の見えない人を招きなさい。そうすれば、その人たちはお返しができないから、あなたは幸いだ。正しい者たちが復活するとき、あなたは報われる」。

ルカによる福音書一四章一二―一四節

シャロームを強調することは、教会において、われわれの生について異なる考え方をするための良い機会である。その場合の新鮮な方法は、聖書の中の非常に大きなテーマである、混沌と秩序のテーマと関わりを持たせることである。聖書の中の人々は、われわれと同じく、混沌を恐れ、秩序を切望した。時にわれわれは、いかなる混沌の状態より、何らかの秩序のほうを好む。

われわれは、自分の信仰と真剣に関わるつもりなら、シャロームの中心的な問いにもっと敏感にならなければならない。物事はどのように秩序づけられているのか。どのようにその方法を獲得したのか。誰がそうであるように欲しているのか。どんな理由があるために、そのままの状態であることが望まれるのか。シャロームは、価値の社会学と力の社会学の問題を提起するようにわれわれを導く。教会生活において、人々にこうした問題を気づかせ、物事は今のまま永遠にあり続けるよう命じられてはいないと人々が認めるように助ける機会がわれわれにあると私は信じている。むしろ、事態が今のようであるのは誰かがそうしているからで、そこには何らかの良い理由、あるいは悪い理由があったのだとわれわれは当然考える。私が希望の神学の現在の議論を理解しているとすれば、それらの議論は、物事が現状のまま留まる必要はないということ、そして、物事が現在あるように作られてきたのなら、それらはその形から作られておらず、別の方法で命じられているかもしれないという確信に中心を置く。それとは正反対に、絶望の神学は、物事は希望なく定められたもので、いまの状態のままあるように命じられているはずだというひどい結論に至る。そんな結論は、新しさのためのどんな希望も捨て去ることになるし、世界は新しさから締め出されていると決めつけることになる。シャロームは、そうなるだろう。そのような、力強い、人を元気づける確信に根ざしている。希望の神学に根拠を置く。世界は転換し、生まれ変わることができるし、そうなるだろう。また生は変化することができるし、そうなるだろう。そして新しさはやって来ることができるし、

では、物事はどのように命じられているのだろうか。われわれの周りのものはみな命令を受けている。そしてたいていわれわれはその命令を、深く考えず従順に受け入れている。私のお気に入りのドライブ・インのレストランの扉には、こんな掲示がある。「裸足、シャツ無しの方はお断り！」。それは、いかに物事が命令あるいは秩序の下にあるかについての声明である。それは比較的害が少ないが、私が覚えていて多くの人もいまも忘れられないのは、もっと悪魔的な秩序についての声明であった。すなわち、「私どもはどなたにもサービスをお断りする権利を確保しております」。あるいは、もっとあからさまに、「白人以外お断り」。考えてみれば、「サービスを断る」のに、あれこれと混沌に秩序を与えるこれらのサインは滑稽である。われわれはどうやってそれを忍耐したのだろうか。いや、忍耐などしなかった。ただわれわれがそれをいつもの既成事実として受け入れたのは、それを承認したからではなく、われわれが秩序を好んでおり、それを問題視することに慣れていないからである。われわれは秩序と価値の社会学的側面に敏感ではない。

いつか近いうちに、今の「裸足、シャツ無し……」という看板が同じように滑稽なものに見えるようになるのだろうかと思う。そうなるかもしれないが、私にはあの看板が気掛かりだ。

その命令を下すのに十分な権力をもつ誰かが、あの看板を掲げさせたのだ。それにはたしかに理由がある。私は、彼らの理由づけを承認するには十分な中流階級そして中年層に属する人間である。この私は、不愉快な「裸足で長髪の不潔な子たち」を眺めながらハンバーガーを食べたくはない。それでもやはり、それは強制された命令であり、そこには理由がある。

主要問題は、教会において非常に急激に変化した。先頃まで、それは皆世界の「そちらに」の問題であった。しかし、いまやそれは「こちらに」の問題となり、そして教会を管理するどの団体やグループも、「誰が『こちらに』入れるか？」という問いに答えなければならない。「こちらに」は、良いものがある場所だからだ。私のお気に入りのレストランは、誰が良いものにアクセスできるかを決めた。ポイントはここだ。教会は、良いものにアクセスできるのは誰で、そのルールを決めるのは誰か、という現実のルールに鋭敏な人々で構成されていなければならない。それは、あらゆるグループ、家族、教会においてなされる決定である。誰が良いものにアクセスできるかを誰かが決める。また、誰がそうした決定をするのかも決められる。そして、もしシャロームが物事を変えることについてであるなら、それはたしかにそうなのだが、われわれは転換するという作業を始めることができる前に、明らかに、認識するという作業を課せられる。われわれは、どのように誰かが立場を決め、しかるべき方法で命令を下したかをはっきりと分かっていなければならない。少なくとも論理的には、他の多様な方法で命令されることもできたはずであろうから。

私が最初に注目した看板が、レストランの扉にあったのは偶然ではない。おそらく他の何にもまして、われわれは食べることにおいて、自分たちの秩序の感覚、良いものの判断と良いものへの接近を無意識に行動に表す。食べることにおいて、われわれは、内部者になるという最も根源的な出来事にあずかる。またそうとは知らずに、われわれは食べることに最も注意深く注文を付ける。あのドライブ・インがそうするように。われわれが、シャロームが何であるかについて基本的な決定をするのは、食べるという基本的な行為においてである。

1　旧約聖書において契約の締結は、契約の食事によって特徴的になされる。「神々が重んじる者たち、彼らはまず食事を共にする」。それゆえ、出エジプト記二四章一一節で、ホレブ山において「彼らは神を見て、食べ、また飲んだ」[1]。

2　初期の教会は、「パンを裂くこと」において、イエスを最もよく理解した（ルカ二四・二八―三五）。そしてその時以来、この食事はクリスチャンたちが行う最も基本的なことと定められた。われわれの最大の対立が起きたのもこの食卓をめぐってであった。なぜならわれわれは、飲み食いすることにおいて、われわれのシャロームというブランドを選んでおり、われわれの世界の命ずることを正当化しているということを直観的に知るからである。

3　アメリカで一九六〇年代に、人種差別の撤廃に関するすべての混乱と抵抗の中から、象徴的な問題となったのは、「ランチの相手」をめぐる問題であった。誰と共に食事をするかは、われわれが重んじる契約と、われわれが認め、選ぶシャロームの姿を表現する、非常に象徴的な行為であることをわれわれは直観的に知った。ご存知のように、しばらくの間、われわれは「垂直的な差別撤廃」で満足した。われわれは一緒に食べるために立つのがふつうで、座りはしない。それは、われわれのピューリタンの先祖たちが「中途契約」と呼んだものであると私は思う。

食べることは、人間の生活の中心にある。そこにおいて、われわれは生を選択し、形づくる。『福音主義および改革教会の礼拝式文』(*Evangelical and Reformed Book of Worship*)のような古い伝統は、聖餐式は、単にしるしを扱うのでなく、かかる礼拝すべきしるしが現れるリアリティーを扱うのだという力強い声明を出した。その比較的古くて穏やかな言葉遣いの中で、われわれは聖餐卓において、われわれが命じられた主要な出来事に参与していたことを確信した。われわれは、すべて食べることを通して、われわれの経験として最も奥まった聖所と結びつくことを知る。神学を離れた純粋に現象学的な立場で、われわれはその食卓における「現臨」について語る。その食卓は、主が現実におられる場である。その気づきが、このテーブル上の「裸足、シャツ無しの方はお断り」という印と結びつくとき、それが何を意味するかを考えてみよう。シャロームは、良いものへのアクセスを管理する取り決めの命令に関わる。

その文脈において、聖書はしばしば食事をシャロームの出来事として提示する。

創世記のヨセフ物語では、ヨセフは兄弟たちと会うことを願い、彼らが会合するとき、彼らは重要な取引をする。ヨセフは兄弟たちにまだ身を明かさないが、彼は彼らを知っている。それからヨセフは偉大な首相のように「さあ、食事を用意しなさい」と言う。まず、パンを裂いたとき、彼らは彼のことが分かったのだろうと推し量る人があるかもしれない。しかし、テクストはこう語る。

食事は、ヨセフにはヨセフの、兄弟たちには兄弟たちの、相伴するエジプト人にはエジプト人のものと、別々に用意された。当時、エジプト人は、ヘブライ人と共に食事をすることはできなかったからである。それはエジプト人のいとうことであった。……そして、料理がヨセフの前からみんなのところに配られた……。（創四三・三二、三四）

ここにあるのは、映画『銘々のテーブル』（*Separate Tables*）の最初の場面か、あるいは単純に「離れていても平等なのか?」という初期の問題というべきものであろうか。私が育った小さな町には、コーヒー・ショップを兼ねたビリヤード・ホールのある一軒の居酒屋があり、そこでは現実的な取り決めがなされていた。常時と言わずとも頻繁に会議が開かれ、そこにアメリカ軍、教会関係の会議、市民団体、そして学校理事会からの重要な人々が集まった。他に正式なグループはなく、それらは単に代表者のグループにすぎなかった。たいてい、これらすべてのグループには同類の人々がいた。店の裏手には、「ニグロ」（そうわれわれは彼らを呼んだ）のための離れがあり、彼らにも同じキッチンで同じ経営者が給仕をしていた。しかし、離れというのは、簡単なパイプの棚と、一本の長い蛍光灯があるだけのひと部屋で、ジュークボックスはなく、退屈そうな酔っぱらいの唸り声か、自分たちを楽しませるようとする人々の大きな笑い声だけがあった（あるいは、それは単に一晩だけの現実逃避だったのか）。食べ物は同じキッチンから彼らのところに運ばれた。「料理は、ヨセフのテーブルから彼らのところに配られた」。しかし、そこには決して本当に良いものへの入り口はなかった。白人区域にある物事を決定するテーブルに近づくことは許されなかった。現実的な権力があり、それは共同体に命ずるという主要行為であって、その居酒屋の中のどちらの区分にいても、そのメッセージに気がついていない者は誰一人いなかった。誰もが、食べることと生活形成について、また、誰が共同体の生活に命令を下したか、誰がしなかったかについて理解していた。

創世記四六章三四節には、これと同じ種類の差別の証拠が記される。羊飼いは嫌悪されたが、家畜を飼う仕事はそうではなかったと主張しているので、このテクストの詳細な意味は明瞭でない。これと反対のことを示す証拠がいくつかある。しかし、その節を書かれたままに単純に受け取るなら、それはわれわれのテーマと関わってくる。「羊飼いはすべて、エジプト人のいとうものである」。われわれは、クリスマスのページェントで、羊飼いたちを神の栄光を受ける者として称賛する。しかし実際は、彼らは見捨てられた人たち、――無教養で、汚れていて、嫌悪感を起こさせ、人を怖がらせさえする連中、である。彼らは、食べることも含めてあらゆることから排除されている。彼らには、もてはやされる技能は何もなく、社会的価値がないからである。それだから、われわれが自分たちの町を設計し整えるとき、エジプトであれどこであれ、羊飼いたちはゴシェンの地域に住むようにと彼らに命じるであろう。そうすれば、彼らを再び見なくてすむ。

われわれの状況下にあふれている分離や差別の類いをこの中に見ることにさほどの想像力は要らない。しかし私のテーマは人種ではない。テーマはむしろ、食事のような主要な活動において、われわれは食べて飲み、そして自分たちの価値観や恐怖心や欲望によって注意深く限定された、われわれがシャロームと呼ぶ秩序を造る、ということである。そしてわれわれがそれをするとき、誰かは内側にいて、誰かは外側にいる。誰かは良いものに近づくことができ、誰かは良いものから締め出される。その重大な言葉が「嫌悪」である。われわれに嫌悪感を抱かせ、われわれを恥や恐れや困惑の中へと追いやるものをわれわれは排除する。そして、われわれが呼び出すシャロームについてのあらゆる思想は、われわれの憎悪と反感に関する決定を下してきた。それだから、われわれが喜んで受け入れたものによって、われわれが排除したものを調べてみることはとてもよいことだ。いつものように、われわれを行動へと動かす嫌悪は、ヤハウェに対する嫌悪なるものではなく、むしろ王室に、エジプト人に、権力を持つ人々に対する嫌悪である。そして、われわれは生活を形づくるとき――われわれが力を持つ部分に

――反感を取り除くための取り決めをする。われわれはまず、法律でそれを要求し、次に宗教でそれを正当化する。われわれは価値の社会学を超越して、それを与えられたものと呼ぶ。最初、それはエジプト人に対する嫌悪である。それからわれわれはそれを神に対する嫌悪と呼ぶ。「裸足、シャツ無しの方はお断り！」と命令されたテーブルから、ある宗教的タブーへと発展するのは、とてもたやすい一歩である。

ヨセフ物語はこの点に関しては、排除されたヘブライ人と、排除のしるしを掲げた、権力があり強い印象を与えるエジプト人についてすべて記している点で、奇妙である。そこには、熟考に値する事柄があった。たとえば、「ヘブライ人であってエジプト人でないとはどういう意味か？」というようなことである。その語りは、私が注目したいいくつかのことを断言する。というのは、聖書は部外者たちが行動することをあえて示唆しているからである。「主はヨセフのゆえにそのエジプト人の家を祝福された」(2)（創三九・五）。ヨセフはまだ部外者であるが、内部者たちの幸いの理由となっている。

「しかし、虐待されればされるほど彼らは増え広がったので、エジプト人はますますイスラエルの人々を嫌悪した」（出一・一二）。ここに動きがある。以前は、彼ら（エジプト人）は単に、ヘブライ人という概念に不快感を覚え、彼らを見たくなかった。だがいまや、彼らは怯えている。彼らはヘブライ人たちを見ようとしない。ヘブライ人が目の前にいるのを認めることを拒み、あるいはその存在さえも否定する。それはアメリカ合衆国がキューバを認めることを拒否しているのと似ている。しかし同時に、彼らは完全に、そんなヘブライ人に気を取られている。まるでディナーの最中、側近の者にこそそと「奴らは今何している？」と囁く人のように。疑いなくファラオは、イスラエル人を処分すること、あるいは彼らを政治とは無関係にすること、あるいは、彼らを「法的に無効」とすることについて自分の計画を持っていた。しかし、彼らはいつも戻って来た。そして、この人口急増が帝国を脅かしたことは、単に彼らが多産だったというだけではない。むしろそれは、神の祝福があちら側にあり、こちら側にはなかったことを意味する。そしてそれは穀物倉庫を管理する人々に、たとえば「もし、神の祝福の働きがあちら側の彼らにあるなら、どうして彼らはこちらに来てわれわれと一緒にいるのだろう？」というような問いをもたらす。それは、部外者に対して内部を守ることで忙しいすべての人につきまとう暗示である。

聖書は、次の二点の観察から、一つの結論を引き出している。(a)内部者は、部外者たちのゆえに祝福されている、そして(b)祝福はあちら側の彼らにあるのであって、こちら側のわれわれにはない。結論は、燃え上がる柴についての出エジプト記三章で、宣言されている通りである。「わたしの民を去らせよ」（それが、それによってわれわれが神と呼ぶ名前である）との永遠の声は、「裸足、シャツ無しの方はお断り！」を受け入れないだろう。神はまどろむことなく、排除されて外にいる民と共におられる。もしそういうことなら、しばしばそうであるように、行動、活気、創造性はもはや内側にはなく、まさに外側に見出されるという結果になる。そのときたしかに、そのように転じたのだ。自由に向かう力は、エジプト人の間にではなく、ヘブライ人の間に表れた。実際にエジプト人（「内部者」のこと）について、自由が彼らの間に表面化するのを妨げる何らかの要素があるのかもしれない。憂鬱な雰囲気の宮廷で、彼ら全員のレポートとノルマとスタッフ会議が行われる様子を想像してみるとよい。あらゆる形の権力と威信がある。しかし、行動は――本当の人間の行動は――、ここにはなく、あちら側にある。そして、われわれが設定したバリアは、あのドアに掲げられた制限的なサインは、人々を外側にとどめておかない。実際は、彼らがわれわれ内部者を内側に封鎖している。

おそらく、ここにはわれわれの組織を作り上げる方法についてのメッセージがある。それは、われわれ皆に審判を下し、警告する。

- われわれは皆、聖なる神へのアクセス管理をしようとする教会があるのを知っている。その聖なる方は、意表をつくように、どこか他の場所に現れて、病を癒す。われわれはその出現に当惑する。
- われわれは、高度医療の水準とすぐれた医療機関の発展、そして医師、病院、保険会社の力あるロビー団体を伴った近代医学に慣れている。それで、癒すことは民間医術ではないかとの考えが出てくる。それは既存のどの組織も管理できない。
- われわれの学校制度、つまり幼稚園から大学院までの全行程において、われわれは学びへのアクセスを管理する。そしてわれわれは脱学校化を手に入れ、また学校は学ぶことへのアクセスを得る所ではないのではと疑う大人たちと子供たちの奇妙な幻滅を手に入れる。

さて私は、革命や組織解体について何らラディカルな結論を引き出すつもりはない。そのような結論はテクストを超えているし、無意味であると思う。われわれの結論は、もっとかすかな点にある。つまり、組織し制御するわれわれの力は、か細いものであるし、われわれが制御するのは体裁だけで、権力ではない。福音は、「わたしの民を去らせよ」は外に排除されるかもしれないが、神は内に留め置かれ得ないということ、そしておそらく、他者を外に排除しようとするわれわれの努力は、まさにそこに癒しの行為がある存在の場へと彼らを送り出してもよいということの断言である。

「それはエジプト人のいとうことであった」との断言から、以下に掲げるもう一つの詩的な考えに至るのは、そう遠い一歩ではない。

彼は、見るべき面影はなく
［離れて一人で食べさせておけ、］
輝かしい風格も、好ましい容姿もない。
［羊飼いも他の多くの連中も、嫌悪感を抱かせる。］

彼は軽蔑され、人々に見捨てられ
多くの痛みを負い、……
彼はわたしたちに顔を隠し
わたしたちは彼を軽蔑し、無視していた。
（イザ五三・二―三）

羊飼いたちは数を増す。聖なる方は、老人たち、若者たち、そして排除され、公民権を剝奪された者たちの一団の間にあっていまもなお働かれる。

それは、新約聖書においても変わりはない。イエスは、ルカに記されたように、食べることの象徴的な力を人々に強く印象づけた。それはわれわれが、われわれの存在と認識に命令を与える重要な方法である。おそらくあなたがたは次のテクストを例外なく知っている。私もたしかに知っていた。しかし、私は最近それにショックを受けた。それを聞くとき、私は困惑し、恐れを抱く。耳を傾けてほしい。

「昼食や夕食の会を催すときには、友人も、兄弟も、親類も、近所の金持ちも呼んではならない。その人たちも、あなたを招いてお返しをするかも知れないからである。宴会を催すときには、むしろ、貧しい人、体の不自由な人、足の不自由な人、目の見えない人を招きなさい。そうすれば、その人たちはお返しができないから、あなたは幸いだ。正しい者たちが復活するとき、あなたは報われる」。

（ルカ一四・一二―一四）

これは、一瞬でルカの福音のほとんどを把握する、驚くべきコメントである。

このテクストは、「しなさい」と「してはならない」を完全に左右対称に置いている。内部者はみな招待「してはならない」！　その理由はなんだろうか。それは彼らがお返しをするからだ。われわれは家でその話をする。彼らを招かないでおこう。彼らと一緒に過ごすようになると、互いに行き来するようになるから。だから、少し離れていよう。イエスは、煩わしい社交的義務に代わるものを提供する。お返しの世界に生きることは、何か歪み、気を滅入らせるものがある。そこには見返りのない贈り物はなく、利害関係のないリスクはなく、無料で提供される食事はない。イエスはまた、他の場所でも（マタ五・四三―四八）言われた。「自分を愛してくれる人を愛したところで、あなたがたにどんな報いがあろうか。徴税人でも、同じことをしているではないか」。誰もが皆、同じ基準に則って得たり与えたりする、安全で安定した世界に生きている。しかし、別の類いのすてきな事柄、すなわち驚き、新しさ、遊び、安息といったものは皆、完全に左右の調和のとれた世界にはやって来ることができない。われわれは計算する羽目になり、そこでは慈悲深さは起こらない。それは憐れみを欠いた、驚きのない環境である。

イエスなら、彼の経営するドライブ・インでどんな看板を出すだろうかと考えた。さきほど彼がヒントをくれているので、こんな感じかもしれない。「友人無し、親戚無し、金持ちの隣人のいない方、例外なく大歓迎！」。なんと極端を言うものかな！

そして次に、相対する「しなさい！」である。われわれは、ヘブライ人以外のすべての人を含む、不快な人たちのリストを持っている。しかし、神が解放しようとなさる、締め出された人たち、彼らは皆ヘブライ人ではないだろうか。

・貧しくて、マナーを知らない人たち？
・目に焼き付いて不快感を起こさせる、障害を負った、体の不自由な人たち？
・でくの坊のような足にいらいらさせられる、足の不自由な人たち？
・粗野でやかましくてずうずうしい、目の見えない人たち？

私は小さなお茶会を開きたいと思う。彼らは礼儀を知らない。ディナーは二種類あって、一方は釣り合いのとれた人たちの、他方は招待されても招き返したり、返礼したりができない人たちのためのものである。それぞれのディナーはそれぞれ独特の人間性を――ファラオ的な人間性と、イエスの人間性を――示している。一方は、厳格で排他的、他方は、生命力と癒しに満ちている。そして次に、有益な教訓を告げるように、イエスの声明は動機となる節（一四節）を加える。「そうすれば、その人たちはお返しができないから、あなたは幸いだ。正しい者たち（ツァディーク）が復活するとき、あなたは報われる」。それは貧しい人々や疎外された人々からでなく、神から報いを受けるに良い時である。新しい人間性が生まれ、新しい創造が存在へと招かれるとき、あなたがたはそこにいるだろう。それは、いつも通りの退屈な社会的義務ではなくて、あなたがたが想像したこともない何かであろう。そしてあなたがたはそこにいるのだ！

同様のモチーフは、ルカによる福音書の多くの箇所にある。彼は謙卑と高挙のテーマを用いて、ディナーの時、ある人々を上席に着くように招く（ルカ一四・七―一一）。裕福な人々はたいてい来ないので、気にかける財産もなく、ただやって来るだけの、ふさわしくない人々が招待されるとルカは述べる。このテクストは、さきほど考えたルカによる福音書一四章一二―一四節とは別の側面をもつ。そこではイエスは言う、「彼らを招いてはならない」。ここでイエスは、この類いのパーティーに彼らは惹かれないのだから、どのみち来ないだろうと気づいている。イエスは明らかに、パーティーを催す社会のルールをラディカルに見ている。そうすることにおいて、彼は、社会の主要な命令を抑制している。明らかに彼は、祝宴のルールの背後と内側にあるシャロームのヴィジョンに疑問を投げかけている。彼のラディカルな批判と突飛な代替案を認めることは重要である。彼はただ新しい招待客リストを作っているのではなく、パーティーはどのように開かれるかを決定する現実の全く新しいヴィジョンを提示している。そのすべては、ルカによる福音書七章三四節の強い非難をこめた厳しい言葉に表現されている。

「見ろ、大食漢で大酒飲みだ。徴税人や罪人の仲間だ！」。

この非難の後、ルカの記述はわれわれのテーマの非常に驚くべき提示を続ける。物語は「テーブルで」起こる。イエスは、あるファリサイ派の人の客である。そのファリサイ派は明らかに釣り合いのとれた、驚きのない世界を喜ぶ人物である。そのとき驚きがやって来る。通りから名もない女性が入ってきて、彼女はイエスに歓迎されるが、釣り合いのとれた招待主には全く歓迎されない。イエスは、外に放り出された者たち（outcasts）、すなわち行動が生じる場にいる人たちと、「中に放り込まれた者たち」（"incasts"）すなわち良いものへのアクセスを管理していると思っている人たちとの間の、間違えようのない三つの対照を明らかにする。

「わたしがあなたの家に入ったとき、あなたは足を洗う水もくれなかったが、この人は涙でわたしの足をぬらし、髪の毛でぬぐってくれた。あなたはわたしに接吻の挨拶もしなかったが、この人はわたしが入って来てから、わたしの足に接吻してやまなかった。あなたは頭にオリーブ油を塗ってくれなかったが、この人は足に香油を塗ってくれた」。

（ルカ七・四四―四六）

結論が下される。良いものへアクセスでき、釣り合いのとれたファリサイ派の人は、あまり多くを得ないだろう。たしかに、彼はすでに、手に入れようとするすべてを得てしまっている。

しかし、この女性は救われて、シャロームにおいて（新共同訳「安心して」）そこを発つ。ルカが提示しているものは、よく疎外者への福音だと言い広められている。そして、それは正しい。――靴を履かず、シャツを着ないで、それゆえサービスを断られる人々にとっての福音である。完全に釣り合いのとれた人は、例外がないことをたしかめる。しかし、ルカの語りは、あらゆるフランチャイズ式のドライブ・インの経営者に注目する。彼らは、明らかに、彼らの現実の社会的構造物を開放することによって、解放されるのである。

祭司長たちや律法学者たちは、イエスを殺すにはどうしたらよいかと考えていた。（ルカ二二・二）

しかし彼らは、「この男は、民衆を扇動しているのです」と言い張った。（ルカ二三・五）

そして、ピラトは言った。

「あなたたちは、この男を民衆を惑わす者としてわたしのところに連れて来た」。（ルカ二三・一四）

排除されることにひどくうんざりしている大方の人は、イエスの言葉を喜んで聞き、その招待をすぐに受ける。彼らは、驚きとおそらく贈り物とで満たされる人たちだ。しかし他の人々は、正当性のルールに取りつかれ、心の頑さに苛まれている。ルカによる福音書一九章四七―四八節にそれはよく表れている。

　祭司長、律法学者、民の指導者たちは、イエスを殺そうと謀ったが、どうすることもできなかった。民衆が皆、夢中になってイエスの話に聞き入っていたからである。

これは反体制側の話ではない。それは、むしろ、教会、家族、クラブ、委員会、教室、諸々の世界に命ずる力のある人々への問いである。それは、われわれが、自分たちの秩序のブランドを選び、それから生じる祝福と共に生きなければならないという認識である。ルカの報酬の話が主張するのは、われわれの「お返し」的報いが満足させない文脈があるということだ。われわれはそれについて考えなければならない。われわれは、「お返し」的報いに深く関わる文化に生きているのだから。しかし、ルカが、そして教会が考えているのは、人間の霊はそれでは我慢ができないということだ。人間の霊は、ルールを超越した贈り物、資格試験に関係ない食事を切望し、また必要とする。

しかしわれわれは、どのように食事をし、シャロームを命ずるかについて、つねに注意を払っているとは限らない。われわれは、主の食卓だけでなく、すべてのテーブルにおいて、「ふさわしくないままで」（Ⅰコリ一一・二七）、飲食をしている自分たちに気づく。なぜなら、われわれは分かち合うためでなく、排他的なしかたで現実に命令するために食べるからである。わイエスは、われわれの貼り紙をはぎ取り、皆にアクセス権を与えることによって、そうしたすべてのことに問いを投げかける。それが言わんとすることは、これである。

「目の見えない人は見え、足の不自由な人は歩き、重い皮膚病を患っている人は清くなり、耳の聞こえない人は聞こえ、死者は生き返り、貧しい人は福音を告げ知らされている」。（ルカ七・二二）

古いドアキーパーは外されたので、彼らは皆、良いものにアクセスする権利を得る。最後に、箴言から。あらゆる時節に旬の味わいを提案するその書は、食卓での主要な命令を告げる。

肥えた牛を食べて憎み合うよりは、青菜の食事で愛し合う方がよい。（箴一五・一七）

7　平和は贈り物であり任務である

懲らしめられることが多いと人は頑固になる。
彼は突然打ち砕かれ、もう癒すことはできない。
神に従う人が大いになると民は喜び
神に逆らう人が支配すると民は嘆く。
知恵を愛する人は父を喜ばせる。
遊女を友とする人は財産を失う。
王が正しい裁きによって国を安定させても
貢ぎ物を取り立てる者がこれを滅ぼす。
友にへつらう者は
彼の一歩一歩に網を仕掛ける者。
悪を行う者は罪の罠にかかる。
神に従う人は喜びの叫びをあげる。

神に従う人は弱者の訴えを認める。
神に逆らう者はそれを認めず、理解しない。
不遜な者らが町に騒動を起こす。
知恵ある人々は怒りを静める。
知恵ある人が無知な者と裁きの座で対すると
無知な者は怒り、嘲笑い、静まることがない。
無垢な人を憎み、その血を流そうとする者がある。
正しい人々はその命を助けようとする。
愚か者は自分の感情をさらけ出す。
知恵ある人はそれを制し静める。
支配者が偽りの言葉に耳を貸すなら
仕える人は皆、逆らう者となる。
貧しい人と虐げる者とが出会う。
主はどちらの目にも光を与えておられる。
弱い人にも忠実な裁きをする王。
その王座はとこしえに堅く立つ。

箴言二九章一―一四節

教会の通常の罪と赦しの神学は、国際的な平和の諸問題について聖書的に考えるには適切な基盤でないことははっきりしている。狭い意味での罪、とが、そして赦しの思想を歴史的に持つ諸教会が、福音についての非常に個人主義的な表現に甘んじてきたことは明らかである。罪と赦しについての狭い理解は、不幸にも公の諸問題を考える根源とはならなかった。私は、罪と赦しが公共の問題との関わりにおいて理解されることができないとまでは言わない。しかし、どんなに努力しても、それらの聖書の中心的表象に新鮮な表現を与えることはなさそうである。福音の個人主義的な考え方は、その規模と立場のゆえに公共の諸問題に大きな影響を与えることのなかった弱小の共同体——初代教会——の産物であった。[1] それで私が言いたいのは、そのような福音の理解では、平和と戦争の諸問題を考えるとき、われわれは、われわれに開かれている原則である聖書的根源に取り組んで備えることが十分にできないということである。さらに、われわれの現在のコンテクストでは、罪、とが、赦しの神学的思考は、組織と政治的・経済的取り組みが今のまま継続すればいいと考え、助成する支配者層によって養成されていることは明白である。赦しを語ることは、今あるままの物事の価値と維持を前提とするものである。たしかに、このことを証拠立て、裏付けるように、多くのマスメディアは相変わらず、宗教と宣教に対する風刺漫画を載せ続けている。

聖書の大きな部分が、罪、とが、そして救いに関心を寄せていないことに注意を払うとき、われわれは信仰的に考えるための別の重要なモデルを発見する。罪、とが、そして救いへの注目よりも、混沌と秩序の概念に目を向けていこう。つまり、混沌の諸問題と、その問題の神的解決としての命令の強力な賦課である。これは聖書に幅広く根ざしているテーマであり、まさしくわれわれにとって理にかなったテーマである。なぜならわれわれは皆、混沌あるいは社会的無秩序（*anomie*）の脅威にさらされているからである。世界は崩壊していると、少なくとも疑ってもみないのは愚か者だけである。そういうわけで、私は、この宣教の主題をめぐる聖書の中のシャロームについての問いを投げかける。われわれはどのように混沌と取り組むのか。そしてどのように命令を喜ぶのか。

混沌を表す聖書的イメージは多様である。そのうちのいくつかを以下に挙げる。

地は混沌であって、闇が深淵の面を覆っていた。（創一・二）

水は勢力を増し、地の上に大いにみなぎり……、水はますます勢いを加えて地上にみなぎり、およそ天の下にある高い山はすべて覆われた。水は勢いを増して、山々を覆った。（創七・一八―二〇）

わたしは見た。見よ、大地は混沌とし……
わたしは見た。見よ、実り豊かな地は荒れ野に変わり

町々はことごとく、……打ち倒されていた。（エレ四・二三a、二六）

主は荒れ野で彼を見いだした。獣のほえる不毛の地で。（申三二・一〇）

昼の十二時に、全地は暗くなり、それが三時まで続いた。（マタ二七・四五）

以上の箇所とこの他に付け加えるべきテクストは、聖書的信仰の物語における決定的瞬間に触れている。あらゆる種類の伝承が表現されている。少なくとも、創世記一章二節、七章一八―二〇節（およびイザ四五・一八―一九）は王的起源をもつ。それらは王的権力の文脈において、王の権力の正当性と、王の権力を欠く時に現れる恐怖を語ろうとしている。そしてたしかにマタイによる福音書二七章四五節は、王権について、またそれが社会から、宇宙の場面から取り去られたときに何が起こるかについて記している。

もし平和について話すつもりなら、われわれは自分たちについて基本的な決定をしなければならない。それをどう決定するかによって、われわれがどう神学を語るかも大きく変わってくるだろう。何かに厳格に心奪われている市民は、罪、とが、救いの諸問題をめぐって神学することができる。それは重要な仕事である。しかし、混沌に対抗し平和を築く責任のある人々という意味での王権を象徴する人々は、そうした興味深くも限定的な諸問題に心奪われていてはならない。むしろ、神学は、自由と力、権威と責任についての重要問題をめぐってなされなければならない。そして、それらの重要問題が正面から向き合われるとき、われわれは平和について話しているだろう。そしてそれらの諸問題が解決するとき、われわれは本物のシャロームへ至る途上にあるだろう。

贈り物としての命令

そのように、王権を象徴する人々にとって――われわれも混沌と命令に心を奪われている王権を象徴する人々だが――、神学は自由と力、権威と責任の重要問題に正面から向き合うものでなければならない。神学は、命令の賦課と管理について、また、混沌がわれわれの間に静かに浸透してくるしかたについて問わなければならない。命令は、われわれを取り巻く混沌の上にある生の実現可能な形の賦課であるが、それは贈り物であると同時に任務でもある。それが贈り物であること、つまり永続的な神の業である点では、われわれは不安から解放される。あなたがたが信頼できるいくつかの事がある。世界はばらばらにならないだろう。生の底には、世界についての信頼と揚力がある。世界は崩壊しないだろう。いつかそうなるのではないかとわれわれが取り乱す必要はない。思うに、このことは、われわれには自力で世界を作ったり壊したりできる能力があるという印象を与えられたために、われわれの時代において失われたリアリティーの一側面ではないだろうか。われわれは能力があるという自尊心が、われわれは無能である絶望をもたらした。われわれは世界を作ったり壊したりできると考えていたので、その能力がないことに今やうちひしがれている。もちろんその通りだ！　聖書は、われわれが世界を造ったのではないのだから、最終的にわれわれが世界を壊すこともできないと考える。われわれには取り除けない神との約束に位置をもつシャロームに向かう本能的要求がある。世界はわれわれの思いどおりにはならないのだから、われわれは良くも悪くも、世界をなんとかしようとしない。われわれは本能的に *homo faber*（造る人）だからといって、どんな現代人に対してもそれを言うのは難しい。しかしそれは、社会活動の方法に興味をもちたがる、われわれのような人間にとってはさらに難しく痛みを伴うものである。なぜなら、われわれは自己責任性と、人間性という重荷とでがんじがらめになっているからだ。

しかし、聖書の証言は明白である。われわれは、世界を造ることも、壊すこともできない。世界はわれわれのものではないのだから。

1　「神は休まれた」。これは安息日の証言である。[2]　この声明の大胆さを考えよ。神は安息された。世界を相手に命令する最高責任者たる方は、それを遂行するのに取り乱していたのではない。また十戒ははっきりと言う。「神が休まれたので、われわれは休む」（出二〇・八—一一）。神が休まれたのは、世界の確実性が神に定められたからであり、それは疑いようがない。

2　イエスは、われわれの気掛かりに関連して、とても貴重で挑発的な彼自身の声明において、こう言われる。「自分の命のことで思い悩むな。……あなたがたのうちだれが、思い悩んだからといって、寿命をわずかでも延ばすことができようか」（マタ六・二五、二七）。われわれが生存確保のための努力で消耗する必要がないほどに、世界は十分に完全で信頼できる。それは固く保証されている。

3　イエスは、驚くべき愚かな金持ちのたとえと、そのあとの考察において（ルカ一二・一三―三二）、「小さい信仰」、「貪欲」、「思い悩む」を鋭く交わらせる。この三つすべてに通底するのは、われわれが無理にそうさせる場合にのみ、世界は一致するだろうという判断である。福音はそのような絶望的な見せかけに反論する。命令は贈り物である。世界は安全であり、不思議と驚きと感謝を必要とするものである。それゆえ、ウェストミンスター教理問答の伝統は正しい。われわれの主要な目的は、「永遠に、神をほめたたえ、神を楽しむこと」である。平和を願う人々は、どんな経験もわれわれに「永続する驚き[3]」を残すということを、マルティン・ブーバーの奇跡の描写から学ぶことができる。世界の確実性についての永続する驚きが、平和を築く任務について熟考するときの礎となる。その驚きの感覚を持たない人々は深刻になりすぎる傾向があり、彼らにとって世界は、最終的にあまりに不安なものになりうる。平和は不安からは来ない。ただ、信頼からのみ、やって来る。したがって、まず、この現実に向き合おう。命令は、神からの貴重な贈り物である。

任務としての命令

とは言っても、命令は、われわれに課せられた任務であることも、認められなければならない。なされるべき仕事がある。神がこの世界で命じられた幸福に向かうドライブは、自力で自動的に実現するものではない。それは導かれ、養われなければならないし、おそらく管理もなされなければならないだろう。そしてそれはもちろん、われわれにとって好機であり、問題でもある。どうすればわれわれは、その「贈り物」としての特質を先取りしたり、所有したり、空しくしたりすることなしに、真剣にかつ適切に、神が命じられた幸福に向かうドライブをやり遂げることができるだろうか。

　幸福に向かう神のドライブが管理されなくてはならないと知ったのは、イスラエルが最初ではない。ヘシオドスにまで遡るギリシアの伝統では、「宇宙的問題は、権威の正しい形式を知ることである[4]」。その解決策はもちろん、イスラエルとギリシアの両文化において、またそれ以降の大方の時代も、君主制であった。統治機関は、幸福に向かう神のドライブを導くために存在する。神のドライブが歴史の原動力である。そして古代の人々はその時代に特徴的な独裁的君主制度を考案したが、われわれは王制という言葉を、社会的、政治的、経済的、宗教的に、――どんな形式、どんな法律下でも、あらゆる権力機構に言及するのに用いることがあるだろう。

神のドライブを人が管理することについてのイスラエルの考えには、非常に大きな混乱がある。王権の諸伝統はまちまちである。少なくとも、ある支配的な伝統はこのように書いている。イスラエルは、諸国家と同じように、命令の問題を王権によって解決するようにと「誘惑された」のだ、と。しかしヤハウェは、その解決法を望んでおられなかったと解釈された。もちろん、「誘惑された」という言葉の使用はずるいけれど、それがこの伝統の性質である。それゆえわれわれは、次のことを問うべきであろう。王権は、いかにそれらしい役割を果たすのだろうか。その答えは何だろうか。

• 王権は急速にかつ継続的に利己主義になる（サム上八章を見よ）。
• 王権はそれ自体を絶対化し、それ自体をあまりに重大に考える。

絶対者的権威の誇示が王権を特徴づける印であるとする聖書的証拠は、至るところに見られる。

主は、アッシリアの王の驕った心の結ぶ実、高ぶる目の輝きを罰せられる。なぜならアッシリアの王は言った。「自分の手の力によってわたしは行った。聡明なわたしは自分の知恵によって行った。わたしは諸民族の境を取り払い、彼らの蓄えた物を略奪した」。
（イザ一〇・一二―一三）

これが、かつてにぎやかであった都だろうか。
かつて、人々は安らかに住み、心の中で
「わたしだけだ。
わたしのほかにだれもいない」と言っていた。
（ゼファ二・一五）

ティルスよ、お前は言う。
「わたしの姿は美しさの極み」と。
（エゼ二七・三）

お前の心は高慢になり、そして言った。「わたしは神だ。
わたしは海の真ん中にある神々の住みかに住まう」と。
（エゼ二八・二）

エジプトの王、ファラオよ、
ナイル川の真ん中に横たわる巨大なわによ、お前は言う。
「ナイル川はわたしのもの

わたしが自分のために造ったものだ」と。

（エゼ二九・三）

そして、おそらく最も集中して語られるのは、バビロンについてである。

わたしは永遠に女王だ、とお前は言い
何事も心に留めず、終わりの事を思わなかった。
今、これを聞くがよい
快楽に浸り、安んじて座る女よ。
わたしだけ
　わたしのほかにはだれもいない、と言い
わたしはやもめになることなく
子を失うこともない、と心に言う者よ。……
お前は平然と悪事をし
「見ている者はない」と言っていた。

（イザ四七・七―八、一〇）

歴史上のいくつかの最強国を嘲るこれらの歌は、とりわけ神の創造において定められた平和を管理するための最善の努力である。これらの強大な帝国のそれぞれが、巨大な責任を担う準備をしていた。しかし、どの国も早晩、歴史の秘義には目を閉ざし、癒しの出現や神の裁きの言葉には耳をふさぎ、自国の法以外どんな法の下にもないことを当然として飼い慣らされることを拒否する。

そうして、王はその場限りの取り仕切り役などでなく、それによって宇宙が秩序付けられる存在論的原則になった。それはもはや、事に対処するための人間に可能な多くの形式の一つではなく、いまや神々の型となった。それ以外には考えられなかったのだろうか。もしわれわれが命令は贈り物ではなく任務にすぎないというふりをしても、また幸福は独占的にわれわれに保障されていると思い込んでも。もし、それが他の誰でもなくわれわれに、完全に任されているなら、われわれはそれがすべてである。「わたしのほかにはだれもいない」という声明は、自由についての性急な声明であるのみならず、われわれの力以外に援助はないという絶望的な声明であるかもしれない。創造の構造において、恵みとシャロームとを認め損なうことは、労働の宗教、不安に基づく政治理念、機能しているように見えるどんな構造をも絶対化するという避けられない事態を招く。

その論理はとても明白である。世界秩序から国家安全へ容易に至る経路がある。さらに国家安全から自己利益に至るにはもうあと一歩だ。もし、われわれが作る以外に命令がないなら、すべてのことは可能となる。しかしそれよりも、われわれは何か急ぎの確実なことをしたほうがよい。そして、世界の幸福を国家的利益および自己利益と同一視することは、意図的な嘘ではない。それは、おそらく自分たちは唯一の民だと信じてやまない深刻な民の良き信仰において作られる自己欺瞞であろう。

かくして、自己利益は国家政策となり、ひいては世界戦略となる。

お前たちは乳を飲み、羊毛を身にまとい、肥えた動物を屠るが、群れを養おうとはしない。お前たちは弱いものを強めず、病めるものをいやさず、傷ついたものを包んでやらなかった。また、追われたものを連れ戻さず、失われたものを探し求めず、かえって力ずくで、苛酷に群れを支配した。（エゼ三四・三―四）

サムエル記上八章からその要点にたどり着くのに、大して想像力は要らなかった。そして、それはたしかにマタイによる福音書二五章三一―四六節のヴィジョンとの強い対照を明らかにする。

イスラエルが見るに至ったものは、まさにシャロームの代理人（王）が混沌を後押しする中心人物になったということである(5)。神、または民のどちらかによって、秩序をもたらすように命じられたその人物こそが、無秩序の創始者になっていた。そしてエルサレムにおいて、アッシリア、バビロン、エジプト、その他どこでも同じように、そのような王的支配は非常に組織的な混沌の形式となった。「わたしのほかにはだれもいないのだから(6)」。

創造と反対の混沌は、形なく、虚無である必要はない。それは高度に整えられた、そのゴールに向けた意図的なものでありうる。それは単に、自分の好きなようにすべてを正当化する単純で品のない権力でありうる。混沌は、秩序になりすます。死は、命になりすます。石は、魚になりすます。悪魔的な力は復活の代理人になりすます。そして王もそうだ。全体の事柄をすべて委ねられている王たちは、王家の礼服を死と滅びの仮装として用いることができる。ヘルダー・カマラは、組織的な暴力と抑圧についての彼の議論において、それが秩序と統一になりすましているだけであることを力強く暴露した(7)。

そういうわけで、イスラエルが王制の最初の日から学んだように、王制には、つまり、正式な公の秩序には、危険がある。しかし、シャロームは依然として王の任務である。それは言うなれば、権力機構はなすべき正当な仕事を負っているということである。聖書は、少なくともそのほとんどの部分で、命令を下す代理人の合法的な存在と機能には肯定的だ。しかしイスラエルは、命令を下す権力を正しく用いることに独特の考えを持つ。イスラエルは、王権（統治機構）は存在論的ではないこと、つまりそれ自体が現実の中心として秩序づけられていないことを知っている。王権は、つねに歴史的な機会に作られる付随的な取り決めであって、つねに他の存在論的原則に仕えている。組織に関わる王権が重大な優先事項に仕える僕や代理人というより、それ自身が目的となるとき、われわれはそれを忘れている。王制への聖書的伝統とイスラエルの思考は、根本的な宗教政治的リアリティーは王ではなくトーラーであり、権力の人

間への配分ではなく社会のための神的ヴィジョンであると認めている点において、独特である。(8)

王を管理すること

われわれが混沌、秩序、権力について語るとき、イスラエルはすぐさまトーラーについて語ることになる。王とトーラーの関係、会社経営者と神学者の関係を決定することは、かつてそれは難しい問いであったし、いまもそうである。かつて一度だけ、申命記一七章一四―二〇節において、イスラエルはあからさまにこの問題について論評している。(9) そこで王に規定された任務は驚きであり、たぶん疑わしい。王は、玉座に座って一日中トーラーを読むことになっている。そしてトーラーは、ご存知のように、義（ミシュパト）と正しさ（ツェダカー）について語る。王制は、義と正しさのトーラーの規範に従って理解され、評価され、正当化される。法と命令の権力である統治機構は、現実の別の考えに仕えている。これに影響を及ぼしている複数のテクストは、多くの資料から引用されているかもしれない。

神よ、あなたによる裁きを、王に
あなたによる恵みの御業を、王の子にお授けください。
……

王が民を、この貧しい人々を治め
乏しい人の子らを救い
虐げる者を砕きますように。
……
弱い人、乏しい人を憐れみ
乏しい人の命を救い
不法に虐げる者から彼らの命を贖いますように。
王の目に彼らの血が貴いものとされますように。

（詩七二・一、四、一三―一四）

知恵の書はこう語る。

わたしによって王は君臨し
支配者は正しい掟を定める。
君侯、自由人、正しい裁きを行う人は皆
わたしによって治める。……
慈善の道をわたしは歩き
正義の道をわたしは進む。

（箴八・一五―一六、二〇）

正しい人の祝福によって町は興り
神に逆らう者の口によって町は滅びる。
（箴一一・一一）

獅子がうなり、熊が襲いかかる。
神に逆らう者が弱い民を支配する。
指導者に英知が欠けると搾取が増す。
奪うことを憎む人は長寿を得る。
（箴二八・一五―一六）

神に従う人が大いになると民は喜び
神に逆らう人が支配すると民は嘆く。……
王が正しい裁きによって国を安定させても
貢ぎ物を取り立てる者がこれを滅ぼす。……
弱い人にも忠実な裁きをする王。
その王座はとこしえに立つ。
（箴二九・二、四、一四）

これは権力についてのラディカルでスキャンダラスな考え方である。その選びは、避けられない規定事項の文脈に置かれていること、そしてその規定事項は、神がかつて創造し、いまも創造し続ける世界の基本構造において創造されているということをイスラエルは知っている。世界の基本構造それ自体は、ミシュパトとツェダカーに関心を向ける。この二つは、滅じることのできないシャロームの実質であるから。それらが秩序に至る唯一の経路である。そして、これに抵抗するどんなものも、たとえどんなに整えられ、うまく作られ、偽装させられていても、まるっきり混沌であって、必ず死をもたらす。

したがって、古代人と現代人の両方の関心事であった世界崩壊の恐れは、倫理的な問題にさせられた。混沌の恐怖は、不正への嫌悪となった。混沌の洪水は、いまや抑圧の氾濫として提示される。そのうってつけの例がもちろん、出エジプト物語のファラオである。彼は何者かと言うなら、ファラオは秩序の具現者である。しかし、それは奴隷、抑圧、そして強制に特徴づけられた秩序である。たとえ暴動や混乱がそこでは皆無でも、それは秩序ではない。そうではなく、厳重に注意深く監督された混沌である。奴隷と解放の物語を語るとき、ファラオが海の怪物、混沌のラハブになるのは不思議ではない[10]（イザ三〇・七）。それでも、一つの民がこの混沌から生まれ出た。「いと高き神御自身がこれを固く定められる」（詩八七・五）。シャロームの秩序は、ファラオの抑制された混沌ではなく、主の義と正しさである。これこそがシャロームであるゆえに、「歌う者も踊る者も共に言う。『わたしの源はすべてあなたの中にある』と」（詩八七・七）。

8　平和はシャロームの契約である

天は神の栄光を物語り
大空は御手の業を示す。
昼は昼に語り伝え
夜は夜に知識を送る。
話すことも、語ることもなく
声は聞こえなくても
その響きは全地に
その言葉は世界の果てに向かう。

そこに、神は太陽の幕屋を設けられた。
太陽は、花婿が天蓋から出るように
勇士が喜び勇んで道を走るように

8　平和はシャロームの契約である

天の果てを出で立ち
天の果てを目指して行く。
その熱から隠れうるものはない。

主の律法は完全で、魂を生き返らせ
主の定めは真実で、無知な人に知恵を与える。
主の命令はまっすぐで、心に喜びを与え
主の戒めは清らかで、目に光を与える。
主への畏れは清く、いつまでも続き
主の裁きはまことで、ことごとく正しい。
金にまさり、多くの純金にまさって望ましく
蜜よりも、蜂の巣の滴りよりも甘い。

あなたの僕はそれらのことを熟慮し
それらを守って大きな報いを受けます。
知らずに犯した過ち、隠れた罪から
　どうかわたしを清めてください。
あなたの僕を驕りから引き離し

支配されないようにしてください。
そうすれば、重い背きの罪から清められ
わたしは完全になるでしょう。
どうか、わたしの口の言葉が御旨にかない
心の思いが御前に置かれますように。
主よ、わたしの岩、わたしの贖い主よ。

詩編一九編

シャロームの事柄は、複数の要因の微妙なバランスであることをイスラエルは理解している。

- 創造の贈り物は、交渉不可能なものであり、われわれの自由にはならない。
- トーラーに見出されるツェダカーとミシュパトの原則を曲げることはできない。
- 時に民から、時に神から授与される支配者の権力は、傲慢に保持されることもあり、民のために行使されることもある。

それらの構成要素は不変である。われわれは、これらの確信的表現をバランスよく保つことに苦労し、そしてときおり、違うバランスのほうが良い結果になるのではないかと考える。われわれは、とてもゆっくり学習する。

そんなふうに、シャロームは、秩序の確立である。しかし非常に変わった秩序である。

- それは、そこであらゆるものが神によって与えられ決定される、存在（*ontos*）の秩序ではない。
- それは、そこであらゆるものがわれわれによって作られ思いのままになる、技術（*technē*）の秩序ではない。
- それは、契約の厄介さの中での秩序である。[1]

契約（*Covenant*）は聖書の研究によく使われる言葉であるが、われわれは、現実を契約として理解することの意味について、注意深く考えることを始めたばかりだ。契約の事柄は多い。その中には、互いを真剣に扱う代理人の間の、苦痛と必要、あるいは資源と活力についての意図的な証言がある。十分に歴史的であること、つまり、人間の必要と自己利益の巨大な圧力のさなかで、契約的な選択（他者のための選択）をすることは、その制度の決定にかかっている。

そして長い間知られているように、契約は、「歴史的現実性」（historicality）の恐怖と原動力をもってわれわれを生かしめる。つまり、契約は、われわれが人間の歴史の限界を認め、それと共に、またそこにおいて、われわれが完全に生きるようにさせる。契約関係の不安定さに甘んじる意味づけに逃走するよりは、われわれはまさに今ここで、堅固に保持された権力からの現実の相容れない圧迫の下で生きなければならない。選択を非常に深刻なものにし、しかしぎりぎりのところで止めるのは、そのような歴史的現実性である。われわれの力の行使やあらゆる選択と最善の計画の不安定の中にあって、われわれの五感にあの癒しの繊細な感覚を呼び覚ましてくれるこの歴史的現実性である。われわれに、恐れと希望と不透明さを残し、それらから逃げられなくさせているのは、歴史的現実性である。暴君が与えるものと絶望的な衝動とからわれわれを自由にするのは、歴史的現実性である。それゆえ、生と、それを契約的に整えるわれわれの方法を考慮することは、歴史的現実性のあらゆる危機的状況において、兄弟姉妹と共に、信仰的に真剣に生きることである。われわれには、聖なる存在（*ontos*）の道を行く自由も、世俗的な技術（*techné*）の道を行く自由もない。われわれはただ、持っている価値のあるシャロームの唯一の性質を、つまり歴史的現実性を直視しなければならない。だがもちろん、あらゆる支配者、あらゆる命令の行為者、あらゆる確立された権力機構の声は、歴史的現実性を超越したがる。しかし、それは契約を否定することだ。――われわれの兄弟姉妹を傷つけ、われわれ自身が兄弟姉妹の関係にあることを否定することだ。

歴史的現実性の世界におけるシャロームの方法としての契約は、もしわれわれがイスラエルの記憶を真剣に受け取るならば、少なくとも三つの要素を必要とする。

第一に、契約は、命令の代理人を必要とする。それは政府や医師、教師、または両親かもしれないが、聖書においては特徴的に王である。それは、正当化された権威の代理人であって、王の役割は明白だ。すなわち、人々が神の像に似せられた人間であるために、混沌に対して力を整備し管理することである。

- 人々が食べられるように食物を準備すること。
- 人々が自由になるように諸悪（魔）を制御すること。
- 健康であるように病を処置すること。
- 命を与える方法において死の問題に取り組むこと。

このような描き方は、イエスを少し理解させる新鮮な光をわれわれに与える。彼は人々に食べ物を与えた。また、彼は悪霊を追い出した。彼は病を癒し、死に打ち勝った。そのように、彼はそのときに、本物の王であり、そして支配者と権力を持つ人々がいかにふるまうべきかのモデルである。彼らは共同体のために存在する。支配者は民のために存在する。

しかし、もし支配者が歴史的現実性を超越することができるなら（そうすることをイエスは拒否した［ルカ四・一―一三］ので十字架にかけられた。彼の歴史的現実性の究極の瞬間である）、そのときはその支配者の考える命令は、なにものにも従わず、誰からも問われることなく、なにものにも説明責任はなく、そしてどんな犠牲を払っても守られなければならない。二〇世紀の終わりに繰り返し学ばされたように、合衆国の大統領制は、容易にこの問題の手頃なケースとなりうる。どんな類いの行動も「大統領制を守る」ために正当化されてきたのだ。その擁護者の立場からすると、その役職は、歴史的な責任を超えて、それゆえ契約の主張と要求なしの、永遠なる組織であらねばならなかった。

第二に、実行性のある秩序とシャロームは、ヴィジョンの代理人を必要とする。聖書では、預言者がヴィジョンの代理人である。預言者は、いま現在の物事の在りように特別な関心がなく、物事を変えられる力はほとんど持たないが、新しい時代における新しい地と新しい民についてのヴィジョンに捕らえられている人である。預言者は、誰が本当の責任者であるかについて鋭い感覚を持っている。預言者は、どんな偶像崇拝や利己主義にも唆されない。

ある社会が信頼をおくそのような代理人が、正義を語ることができる。その正義とは、弱者に最善を図るための、彼らへのケアを意味する。そのような代理人が聖なる力と聖なる目的を語ることができる。その両方とも、貴重で、不安定で、曲げることができないものである。そしてそのような代理人は、この二つ――貧しい人々のための正義と、聖なる目的と力のつながりを、誰よりも堂々と断言することができる。預言者は、正義を行うことは秩序に帰し、不正を行うことは混沌を招くのだと大胆に語ることができる。

（不正）

呪い、欺き、人殺し、盗み、姦淫がはびこり
流血に流血が続いている。
（混沌）
それゆえ、この地は渇き
そこに住む者は皆、衰え果て
野の獣も空の鳥も海の魚までも一掃される。
（ホセ四・二—三）

（不正）
この言葉を聞け。
……バシャンの雌牛どもよ。
弱い者を圧迫し、貧しい者を虐げる女たちよ。
「酒を持ってきなさい。一緒に飲もう」と
夫に向かって言う者らよ。
（混沌）
……お前たちは肉鉤で引き上げられ……
お前たちは次々に、城壁の破れから引き出され
投げ出される。
（アモ四・一—三a）

（不正）

聞け、このことを。ヤコブの家の頭たち……

正義を忌み嫌い、まっすぐなものを曲げ

流血をもってシオンを

不正をもってエルサレムを建てる者たちよ。

（混沌）

……シオンは耕されて畑となり

エルサレムは石塚に変わり

神殿の山は木の生い茂る聖なる高台となる。

（ミカ三・九―一〇、一二）

これらは、正義の実行と秩序の存在を、あるいは不正の実行と混沌の出現をつなげる、一貫した注目すべき声明である。あるいは、イスラエルの範疇では、トーラーをほめたたえることと、創造を高めることである。支配者が見ていないものを見るこのヴィジョンの代理人は、われわれが服従すべきことである、われわれのための神のご意志と、われわれには手のつけようがない、創造のための神のご意志を一緒に保持するというデリケートな任務を負っている。

支配者はつねに命令することを考えている。預言者はトーラーについて考えるが、支配者はそれを大切なことだと思わない。トーラーは特に、力なき人々に力を与えるものである。それは魂を生き返らせ、単純な人を賢くし、心を喜ばせ、目に光を与える（詩一九・八―九を見よ）。トーラーは、創造は主のものであって、われわれのものではないことを映し出す。つまり、それはわれわれの自由にはならないということ、われわれの前に要求が出されるとき、われわれの力がどの程度であれ、われわれは、われわれの力をもって、われわれが今いる場所で、われわれがしようとしていることをする自由はないということ、である。これが、ヴィジョンの代理人が、命令の代理人につねに言わなければならないことだ。つまり、われわれは、われわれがしようとしていることをする自由はない。われわれの上にはいくつかの要求が置かれている。

現代の世界、われわれの世界では、われわれは命令の代理人に熱狂し、ヴィジョンの代理人を苦手とするのは、言うまでもないことではなかろうか。いつでもそうである。命令の代理人はあらゆる兵器と武器を管理するけれど、ヴィジョンの代理人は、人々が聞いても理解できず評価もしない詩を朗読する機会をしばしば減らされる。それは不公平な会話になるが、命令とヴィジョンの代理人たちは、互いの話を聞き合わなければならない。いや、イスラエルはまさにそう信じた。

どの共同体もそうに違いないとは言い切れないが、率直に言って、どの共同体にも第三の構成要素を認めることができる。つまり、力を持っていない人々――貧しい人々、排除された人々、能力のない人々、相続権のない人々、できれば会いたくない嫌悪感を起こさせる人々のことだ。旧約聖書では、彼らは「やもめと孤児」である。新約聖書では、「徴税人と罪人」である。われわれの時代の説明書では、貧しい人々、少数者、女性、そして高齢者である。彼らのアイデンティティーは、実際あまり変化していない。彼らは、「持てる人々」のところによく通う、待っている者たちである。そしてたしかに、命令とヴィジョンの代理人たちがいかに互いに関わっているかによって、これらの人々の暮らしぶりが決まる。

イスラエルは、これらの力のない人々が必ず力を持つようになるというラディカルな考えを持っていた。もちろん、それはどんなデータにも逆らう。われわれもそれを信じないほうを選ぶ。しかし、出エジプト以来、イスラエルは、それが真実であることを知った。神の目的は、力のない人々に力を持たせることである。これこそ、ヴィジョンの代理人が命令の代理人に告げなければならないことだ。事情は今あるままではないだろう。それだから、ヴィジョンの代理人が必要なのだ。命令の代理人（王）は、今がどのようであるかに注目する。ヴィジョンの代理人（預言者）は、これからどうなるかを語るために在る。ヴィジョンの代理人は、その新しいことが神の目的に適っているかどうかを見分ける。そして新しいものがやって来ていることを支配者に主張しなければならない。事情は今のままあることを止めるだろう。そして今の状態から次の状態への変化は、力のない人々を関心事とするだろう。神が始める新しいことは、完全な人間らしさに向かって彼らに力を与えることである。

われわれがシャロームについて語るとき、われわれは共同体のこれらの要素の力学と相互作用について語らなければならない。

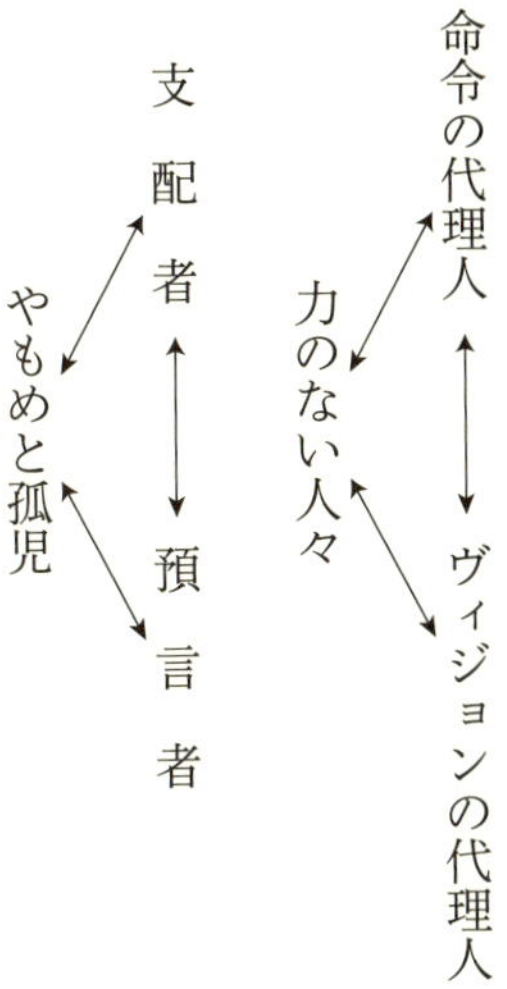

そして支配者と預言者が互いに語るとき、彼らは来たるべき新しいことについて語らなければならない。すなわち、その議題はつねに、力のない人々がどうやって力に達するかについてである。

シャロームの共同体においては、こうである。

- 支配者は預言者に耳を傾け、貧しい人々を世話する。なぜならそれが支配者の役目であるから。
- 預言者は、王がよく支配しようとしていることを知って、大胆に、建設的に語る。
- 力のない人々は力の中に入って来る。

権力の問題に誠実に向き合わない、曲がった共同体においては、こうである。

- 支配者は、彼または彼女自身の目的のために、誰の話にも耳を傾けない。預言者を黙らせ、無力な人々を虐げる（サム上八章、エレ二二・一三―一七）。
- 預言者は沈黙させられる。王がヴィジョンに我慢ならないから（王下二一・一―一八のマナセ王を見よ）。
- 貧しい人々は、あらゆる実践目的のための奴隷となる（王上五・一三、サム上八章）。

もちろん、われわれは曲がった共同体の中で生きている。しかしわれわれはまだ、シャロームが、われわれの共同体にも来てくれると主張するのを終えていない。支配者は聞くことができ、預言者は語ることができ、力ない者は高められるようになる。われわれは、われわれの信仰の主要な出来事のゆえに、そのことを信じる。

出エジプトはまさに、次のような相互作用である。

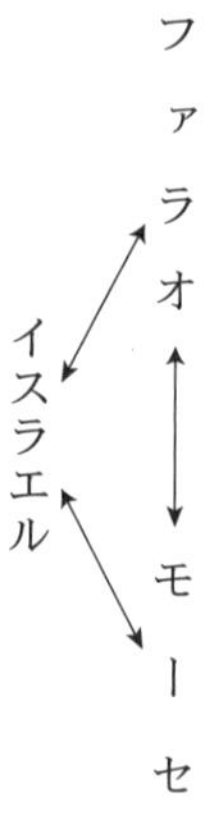

その結果、奴隷たちは解放され、新しいエネルギーが歴史の中にあふれた。
同じことが、復活の出来事について起こる。

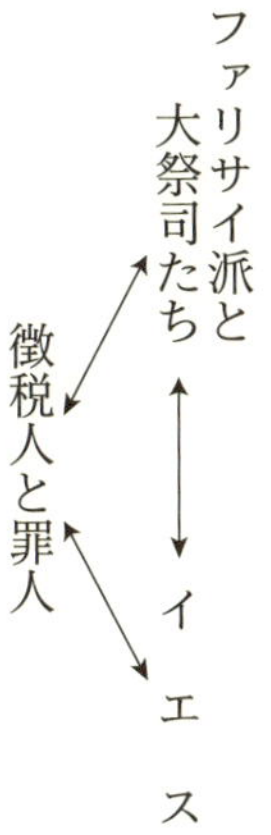

その結果、死人は起き上がらされ、新しい活力が歴史の中に放たれた。

平和の実現は難しい仕事である。われわれは、われわれの生を命じるように、基本的な修正について語っているのだから。しかしもし、われわれが平和に従事するつもりなら、ヴィジョンの代理人がそこにいて支配者の面前で力強くあることは重要である。あらゆる共同体は、力の準備が貧弱である。そして、どんな正当化された命令の形も、力のない人々を管理の外に留めておくために計算された、ある意味、権威づけられた暴力の表現であるという現実に、われわれは直面しなければならない。

われわれは平和に関して、ロマンティックでいてはならない。シャロームは、権力を再配分する介入によって生じ、またそれを必要とする。シャロームは、権力の再配分しだいである。人々（武器の操縦者たち）と共にでは、可能なことは何一つない。神（新しさのヴィジョンの声）と共になら、なんでもできる（ルカ一八・二七）。そしてときどき、権力は分かち合われ、民は命へと立ち上がらされる。そしてそのとき、天使たちは平和の歌を歌う。

9　宗教と政治を結びつける

イスラエルの長老は全員集まり、ラマのサムエルのもとに来て、彼に申し入れた。「あなたは既に年を取られ、息子たちはあなたの道を歩んでいません。今こそ、ほかのすべての国々のように、我々のために裁きを行う王を立ててください」。裁きを行う王を与えよとの彼らの言い分は、サムエルの目には悪と映った。そこでサムエルは主に祈った。主はサムエルに言われた。「民があなたに言うままに、彼らの声に従うがよい。彼らが退けたのはあなたではない。彼らの上にわたしが王として君臨することを退けているのだ。彼らをエジプトから導き上った日から今日に至るまで、彼らのすることといえば、わたしを捨てて他の神々に仕えることだった。あなたに対しても同じことをしているのだ。今は彼らの声に従いなさい。ただし、彼らにはっきり警告し、彼らの上に君臨する王の権能を教えておきなさい」。

サムエル記上八章四―九節

そのころ、ファリサイ派の人々と律法学者たちが、エルサレムからイエスのもとへ来て言った。「なぜ、あなたの弟子たちは、昔の人の言い伝えを破るのですか。彼らは食事の前に手を洗いません」。そこで、イエスはお答えになった。「なぜ、あなたたちも自分の言い伝えのために、神の掟を破っているのか。神は、『父と母を敬え』と言い、『父または母をののしるものは死刑に処せられるべきである』とも言っておられる。それなのに、あなたたちは言っている。『父または母に向かって、「あなたに差し上げるべきものは、神への供え物にする」と言う者は、父を敬わなくてもよい』と。こうして、あなたたちは、自分の言い伝えのために神の言葉を無にしている。偽善者たちよ、イザヤは、あなたたちのことを見事に預言したものだ。

『この民は口先ではわたしを敬うが、
その心はわたしから遠く離れている。
人間の戒めを教えとして教え、
むなしくわたしをあがめている』」。

マタイによる福音書一五章一―九節

信仰と政治のデリケートな関係についての問題は、両極端に分裂しているかもしれない。それは、人間の経験に共通のことだが、宗教と政治の両方にとっての関心事である。

これらの両極端の筆頭は、混沌と秩序である。混沌は多様な形式を呈し、不安と恐怖の源である。それは、共同体の無法状態として、個人の狂気として、また、生のあらゆる側面における説明できない大変動や支離滅裂の中で、経験される。われわれは皆、混沌の恐怖を避けるためにもがき、懸命に働く。

主要な政治的関心事は、哲学者トマス・ホッブスが非常に明確に論じたところによれば、混沌を支配する方法、エネルギーを有用で管理可能な形に振り向ける方法を発明することである。政治組織が設立されるのは、社会の相互作用に秩序をもたらすためであり、そして経済協定が結ばれるのは、商品と財産の交換と蓄積に秩序を与えるためであるというのは、たしかに正しい。秩序は、「国内の平穏を確保する」ためのものである。

混沌は、聖書において、多様な形式で経験される。宇宙論的には、混沌は、創造以前に形のない暗闇の中にはっきり表れている（創一・二、反響として、マコ四・三五―四一）。混沌は、イエスの死によって引き起こされた不吉な大変動において確認される（マタ二七・五一―五四、マコ一五・三三―三九）。歴史的には、混沌は、誰もが自分の好きなことをする状況として表現され（士一七・六、一八・一、一九・一）、そしてそれゆえ、あらゆる人があらゆる他の人の脅威となる。士師記一七―二一章は、社会的混乱の劇的な表現である。それは卑俗で粗野なふるまい、人間の価値と尊厳の破壊として現れる。

そのような文脈において、適切な政治的行動は、命令機関を造ることである。聖書では、命令の原則は王権によって表現される。王権は、脅威にさらされている共同体に統合と安全をもたらすために存在する。そのように、ある文化では、王権は、創造のために神が構築した取り決めの一部分として見られた。そのように、イスラエルが歴史的に無秩序状態に直面したとき、人々は心から切望して王を求めた（サム上八・五、二〇）。イスラエルは、他の諸国がそうであるように命令されることを申し入れた。なぜなら、イスラエル独自の原初の命令形式は失敗したからである。

しかし、イスラエルの王権の求めには重要な特質があった。イスラエルは、王制が永遠の認可を得たかのような創造の秩序の一部分ではないという認識を、明確にそして継続的に持っていた。むしろ、それは、われわれのテーマに非常に重要な要素である歴史的危機に対処するために、人間によって自由になされた政治的選択であった。

聖書の主眼は、多様な形式が歴史的な創造物として正当化されるであろうが、神に是認された政治的な取り決めなど全くないということである。イスラエルの王制は神の同意を得たかもしれないが、それは歴史が引き起こしたことで、歴史的制約を条件とすることであった。イスラエルは政治的であることから、つまり、秩序を打ち立て、混沌に対処することのできる機構を造ることから逃げられなかった。そして王制は、最初に現れたペリシテ人の脅威という問題を効果的に処理したのは疑いがない。歴史的選択のゆえに、イスラエルは秩序を回復した。王制は、混沌と秩序の問題の解決策であった。

秩序と王との密接なつながりは、サムエル記下一五章三〇節、二一章一七節、哀歌四章二〇節のようなテクストの中に示唆される。これらのさまざまなテクストは、その王の人格と王が具現化する組織とが、世界をまとめておくのに欠かせないことを断言している。極めて洗練された形で、その要点はコロサイの信徒への手紙一章一七節に表現されている。「すべてのものは御子によって支えられています」。

第二の両極端は、不正と正義である。聖書の主要な関心事である正義は、共同体の中の、それを主張できるくらい強い人々だけでない、すべての人々の暮らし、幸福、自由、そして尊厳を守り、保証することと関わる。それだから正義は、懲罰や報復ではなく、すべての人々への幸福の保証を意味する（参照。マタ二三・二三では正義は慈悲と誠実に結びつき、ホセ二・一九—二〇では正義は聖書的信仰の最も重要な構成要素と関連している）。

正義の側にある神

聖書の極めて重大な洞察の一つは、神は正義の側にあるということ、つまり、神はそれを手に入れる力のない人々の幸福に心を配るということである。神は、社会生活の自由な過程において、他人よりも力を持つある人々が現れて不正が進展するだろうということ、そして力を持った人々は、より大きな自己優位性を確保するために、力の劣る人々と力のない人々を犠牲にして力を振るうだろうということをご存知の方として描かれる。もしも点検されることがないなら、不正だとされる力の不均衡な配分が誰かの場合には拡大する一方で、他の誰かの場合には尊厳と幸福が奪われるのである。

たいへん古い詩編（八二・一―七）の中で、神は、「弱い人、貧しい人」に、自らのために事をなす力のない人々に、正義を与える方として描かれる。この詩編において、神は、「不正に裁き、神に逆らう者の味方をする」他の神々とは非常に対照的である。詩編九九編において、神は、不公平を確立する社会的相互作用の本来の傾向におそらく反して、公正を確立する「正義を愛する方」として描写される。神は、正義に、自己保存能力の有無に関わらずすべての人々が人間としての扱いを受けることに、格別な関心をお持ちであるという確信は、聖書的信仰の非常に重要な要素である。(1) そしてそれは、政治的・経済的な問題に対するわれわれの立場においても中心的要素である。

この神の約束の最初の劇的な証拠は、もちろん出エジプトである。聖書の物語の最初に、正義と自由についての神の関心を語るモーセと、秩序の取り決めの重要性を示すファラオとの間の激しい対立がある。われわれの知るとおり、モーセ側の大胆な社会行動の動きは、結果としてイスラエルの自由と、ファラオの敗北をもたらした。神の正義への関心（モーセが表明した）によって、王権的秩序（ファラオが具現化した）が問題視されるのをわれわれは劇的に見る。明らかに聖書は、秩序を犠牲にしても正義を喜ぶ。他の何よりもまして、聖書がどのように神を理解しているかを決定づけるのは、出エジプト記である。神は、「孤児と寡婦の権利を守り、寄留者を愛して食物と衣服を与えられる」（申一〇・一八）方としてほめたたえられる。

この点において、聖書の神は、他のすべての神々と異なる。異教の神々は、一般に王たちの友である。王たちは神々のパトロンであり、その神々は、実施されることになるどんな命令も合法化して支持する。対照的に、聖書の神ヤハウェは、秩序の友ではなくて、正義を強く要求する。そしてもし必要なら、合法化された秩序に反しても、正義を打ち立てるために、決定的な方法で介入する用意があり、またそれが可能である。もし神が秩序か正義かのどちらかを選ばなければならないとしたら、神であるなら正義を選ぶ。

このように、われわれは、二つの聖書的出来事がわれわれの前にある重要問題を描いていることを述べてきた。サムエル記上八章の物語は、秩序のために王を求めるイスラエルを明らかにする。出エジプトの物語は、ファラオの王権的秩序に対し、正義のために介入する神を明らかにする。この点までのわれわれの分析は、これらの王権樹立と解放物語の二つの出来事が、われわれの問題の核である、聖書における広範な問題に形を与えていることを示唆する。

一方は混沌／秩序の問題を描く。そして他方は、不正／正義に関心がある。われわれの関心は、これらの二つの主題が互いに関連し合う微妙な方法を探ることである。秩序も正義もどちらも重要なのは明らかである。どちらも神によって評価され、聖書の中で真剣に取り扱われている。どちらも人間の経験にとって重要であり、現代の緊急の問いを提示している。それらのつながりに関して、聖書はそれ以外の証言をする。

1　秩序と正義とは同じではない。秩序を、単にそれが認められたものだから、正義の適切な表現であるとみなすのは、よくある勘違いである。しかし、王が秩序の代理人であることは明らかだ。預言者たち（モーセのやり方に従った）は正義の代理人である。預言者と王は、意見が合うときもあろうが、たいていの場合、彼らは異なるしかたで物事を認識する。そしてそれゆえ、非常に異なる応答を主張する。

2　秩序は癒すことかもしれないが、また不正であるかもしれない。エジプトでのファラオの壮麗なる秩序は、ごく普通の奴隷制であった。しかし宮廷サークルの立場からは、それはたしかに秩序のある奴隷制であった。そしてイスラエルが王権的秩序を導入したとき、それは秩序が取り上げそうな、歪んだ、圧制的な形式を思い起こさせた（サム上八・一〇―一八）。それを聞きたがらない者たちもいた。イスラエルは、自分たちの社会的秩序の形を、正義でないと知りながら選んだ。しかしそのときは、混沌の脅威が差し迫っていたので、それが不正であることを心配しなかった。

3　政治や経済の秩序が健全なときは、王は正しく行動するかもしれない。イスラエルはこの力がどう働くかについての見解を持っていた。

王が正しくあなたの民の訴えを取り上げ
あなたの貧しい人々を裁きますように。
……
王が民を、この貧しい人々を治め
乏しい人の子らを救い
虐げる者を砕きますように。
……
弱い人、乏しい人を憐れみ
乏しい人の命を救い
不法に虐げる者から彼らの命を贖いますように。
（詩七二・二、四、一三―一四）

正義はここでは前向きで積極的な行動として理解される。それは刑罰とも、確立された秩序の単純な維持とも関わりがない。むしろ、それは社会を変革させるための活動的な介入である。そしてその変革の意味は、一方では弱者に対して好ましく行動し、他方では、酷いことをする悪者に対して効果的に行動することである。そのように、政治的な組織は、それらを合法とする神の御心を行うなら、活発で変革をもたらす介入のために存在する。

4　秩序は、利己的であること、自分の巣に羽根を飾るようなことへと歪められることがある。イスラエルはナイーブではなかった。そして、イスラエルが実際に正義を歪めたとき、そのことはイスラエルが仕えることになっていた人々だけでなく、イスラエル自身に破滅をもたらしたことを民は発見した。

あなたは、レバノン杉を多く得れば
立派な王だと思うのか。
……
あなたの目も心も不当な利益を追い求め
無実の人の血を流し、虐げと圧制を行っている。
……
彼はろばを埋めるように埋められる。

（エレ二二・一五、一七、一九）

そのような政治的手段〔正義を歪めること〕は神に命じられていないし、神の保護やお墨付きに頼ることはできない。それは歴史的選択から出たものであり、歴史的選択によって破壊されるか変革されるであろう。

5　王権的秩序が神の意志する正義と衝突するとき、たとえ、それが無秩序を造り出すとしても、秩序は正義に屈しなければならない。神は、不正な秩序から脱して正義をもたらすために、（出エジプトの場合と同じように）混沌のリスクを取るだろう。

聖書はもちろん、われわれの既得権益が、われわれの認識を形作るやり方に対して目をつぶっていない。あらゆる政治的そして経済的仕組みは、誰かを優遇して他の誰かを虐待することを避けられない。優遇される人たちは、ふつうに、驚くこともなく、秩序を、良いもの、正当化されたもの、そして神に命じられたものとして見る。その仕組みによって権利を剝奪された人たちは、典型的に、驚くこともなく、それを悪いもの、正当化できないもの、そして搾取的なものと見る。そして、教会における社会活動の問題は、与えられた政治的・経済的秩序に関して、それを合法的で守られるべきものとするか、あるいは、搾取的で変革されるべきものとするかについて、教会がどこに身を置くかにかかっている。王たち（裕福な人々を意味する）は前者の見方をとる傾向があり、預言者たち（ラディカルで信仰深い人々の声を意味する）は後者の傾向がある。

正義を切望する人々に傾く聖書

歴史的に、聖書的信仰は、搾取され、権利を剝奪された人々から出現したことは疑いがない。エジプトから解放されたイスラエルは、冷遇され評価の低い奴隷の民であった。イスラエルの約束された土地の取得は、幸福から遠く、土地を持てない人々が土地を獲得することであった。それゆえ、聖書のバイアスは、たとえそれが秩序に――王権的秩序にさえも――問いを投げかけることを意味しても、正義を切望する人々に向けられている。

さて、しかしわれわれは、少なくともアメリカのキリスト教世界では、現在、不正なくらいに恩恵を得ている豊かな民である。われわれは現行の政治経済の仕組みをよいものと見ている。それでわれわれは、自らの既得権益とかみ合わない傾向をもつ、福音の容易ならぬリアリティーと共に生きている。われわれは、力を行使し、秩序を守り、実に複雑な決定をしなければならない支配者のほうに、より自然に同情を寄せる。しかし、われわれの聖なる書物である聖書は、一人の預言者の挑戦を申し立てる。それは、神の承認を得ているふりをする王権的秩序に対抗して、われわれを保護する。

わたしは自分が旧約聖書から論じていることを承知している。しかし、こうした問題の文脈におけるイエスを見てみよう。イエスのよく知られ、非常に効果的だった宣教の方法は、何らかの理由で締め出され、システムの利益から除外された人々の間にいることであった。新約聖書で、イエスは空腹の人に食べさせ、病人を癒し、悪霊に取りつかれた人を自由にした。これらは単なる同情からの行為として理解されるべきではない。そうではなくて、誰かの食べ物を剝奪し、誰かの健康を損ね、誰かの人間性を否定してきたシステムに対する劇的な挑戦として理解されるべきである。これらすべての疎外された人々に共通するのは、律法を遵守できないことであった。そして律法を遵守できない人々は、よい仕事や、影響力のあるポジションに就くことができなかったし、聖なる場所に入って行くこともできなかった。彼らは神と人間的な幸福に近づく道を断たれていた。

彼らを排除していたのは、秩序の原則である律法であった。そして祭司長たちや、律法学者、ファリサイ派に代表される律法の受益者たちは、律法を神が与え、永遠に命じられたものとして見ていた。イエスはやって来て、貧しい者たちの側に立ち、彼らと対立した。イエスは、彼らの律法が、一部の人たちの利益と、その他の人たちの不利のために権力を操作しようとする人間的な道具であることを暴き出した（マタ一五・一―二〇、二三・一―三六）。イエスが律法を批判したのは、律法が悪い教えだからではなく、それが利己的な政治と私欲的な経済に仕えるものとして利用されていたからである。

イエスの宣教についての異なる反応に注意してみよう。一方では彼は、権利を奪われた人々に喜んで受け入れられた。彼らはイエスを自分たちの味方になってくれる力ある仲裁人として見た。

大勢の群衆も、イエスに従い、押し迫って来た。（マコ五・二四）

大勢の群衆は、イエスの教えに喜んで耳を傾けた。（マコ一二・三七）

神の言葉を聞こうとして、群衆がその周りに押し寄せて来た。（ルカ五・一）

これらの人々は皆同じように喜び、そして驚いた。さて何がそうさせたのか。明らかに彼らは、イエスが彼らの状況を変革しようと行動を起こしているのであると認識していた。語っただけではなく、イエスは行動した。そして、彼の行動は、当時の政治的・経済的、そして宗教的秩序の中心にあった特権階級と排他主義のパターンを否定することにあった。そのように、イエスは秩序のシステムと合法化された不正に対して、預言者的な抗議を行った。

そして、もちろん、イエスはその秩序の保護者と受益者たちから激しい反応を引き起こした。彼らは喜びもせず驚きもしなかった。彼らは単に恐れた。

ファリサイ派の人々は出て行き、早速、ヘロデ派の人々と一緒に、どのようにしてイエスを殺そうかと相談し始めた。（マコ三・六）

ところが、彼らは怒り狂って、イエスを何とかしようと話し合った。（ルカ六・一一）

そのころ、祭司長たちや民の長老たちは、カイアファという大祭司の屋敷に集まり、計

略を用いてイエスを捕らえ、殺そうと相談した。（マタ二六・三―四）

二つのグループと意見は、次の声明の中に併記されている。

そのとき、律法学者たちや祭司長たちは、イエスが自分たちに当てつけてこのたとえを話されたと気づいたので、イエスに手を下そうとしたが、民衆を恐れた。（ルカ二〇・一九）

不正な秩序の具現化

律法学者と祭司たちは、不正な秩序の具現化である。「人々」はその秩序の犠牲者であり、正義を切望する。彼らはイエスにおいて正義を見る。イエスが反抗的なラビであったことでは、彼に敵対する者は結集しなかった。しかし、イエスが行動を起こしたゆえに、それは当時の政治的・経済的秩序に疑問を投げかけた。彼は安息日に癒しを行った。それは、大切な安息日規定と、病人（排除された者）はその居場所から出てはならないという社会的観念の、両方の違反であった（ルカ六・六―一一）。イエスは、行政の要求に異議を唱えるような謎めいた声明を発して、対立を引き起こした（マコ一二・一三―一七）。

それはまさにイエスの、不正の犠牲者の側に立つ、自由をもたらし解放する行動であった。それが秩序の擁護者と受益者たちの怒りを招いた。イエスの宣教と、神の国の介入の宣言は、ちょうどこれら二つのグループの間の真ん中に、つまり、そこで社会的行動がなされなければならない地点に、イエスを立たせた。この場に介入したイエスは、同じように、ファラオの強制的な秩序に対して奴隷たちの解放のために介入した出エジプトの神に忠実であった。

福音書を階級闘争の物語として読むことや、イエスを単なる社会的革命家として定義することは、正当的でも必要なことでもない。明らかに、この物語はそれ以上である。そして言うまでもなく、イエスの意義は偉大であって、単純な役割や概念規定では捉えることができない。しかし、その証言は、正義と秩序の古い対立、王の合法性と預言者の抗議の長い対立が新約聖書へと続いているということを、われわれが見るように強く要求している。イエスは、人間性を失わせた社会的権力、慣習、組織、イデオロギーを実際に変革するか、あるいは破壊するための神の介入として自分自身を提示した。また、初代教会によってそのように理解された。

変革するためか、破壊するためか

イエスは二つの選択肢を提供した。変革するか、それとも破壊するか。モーセ以降のあらゆる預言者たちと同様に、彼は、命令する組織による合法性の主張には動じなかった。神が主であるゆえ、合法性を唯一主張できるのは、正義と幸福に仕えるときだけだとイエスは考えた。これは、彼がアナーキストであるという意味ではない。彼は、混沌の味方ではなかったが、不正な政治的・経済的仕組みは、誤って正当化された混沌の具現化であると考えた。それらは終わらなくてはならない。ゆえに、彼の神の国の到来の知らせの根本（マコ一・一五）は、正義に立つ神の意志に逆らう行為者はすべて、向きを変え（悔い改め）なくてはならない、そうでなければ、滅ぼされる（裁かれる）であろうという宣告であった。

十字架／復活のテーマはそのドラマの究極的な声明である。パーム・サンデー（棕梠の主日）は、イエスがエルサレムの町、合法化された秩序の町に入り、神の支配を主張する別の支配者たちとぶつかった、ドラマチックな衝突の瞬間である。グッド・フライデー（聖金曜日）は特権的な秩序の懲罰宣言であった。その日、指導者たちはイエスを沈黙させた。彼らが責任者の位置にいた。しかし、とてつもない何かが起こった。彼らの秩序は、痛ましくも無効となり、地震によって揺すぶられた（マタ二七・五一―五四）。秩序は持ちこたえたが、地は崩れ去っていった。そして決定的なことに、イースターは、人間性の要因を決定する組織を含めて、すべての生に及ぶ神の支配の確立であった。イエスの決定的な行動において、この世の王国は神の国へと変革された。それが彼の、社会の出来事への介入の目的であった。

問題は複雑であり、今日の状況に直接結びつくような結論は容易には引き出せない。われわれは皆、背景、立場、状況、既得権益に従って、偏向や確信を持っている。しかし、いくつかのことは明白なようだ。

- 旧新約両聖書は、正義の側に立っている。たとえそれが、今ある秩序に対する抗議を意味するとしても。
- 王たちに対する預言者的抗議は、正義の側にいる神の意志が無効になることはありえないという継続的な断言である。神のなさるように必ず成るだろう！（イザ二・六―二二、一四・二四―二七を見よ）
- イエスは、人々がもっと人間らしくあるように状況を変えるため、実際に介入した。
- イエスは、彼の務めを分かち合い、人間らしさのために彼と共に死に、そして力ある彼と共に甦るようにと教会に呼びかける。そのようにして、イエスは、介入し変革させる彼の力を教会と分かち合う（マタ一〇・五―七、ルカ一〇・一七―二〇）。

そうしたあらゆる輝かしい証言後も、依然としてわれわれの既得権益がある。われわれは、われわれの立場は容認されているものとして、聖書を読み福音を聞いている。新約聖書において、神の律法は特権階級の地位を保護するために用いられたので、そのように安全で、飼い馴らされ、私物化された福音が今日まかり通っている。しかし、そのような安全な信仰からの悔い改めへの呼びかけが、いつまでも続く。

社会活動は批判的に報道されているが、しかしそれは秩序の状況を正義の状況へと変革するための神の介入の継続であると理解されるべきである。それは、われわれのイデオロギーや組織に悔い改めを引き起こそうとするさまざまな戦略に基づいている。もし、教会がほんとうに「キリストの体」であるなら、そうであるならば、その体は、不正の場を変革するために介入するという危険を冒さなければならない。

最も重要なのは、われわれがこれをしようかあれをすべきかではなくて、正義の側に立つ神の意志が、他のさまざまな目的に仕える傾向をもつ社会の仕組みを実際に変革するのかどうかである。すべての王国が屈するとき、神の国の時はすぐそこにあるかもしれない。神のみがご存知である。

第Ⅳ部　シャロームの教会

10　教会、それは自由にされた世界

「わたしは、あなたがたといたときに、これらのことを話した。しかし、弁護者、すなわち、父がわたしの名によってお遣わしになる聖霊が、あなたがたにすべてのことを教え、わたしが話したことをことごとく思い起こさせてくださる。わたしは、平和をあなたがたに残し、わたしの平和を与える。わたしはこれを、世が与えるように与えるのではない。心を騒がせるな。おびえるな。『わたしは去って行くが、また、あなたがたのところへ戻って来る』と言ったのをあなたがたは聞いた。わたしを愛しているなら、わたしが父のもとに行くのを喜んでくれるはずだ。父はわたしよりも偉大な方だからである。事が起こったときに、あなたがたが信じるようにと、今、その事の起こる前に話しておく。もはや、あなたがたと多くを語るまい。世の支配者が来るからである。だが、彼はわたしをどうすることもできない。わたしが父を愛し、父がお命じになったとおりに行っていることを、世は知るべきである。さあ、立て、ここから出かけよう」。

ヨハネによる福音書一四章二五―三一節

世界に相対するシャロームのヴィジョンは、はじめから教会を悩まし、目をくらませているものである。ごく初期の教会はその問題に懸命に取り組んだ。教会は世界を恐れていた。世界はあまりに大きく、福音に敵対し抵抗するものであり、あまりに悪魔や諸霊に支配されていたからである。世界をわが伝道地と呼ぶのはロマンティックである。世界は少しも「勝ち取られる」ことを待ち望んでいないのだから。そして、わたしが初代教会の記録から浮かべるイメージは、静かに待って、待ちながら、耳をそばだて、どんなサイレンの音にも震えながら、どんなドアを叩く音にもほとんど飛び上がるほどに怯える、小さく、畏縮した共同体の姿である。世界は、当時も今も、とても大きく、すばやく、とても力に満ち、とても知識にあふれ、そしてとても恐ろしいのである。そしてわれわれの教会の伝統では、世界に注意を払うことは、われわれの信仰の中心に属する。

第四福音書は、イエスの告別説教において、この小さな教会との関連でこの大きな世界をどのように考えるべきかについて、いくつかの手がかりを与えてくれる。「世の支配者が来る」（ヨハ一四・三〇）と、イエスは確言された。ところが、これは歴史的な人物あるいは組織のことを言っているのではなくて、われわれの世界に幅を利かせており、われわれの人間性に敵対している、破壊的で、邪悪なエネルギーのことを言っている。われわれはどんなふうにその脅威的なエネルギーについて語れるだろうか。伝統的な言葉では、それは悪魔である。聖書の背後にある神話的な言葉では、それは混沌である。より現代的な経験では、それは貪欲や恐怖や巧みな操作を駆り立てる力である。しかしわれわれは、単に価値観について話しているのではない。われわれが語っているのは、われわれの生活に要求を与えるために具体化されてきた価値観――われわれを屈服させ、強制して、われわれがしたくないことをし、そうなることを選択しないような者になるように、われわれの生に作用してくる価値観――についてである。この世界の支配者はまさに来たりつつある。その名はレギオンである。それは、われわれから自由を奪い、神から受け継いでいるわれわれの尊厳や自尊心を否定する、そうした強要する価値観のすべてである。この世界の支配者は巨大な権力と勢力を持っている。その影響力は多大であるので、われわれはそれに誘惑されなくとも、おそらく脅かされている。

しかし、イエスは、人々に控えめに語った説教の中でこう言われる。「だが、彼はわたしをどうすることもできない」（ヨハ一四・三〇）。それこそまさに福音である。反人間的で、冷淡な利己主義の諸力は、イエス・キリストにはどんなこともできず、どんな主張も正当化されない――そして、だから、彼の共同体に対しても一切無力である。それはもちろん、イエスの宣教の最後の日々において、最初の日々と同じように、起こっていたことである（ルカ四・一―一三）。初期の日々の失敗ののち、この世の支配者は「時が来るまでイエスを離れた」（ルカ四・一三)。そしてその時とは、イエスの地上の生涯の最後の日々のことのようであった。それらの日々において——始まり、終わり、そしてその中間の日々を考えてもよいが——、重要問題は、彼はいったいどんな人格の方なのかを決定することであった。彼の信仰の力は、彼が神の人格を持っていて、この世界には属していないことを決定づけるものであった。そして、われわれは「キリストにおいて」在るのだから、「彼はわたしをどうすることもできない」という断言に、共にあずかってよい。世界はそうでないが、シャロームの小さな共同体は自由である。われわれは、貪欲と恐怖と操作と抑圧と競争の力の犠牲者にはならない。それらすべての諸力は、日常的に世界を取り囲み、魅了している。大きくて強い印象を与える世界は何かの虜であって、小さくて目立たない共同体は自由である、というこのコントラストは明瞭で劇的である。われわれを自由にするものは、紛れもなく、弱さに力を与える「手ぬぐい」である(ヨハ一三・一—七を見よ)。そしてわれわれが、われわれの信仰と「世界全体」について考えるとき、これは重要なことだと断言してよい。われわれはこの世界の価値観に何も負うところがない。そしてわれわれは、それらに心引かれていないのだから、この時代の神々はわれわれに何も訴えられない。われわれはそれらに応えて生きることはないのだ!　ハレルヤ!

イエスはこの小さな共同体にたくさんのことを約束された。それは、仰天したためか当惑させられてか、弟子の一人に次の問いを促した。「わたしたちには御自分を現そうとなさるのに、世にはそうなさらないのは、なぜでしょうか」(ヨハ一四・二二)。それは、イエスがお決めになった驚くべき選択であった。なぜ、あの大きな団体でなくて、この小さな共同体なのか。なぜ、あの強そうな人たちでなくて、この弱い人々なのか。なぜ、あの皆裕福な人たちでなくて、この貧しい人々なのか。神はまさに、愚かで弱くて、貧しくて、見下げられている者を選ばれた（Ⅰコリ一・二七―二八）。神がそのような人たちを目に留められたのは不思議である。それは馬鹿げた選択であったが、われわれの間では貴重とされる高価な選択であった。全能の神は、この世界の支配者たちにではなくて、われわれに現れてくださった。

世界が知らない、神が約束したものとは何だろうか。単純に、イエスに従う者たちを、この世の奴隷たちから切り離すもの――苦しむ愛である。この小さく、見たところ無力の共同体は、ケアすること、変革すること、「手ぬぐいとたらい」の類いの愛の力をつけることの実践を命じられ、自己決定される。

ロジャー・シンは、われわれは「混乱した世界」に生きていると言った(1)。しかし、この小さな共同体は、この世界の価値観から解き放たれた人々たちで構成されている。われわれは他の人々のようではない。世界についてのわれわれの理解は異なる。そしてわれわれは、異なる見方をするので、われわれは異なって行い、異なって信じることの両方ができる。

われわれが世界の価値観から解き放たれているとき、われわれの身に何かが起こることは、あなたを驚かせるだろうか。人は解き放たれずには、生き残ることすらできないのかどうか、それはいまや難しい問いである。ピーター・バーガーらは、『故郷喪失者たち』という本の中で、われわれに他の選択肢はないと厳しい提言をする。[2] われわれがともかく生きるには、混乱した生を生きるしかない。しかしこの共同体は、別の選択肢を与えられている。この共同体は、世界はそうだと気づかず、それに耐えることができない真実に向き合うための、距離と見通す力、自由と活力を与えられている。われわれは、「あなたがたを導いて真理をことごとく悟らせる」（ヨハ一六・一三）という約束のものをいただいている。ピラトは「真実とは何か」と尋ねた最後の人ではなかった。いや、もっとひどいと、世界はおよそ何ものでもないかもしれないものかもしれないと悩んでいる。いや、もっとひどいと、世界はおよそ何ものでもないかもしれないという考えに取りつかれている。だがたしかに、世界はわれわれが考えていたようなものでないのは明らかで、それらの前提となる価値観のすべては、疑わしいものとされる。

真実は、弱さに力を与える「手ぬぐい」を有する共同体に与えられている。そして、全く、そのような共同体のみが真実を知ることが許されるという提言が明らかにある。われわれが世界について幾分知っているのは、世界は自らを知らないということだ。それはわれわれが正しい教理や正しい倫理を持っているという意味ではなく、希望の与え手である主の視点から、世界はどのようなものであるかをはっきりと見て、正しく知ることができるという意味である。それならば、われわれの「手ぬぐい」共同体において、世界が自らは向き合えないでいる世界についての何をわれわれは知るのだろうか。いくつかのことが明らかである。

- われわれは、人は財産よりも貴重であると知っている。
- われわれは、人間はイデオロギーより貴重であると知っている。
- われわれは、質は量よりも重要であると知っている。
- われわれは、共同体建設は利己的な進歩に基礎づけられないと知っている。
- われわれは、自分たちのルールに厳密になりすぎるとき、崩されたり壊されたりすると知っている。
- われわれは、何かをなすことができること（技術や能力を持つこと）は、自動的にそのことに正当性を与えることではないと知っている。たとえば、性行為、爆撃、憎悪、あるいは開発に関して。

われわれはまた次のことを知っている。

- この世界は終わりに向かっており、誰もそれを阻止できないこと。
- 新しい世界が人類に与えられており、われわれはそれに招かれていること。
- この世界から次の世界への移行は、満たされた手によってなされるのでなく、空っぽの手を要求すること。
- 世界が嘆き悲しむとき、悲しみは喜びに変わるということ。

イエスは、それを彼の手ぬぐいにおいて要約された。

「だれでも高ぶる者は低くされ、へりくだる者は高められる」。（ルカ一四・一一）

それは真理の事柄である。たぶんそれを、これが「真理のすべてだ」としたら言い過ぎであるが、しかしそれは、イエスが具体化し教えた、完全なる真理に迫っている。イエスは、その完全なる真理によって生きられたし、教会はそれによって生きるようにと招かれているが、それはふつうに信じられているいくつかの分かりきった価値観によって成り立ってはいない。それはむしろ、世界が知り、信じていることへのラディカルな拒絶であり、世界の見方からすれば理屈に合わないことへのラディカルな肯定である。教会は、死へと向かうお方によって真理へと導かれている。その真理とは、世界は解体されつつあること、そして全く異なる法則で営まれる新しい世界がすぐそこにあることである。教会が知っており、世界がまだ気づいてもいないのは、この解体である。つまり、世界は何かに心を奪われ、放縦であるあまり、「ヨセフの破滅に心を痛める」（アモ六・六）ということがない。

教会において、われわれは、われわれに与えられている世界と来たるべき世界についての貴重な認識を十分に評価して喜ぶことをしない。その厳かな真理はとても簡単で明瞭なので、他の人々はなぜそれが分からないのか不思議だ。しかし、はっきり分かるかどうかは、この世界の価値観から解き放たれているかどうかに関わる。そのときやっと、われわれはイエスを理解し、そして事柄を理解できるようになる。

世界が怪しみ、受け入れることができない真理を教会が見るとき、そして教会がこの解体と新しさの真理についての証言を担うとき、結果ははっきりと現れる。すなわち、世界は教会を憎む。イエスは言われた。「世があなたがたを憎むなら、あなたがたを憎む前にわたしを憎んでいたことを覚えなさい」（ヨハ一五・一八）。だが、それはわれわれを苦境に落とす。世界はシャロームを欲する。しかし、現在の条件では、おそらく世界がシャロームを持つことは不可能であるとわれわれは知っている。シャローム――教会、人々、そして地球にとっての完全なるもの――の出現は、価値観、前提条件、そして認識にいくらかラディカルな変化を要求する。シャロームは、弱さに力を与えることに携わる共同体のためだけに生じる。世界は、シャロームのために必要な解体を語る者たちを嫌い、反抗する。解体は、現在の状況ではわれわれは切望するものを受け取ることができないという認識を必要とする。世界は、次のようなことを言う者たちを嫌う。

- あなたがたは、戦争の政策によって平和を得ることはできない。
- あなたがたは、どのような形式の差別政策によっても公共の平穏を得ることはできない。

- あなたがたは、女性と子供が二流の市民と見られる社会において、幸福を得ることはできない。
- あなたがたは、利己主義的な法と秩序に基づいては、自尊心のある人物を得ることはできない。

　われわれが欲する条件でシャロームを得ないことは、厳しいことである。しかし、イエスはシャロームを実現する事柄を知っておられた。彼はわれわれを友人と呼び、シャロームの実現を分かち合われる。それは愛する共同体にとって素敵なことだ。しかし、世界は、われわれの宣教であるシャロームのメッセージそのものを消去するために躍起となるだろう。だから初めから明白であった。シャロームについて気を配る教会は、別の方法が可能だといまだに期待している世界とは対立関係を続けることが予測される。

　しかし、イエスの意図される、われわれは友であるということ、それ以上のことをわれわれは知っている。われわれはまた、われわれの「悲しみは喜びに変わる」（ヨハ一六・二〇）という驚くべき約束を信じている。教会は、その愛するヴィジョンのために経験することになる痛み、苦しみ、そして痛みの特性をよく考えるようにと促される。教会が知る痛みは、死に至る痛みではない。苦痛は、終焉し閉じられるための苦痛ではない。生は、われわれが嘆くために入れられた袋小路ではない。むしろ、それは新しい生に至る痛みである。苦痛は、新しい命を生み出すための産婦の苦痛のような、産みの苦しみのイメージである。言葉は、何らかの死の苦悶の性質を有する苦痛のただ中から、――それは、ただ生の苦しみである――新しい生がはち切れるのを全力で表現する。そのように、イメージは反転する。

- 世界に一人のみどり子が誕生する喜び。
- 誰もあなたから奪い取ることのない喜び。
- 疑いや不安のない喜び。
- 欠けのないことの喜び。

新しさは、われわれの生の中へと、そして、まさに世界の中へと、はち切れんばかりになっている。しかし、新しさは、代償なしにはやって来ない。その代償は、現在のあらゆる取り決めに対する死、恐怖と小さな望みに対する死、古いヴィジョンと記憶に対する死である。そして、世界が「生命」と呼ぶすべてに対する死に備えている者たちに、生がやって来る。われわれを嫌悪する世界は、喜びを知らない。世界が知っているのは、管理と安全と能力と安定性であるが、そのどれも喜びを生むことができない。

そして、この悲しみが喜びに変わるという声明は、最も奇妙なしかたで結ばれる。

「あなたがたが散らされて自分の家に帰ってしまい、わたしをひとりきりにする時が来る。いや、既に来ている。しかし、わたしはひとりではない。父が共にいてくださるからだ」。（ヨハ一六・三二）

そのときイエスは、こう付け加えられた。「これらのことを話したのは、あなたがたが平和を得るためである」（ヨハ一六・三三）。ここに、われわれの言葉がある！　イエスは、散らされ、見捨てられるのはシャロームを得るためであることを告げておられた。いかにして、散らされ、見捨てられることが、シャロームをもたらしうると言うのだろうか。ここで言われているのは、おそらく、たとえイエスの「友人たち」が散らされ、たとえイエスが見捨てられても、彼は神と共にいるということだ。このことは、教会にとってのシャロームが、イエスにとってのそれと同じく、神の永遠の現臨の確信において理解されるということを示していないだろうか。シャロームがやって来るのは、世界の規範によるのでなく、世界の承認を通してでもなく、自らの敵意の縮小によってでもない。それらすべては、なくならずに続いていくだろう。しかし、教会は、自らの懇願を世界から離れて神へと転じるように招かれている。ただ安全のための神の現臨を見るように、喜びのための神の祝福をただ仰ぎ見るように呼びかけられている。単純に言えば、イエスは自分の友人たちに対し、彼自身がそうしたように、信実なる神の支えのみに運命を委ねるように招いておられる。

教会のヴィジョンは、それゆえ、世界のヴィジョンとは非常に異なるものだ。世界は、物事は今のままあらねばならないと考えるので、防衛的になる。世界は、せいぜい事が悪化しないよう保持する行動に躍起になっているので、厳格である。しかし、われわれのヴィジョンはそうではない。われわれは、シャロームを志向する神の意志が最終的に勝利することを知っているので、世界における変革を恐れない。われわれは、正義と完全さをもつ神のヴィジョンが勝利することを知っているので、世界と同じように恐れたり、厳格であったりする必要はない。われわれは、世界に向けられた神の目的が勝利することを疑わないので、期待しつつ、恐れずに待つことができる。われわれはシャロームの到来を確信しているので、教会はシャロームのためにリスクを取ることにも自由でいられる。神のシャロームは近づいている。イエスがそう宣言されたのだから。そしてわれわれは、時を得て神がもたらす世界に向かって確信をもって動いていける。それが、われわれが聖餐式の食卓で、「われわれは主が来られるときまで、主の死を告げ知らせるのです」（Ⅰコリ一一・二六）と言う理由である。主が来られるとき、力が伴う。すべての約束を実現する力をもって、主は来られる。そして、われわれはその約束に抗うことなく、その約束に自分たちを委ね、自分たちが自由であると感じる。

　このテクストにおける、十字架の前に恐れを抱く共同体によって描かれた核心は、世界が理解しないことを教会は理解するということだ。しかし、われわれは、われわれ自身について正直に言わなければならない。今日の教会と世界は、ここに、われわれと共にある、ということを。ヴィジョンをもつ教会と、恐れを抱く世界は、今日、ここに存在する。それらはわれわれの中心部にある。私は、世界の価値観や優先事項に巻き込まれている。あなたも同じである。そうならざるをえない。教会に向けられた世界の嫌悪の一部分は私の体の中にもあなたの体の中にもある。それは、私を支える喜びのヴィジョンと対立する私の人格の抑圧された部分と関係がある。その対立は私を引き裂く。われわれは皆、シャロームを切望することと、世界と切断されずにビジネスを続けることを欲することの間の深い対立はしかたがない、とあきらめている。あなたも私も、その新しい確信のヴィジョンに熱を上げることはしないだろう。しかしわれわれのような人々がその緊張を生き生きと保持するということはありうる。それに関わる活動的な教会のただ中で、われわれが、世界の中に（in）いるが、それに属して（of）いないとはどういう意味かを考えるのは有益である。また、過酷さと自己防衛の中にいるがそれには属さない、あるいは、喜びのない一時凌ぎの活動の中にいるが、それに属していないとは、どういうことなのかを考えるのは有益である。もしくは、こう言い換えてみよう。憧れの王国に所属しているが、まだその中には入っていない、悩みが解決した将来のヴィジョンを所有しているが、まだその中にはいない、と。われわれは「中に」（in）いることでは必ずしも支配を受けないが、われわれが何に所属しているか（of）によって要求されることがある。教会の闘いは、もし社会と真剣に取り組むなら、その「中に」（in）と「所属して」（of）を、明確に区別して互いの緊張の中に置くことである。

教会においてわれわれは教会の伝統と運命の意味に向き合う必要がある。われわれは、まさに「in/of」の緊張のうちに生きることを選び取った教会に所属している。ある人たちはそのあいまいさを憤って、投げ出してしまう。ある人たちは、それにただ耐えて燃え尽きる。ある人たちはそれを喜んで受け入れ、自分たちの信仰の成長を見る。しかし、われわれは所在性（in）と所属性（of）について何事かを知り、厳しく防衛的な世界の嫌悪に対して、時に毅然と向き合うことをいとわない教会の伝統に属していることに、少なくとも感謝しよう。われわれは、シャロームの全地に関わっている。

- 人間性を喜ぶことを欲する社会は、癒しの方法における真の罪の赦しの問題に直面しなければならないことに、われわれは気づいている。
- ただ律法と安定した秩序を欲する社会は、経済的および政治的な不平等の問題にぶつかるだろうということに、われわれは気づいている。
- われわれは、あらゆる人間は、困窮している人たちでさえ、一人の隣人であると考える。それゆえわれわれは、「困窮する隣人」について語る。

教会における、大きくて、難しい諸問題は、特定の社会的行動のどれかではない。もっと根本的なこととして、問題は、世界は向きを変えられるだろうという福音の断言である。それは、価値を認められた物事が終わり、恐れられた物事が始まらなくてはならないことを意味する。そして、世界が向きを変えるとき、われわれの小さなシステムは問われる。われわれは皆、どんな重要な問題にも決して賛同しないだろう。しかし、この驚くべき確信に、われわれ全員が直面する時が来ている。つまり、神はわれわれにシャロームについての真理を示しているということ、そしてわれわれがそれに基づいて行動するとき、そのことゆえにわれわれは嫌悪されるということの確信である。われわれは全地を配慮することを実践する。それは人気があるから、成功につながるからではなく、またわれわれがリベラルだから、共産主義者だから云々ではなく、われわれは抗しがたいシャロームのヴィジョンに向き合っているからである。それはひどく扱いにくい。しかしわれわれはもはや、なんとか一時凌ぎの行動で間に合わせることはできない。

シャロームは、信じられない贈り物であるだけではない。それは最も要求の多いミッションである。しかし、われわれが世界の幸福を模索する間、われわれを嫌悪する世界に対して、キリストがすでに勝利しておられるのである（ヨハ一六・三三）。それだから、われわれは、この混乱した世界はわれわれをどうすることもできないのだという確信をもって前に進むのだ。

11　新しさ、それは教会のメッセージ

するとと、玉座に座っておられる方が、「見よ、わたしは万物を新しくする」と言い、また、「書き記せ。これらの言葉は信頼でき、また真実である」と言われた。

ヨハネの黙示録二一章五節

福音とは、われわれの状況の中への新しさの到来に関することである。それは、われわれの母サラが、あなたには子が生まれるだろうと言われた時以来そうである（創一八・一―五）。懐妊の知らせはつねに、それが待望された喜ばしい知らせか、それとも最も恐れていたことの確認かどうかによって、その理解はラディカルに変化する。それは、あの夜、われわれの父母たちがエジプトを去り、おそらく約束された土地に向かう途中で、しかし実際は、水も食べ物もない砂漠に向かう途中で生じた新しさであった。イエスが誰かの人生や共同体の中にやって来

られるたびごとに、そのようであった。彼がおられた場所はどこでも、また彼が話しかけ、彼が触れられた人は誰でも、新しくされた。それこそが、イエスがどんな方か、福音がどんなものかを語る。

　世界は新しさを信じない。世界は、物事は今あるままを維持しなければならないと考える。われわれのうち裕福な人たちにとって、物事がずっと今のままあり続けることは心からの願いである。どんな新しい緊急事もすぐさま飼い馴らされる。もし飼い馴らされることができないなら、それは法の外に追い出されるか、押しつぶされる[1]。

　それは、われわれの信仰の痛みであり、われわれの宣教の危機である。われわれは新しさを持ち運ぶ者たちである。しかしわれわれは、自分たちもその一部である世界に、新しさに対する許容レベルが低い世界にものを言う。それでも信仰共同体は、シナゴーグと教会は、まさしくその新しさを告げるために、われわれが今あるものによってではなく、約束されたものによって生きるということを証言するために存在する。そのように闘いは続く。

- 王たちは、つねに、今あるものに取り巻かれている。時折、部分的なものの再編成を注意深く、あるいは乱暴に行うことがあるが、それはいつも同じ部分であり、その再編成は限定的で意図的なものである。
- 預言者たちは、対照的に、今はまだないものを真剣に取り扱う人々である。なぜなら彼らは、大きな何か、引き裂くことも癒すこともできる何ものかが、われわれの上にまさに介入しつつあるのを知っているからである[2]。

さらに別の語の対照的組み合わせを取り上げてみる。

•技術者たちは、その生が問題解決の鋭敏な技能となるように、関連のある資源と需要に携わる。この重要性は軽視されるべきではない。しかし、それは新しさへの筋道ではない。なぜなら技術者たちは、予測し、それゆえ管理することをビジネスとするからである。生が管理されるところでは、真の新しさはやって来ないし、やって来ることができない。イエスでさえ、不信仰の状況下では、この期待に対する抵抗に遭遇した。彼は何も力あることができなかった（マコ六・五―六）。

•詩人たち（歌を作る人たちでない）は、新しさの識別者である。まだ見え始めていない希望のイメージを造り出す人々である。彼らは、生についての無意識の深い心の動きを感受しそれを歓迎する。彼らは、期待されている、広がりつつある現実のイメージをわれわれに示す。彼らは喜んで自分たちが理解しないことを受け入れ、自分たちが制御不可能なことに信頼する。それは、釣り合いのとれた言葉や釣り合いのとれた期待を破り、思いがけないしかたで、あるいはみすぼらしい格好で、希望が実現される状況の中に突入してくる贈り物である。

われわれが、力に満ちた支配する人々（「王たち」の項目を見よ）のいる世界に生きていることは、まず疑いようがない。そこでは、預言者の声はめったに聞かれず、ほとんど敬われない。なぜなら、新しさの概念は、ひいき目に見ても混乱を招くし、しばしば破壊的であるからである。技術者的精神が、専門技術教育や、医療技術、その他において、これまで勝利を収めてきたことはまず疑いがない。そして、詩人たちは変わり者か、雇われ人かのどちらかである。もしかすると変わり者であると同時に雇われ人であるかもしれないが、彼らは、われわれの上に乱入してくる世界についての自分たちのヴィジョンを話すことはほとんど許されない。

シャロームは、王たちの世界では、預言者たちの言うことが聞かれ、真剣に受け取られなければならないと断言する。また、技術者たちの世界では、詩人の声がわれわれの世界の人間性のために必要であると断言する。教会はそこに立ち位置を取ることができよう。われわれは、預言者たちを黙らせ、詩人たちを飼い馴らし、われわれの間の新しさの源を締め出すという危険を冒している。この危険は、教会にとって重要な問題を意味する。

明らかに、そのような課題は、「言うは易く行うは難し」である。しかしそれが、十字架と復活の証人たちがいつもそこにいるようにと招かれる厳しい場所である。それは、神の約束によってこれから与えられるものを夢見る人々と、すでに所有しているものを管理する人々との間の緊張である。そして、それはたしかに、宗教改革の最高の遺産が何であるかを示す。すなわち、われわれは所有するものによってではなく、約束のものによって生きるということである。所有のものと約束のものは、われわれが「仕事と信仰」について語るときに役立つ方法かもしれない。すなわち、(a)われわれ自身の存在を、われわれの資源を抜け目なく管理することによって確保することと、(b)われわれの存在を、恵み豊かな神が自由に与えてくださった贈り物として受け取ることについてである。ユルゲン・モルトマンが主張したように、今日われわれの前にある本当に厄介な問題は、ある政治的イデオロギーはそう受け取るだろうが、個人の生活と共同の生活の間のはっきりした乖離ではない。それはまた、肉体と精神の対立でもない。われわれはそこにも乖離を感じるのであるが、そうでなくて、それは、われわれはどの点で、過去を防衛する者であるのか、またこれからやって来るものを受け取る者であるのかについて、われわれの間の、そしてわれわれの内部での闘争である。

聖書の中心的な二つの対立は、そのことを鮮明にする。ファラオ対モーセは、この同一の主題についての対決である。ファラオは、所有物の有能な管理者であり、極端な保持者である。モーセは、約束されたもの、そして世界の必死の抵抗にもかかわらず確実に到来するものについての、恐怖を起こさせる声である。イエスと当時のファリサイ派との対立も同様である。ファリサイ派たちと、エルサレムとローマにおける彼らの同盟者たちは、自分たちの生活を安定させ、自分たちの縄張りを強力に防衛していた人たちである。そのときイエスは、彼らの名誉ある立場を軽んじて、解体した。イエスは、約束が起こりつつあると、すなわち神の国は近づいたと宣言した。その到来のときだ。約束は守られている。そして王たち、技術者たち、そしてファラオたち、ファリサイ派たち――安定の中にいるわれわれすべて――は、新しさを、最も歓迎されざる客として眺める。もしできるなら、われわれはこの客を招かないだろう。
　われわれは、約束されたもの、そしてまだ到来していないものによって生きる。その文脈で、われわれが少し立ち止まってその偉大な約束のことをよく考えてみることを私は提案する。おそらく、その約束の中に、所有しているものをつかんで離さないわれわれは、握りこぶしをゆるめる理由を見出すだろう。ただ、これらに耳を傾けよう。

彼は主を畏れ敬う霊に満たされる。
目に見えるところによって裁きを行わず
耳にするところによって弁護することはない。
弱い人のために正当な裁きを行い
この地の貧しい人を公平に弁護する。
……
狼は小羊と共に宿り
豹は子山羊と共に伏す。

子牛は若獅子と共に育ち
小さい子供がそれらを導く。
……
わたしの聖なる山においては
何ものも害を加えず、滅ぼすこともない。
水が海を覆っているように
大地は主を知る知識で満たされる。

見よ、わたしは新しい天と新しい地を創造する。
初めからのことを思い起こす者はない。
それはだれの心にも上ることはない。
……
泣く声、叫ぶ声は、再びその中に響くことがない。
そこには、もはや若死にする者も
年老いて長寿を満たさない者もなくなる。
……
彼らは家を建てて住み

（イザ一一・三―四a、六、九）

ぶどうを植えてその実を食べる。
彼らが建てたものに他国人が住むことはなく
彼らが植えたものを他国人が食べることもない。
……
彼らが呼びかけるより先に、わたしは答え
まだ語りかけている間に、聞き届ける。
狼と小羊は共に草をはみ
獅子は牛のようにわらを食べ、……
わたしの聖なる山のどこにおいても
害することも滅ぼすこともない、と主は言われる。

（イザ六五・一七、一九―二二、二四―二五）

その日には、エジプトからアッシリアまで道が敷かれる。アッシリア人はエジプトに行き、エジプト人はアッシリアに行き、エジプト人とアッシリア人は共に礼拝する。
その日には、イスラエルは、エジプトとアッシリアと共に、世界を祝福する第三のものとなるであろう。万軍の主は彼らを祝福して言われる。
「祝福されよ

わが民エジプト
わが手の業なるアッシリア
わが嗣業なるイスラエル」と。
（イザ一九・二三―二五）

見よ、わたしがイスラエルの家、ユダの家と新しい契約を結ぶ日が来る、と主は言われる。この契約は、かつてわたしが彼らの先祖の手を取って……結んだものではない。わたしが彼らの主人であったにもかかわらず、彼らはこの契約を破った、と主は言われる。……わたしは彼らの神となり、彼らはわたしの民となる。……わたしは彼らの悪を赦し、再び彼らの罪に心を留めることはない。
（エレ三一・三一―三四）

もちろん、これらのテクストをあなたはよく知っている。それらはたいへんに力強いイメージにあふれているので、どれもはっきりと細かいところまで意味をたどっていくことができる。しかし、私がそれらを引用することの目的は、それらすべてを一度にあなたの前に置いてみることにある。私の目的は、どれか特定の引用箇所のヴィジョンの詳細をあなたがたにつかんでもらうことではない。そうではなくて、あなたがその全体のインパクトにつかまれ、圧倒されることにある。明らかに、何か力強くて驚くべきことがここで起こっている。つまり、いまだ知られず、所有されていない世界、しかし約束されておりたしかにやって来る世界についての告知である。それは、完全に自由にされ、和解がなされた共同体についての頌栄である。その中ではどんな形の傷や恐れも克服されている。それは約束されたもの、これから到来するものである。そしてそれは、新しい世界が与えられようとしている、そしてわれわれがそれに対して自分たち自身を信頼し、まるでその中にいるかのように生きていくことができるという約束の歌、詩人たちのイメージ、モーセとイエスの声だ。

将来への突出と、情熱的にかつ確信をもって待つことは、新約聖書においても弱められてはいない。最も見事にパウロは書いている。

被造物は、神の子たちの現れるのを切に待ち望んでいます。被造物は虚無に服していますが、それは、自分の意志によるものではなく、服従させた方の意志によるものであり、同時に希望も持っています。つまり、被造物も、いつか滅びへの隷属から解放されて、神の子供たちの栄光に輝く自由にあずかれるからです。被造物がすべて今日まで、共にうめき、共に産みの苦しみを味わっていることを、わたしたちは知っています。被造物だけでなく、〝霊〟の初穂をいただいているわたしたちも、神の子とされること、つまり、体の贖われることを、心の中でうめきながら待ち望んでいます。（ロマ八・一九―二三）

「神の子たち」「神の子供たちの栄光に輝く自由」「神の子とされること」、それらは重みのある期待である。すべてが、完全な強さ、受容、所属の時を待ち望んでいる。それはわれわれが信頼を寄せているものだ。それは約束されていたものであり、約束された方は忠実なお方である。しかも、われわれはこの忠実なるお方を信頼している！　そしてわれわれはこの方を知っている。われわれは出エジプトの物語から、この神が、奴隷状態と抑圧に対抗し、自由と正義のためにやって来られたことを知っている。われわれは復活の出来事から、この神が、死に対抗し、いのちのためにやって来られたことを知っている。だから、われわれは待つ。確信をもって待つ。

しかし、われわれは待つ以上のことをする。われわれは大胆に語る。ナザレのイエスにおいて——われわれのまさに目の前にいる——われわれが待ち望んでいることが起こり始めた、と。約束は実現し始めている。大水を静めることができる、長く待たれた、はじめからいます王であるお方が、われわれの目の前で、われわれの経験において、それを為し始められている。約束は守るためにある。彼はそれについてこう語られた。

「求めなさい。そうすれば、与えられる。探しなさい。そうすれば、見つかる。門をたたきなさい。そうすれば、開かれる。だれでも、求める者は受け、探す者は見つけ、門をたたく者には開かれる。……まして、あなたがたの天の父は、求める者に良い物をくださるにちがいない」。

（マタ七・七―八、一一）

あなたが受け取るものは、どれほどすばらしいか！　希望を持って生きる人たち、約束を待っている人たちは、祝福を受ける人たちであると、イエスは大胆に主張する。そしてそれは開始された。われわれはそれを見出した人々の長い歴史の列に連なっている。

しかし、それよりももっと根源的な証言がある。七〇人の弟子たちが彼に報告に来たときのすばらしい会話をあなたは知っている。

（弟子たち）「主よ、お名前を使うと、悪霊さえもわたしたちに屈服します」。

（イエス）「わたしは、サタンが稲妻のように天から落ちるのを見ていた。蛇やさそりを踏みつけ、敵のあらゆる力に打ち勝つ権威を、わたしはあなたがたに授けた。だから、あなたがたに害を加えるものは何一つない」。（ルカ一〇・一七―一九）

たいへん奇妙な会話である。イエスが、サタンが空から落ちるのを見たということ、これ以上にすばらしい主張をあなたは思いつくだろうか。彼は、悪魔の玉座がぐらつき、偽善者が高い台から落ちるのをご覧になった。彼は自分の弟子たちにこう言われる。「あなたがたはまだ何も見ていない。やがて来るものがある。それはいまや来たりつつある」。イエスは、彼の弟子たちと大胆な祝福を共になさる。世界は変えられた。そして世界がいまこのように秩序づけられているのは、それがかつてそのように秩序づけられていたのではなく、そう秩序づけられているように見えるのでもない。いまだに、恐怖、憤怒、そして脅威の場が、蛇や敵がいる場があるように見える。しかしそれらはすべて牙を抜かれている。それらはあなたを傷つけることはできない。苦痛と嫌悪の力、死と破壊の勢力は打ち負かされた。彼がそれを約束された。そしてそれはそこにある。責任者のように見える者が、責任者ではない。イエスがそう約束されたので、あなたはそれを信頼してよい。聖なる方が責任を持っておられる。人間性を損なわせる力は、われわれに何の影響も及ぼさない。

世界は、ちっぽけで絶望的な企画にあまりに心を奪われているので、自らの存在を保護することができない。しかし、よい知らせがある。たとえあなたがあらゆるそのような脅威や危険をいまだ感じていても、サタンはすでに打ち負かされている。われわれの救いはもう保証されている。神はすでに介入して来られた。たとえ、われわれの間でその実現がまだ起こっていないとしても。

約束の実現の待望は、それはすでに起こった、あるいは、いまだ起こっていない、の二つの方向をつねにわれわれに証言させている。しかし、われわれはその悩ましい難題に迷う必要はない。世界は、神の力によって、神の目的のために、変えられているということを知っていれば十分である。主はこの意志を反古にしていない。そしてそれゆえ、われわれは、別の類いの生を生きるのも自由である。新しい方法でエネルギーを活用するのも、新しい方向に資金を投入し計画を立てるのも自由である。われわれが必死に憧れをもって待望していた世界の方向転換は、われわれの上にある。だが、われわれの経営者的・王権的・技術者的な思考において、われわれはそれを見逃すよう誘惑される。しかし、預言者の声と詩人のヴィジョンは、神の言葉に従って神がなさる方向転換についてわれわれに語る。

われわれは、世界が知らない何かを知っているので、われわれの生を異なったふうに秩序づける。われわれは、世界が敬意を払わないヴィジョンを抱いている。またわれわれは、世界が信じていない約束を守る方を信頼している。新しい時代を生きる特別な招待状を受け取ることは、あなたの気持ちをうろたえさせるだろうか。古い世代、古い行動パターン、そして馴染んだ義務感や、お気に入りの恐怖や怒りを離れることについて考えることは、あなたを恐れさせるだろうか。シャロームは、新しい時代の事柄について語る。それは、新しい時代の信仰についてだけでなく、新しい時代の政治についても語る。新しい時代の愛についてだけでなく、新しい時代の正義についても語る。

ゲルハルト・フォン・ラート(3)とハンス・ヴァルター・ヴォルフ(4)は、古い時代／新しい時代についての声明としての創世記の読み方をわれわれに示してくれた。創世記三―一一章に提示されている古い時代は、不信仰と貪欲に、恐れと疑いに、破壊と不和に満ちた世界である。それは、人々の間で意味ある言葉は何も交わされず、どんな新しいヴィジョンも提供されない世界である。そして、新しい世界は、創世記一二―五〇章の家族の物語である。信仰によって歩んだアブラハム。彼は、絶望の中で後継ぎを得た。甥のために自分の土地を危険にさらした。そして、見も知らず、名前を聞かされてもいない約束の土地を追い求めた。古い時代は、世界がたどって来た道であり、そこに喜びはない。新しい時代は、そこで祝福が与えられ、祝福を受ける道である。そして注目すべきは、フォン・ラートが非常によく説明しているとおり、創世記一二章でのあの方向転換である。そこにおいて、世界は、アブラハムにおいて悔い改めるように命じられた。つまり、見えるものを計算しながら歩むことをやめ、信仰によって歩むようにと。アブラハムの受け取った言葉は、それについて彼自身あれこれ思いめぐらすことはできても、説明のつくものではなかった。

創世記における古い時代／新しい時代のパターンは、イエスのときにもそうであった。彼は、あらゆる類いの古い時代の犠牲者を新しい世界へと招かれた。彼は、能力のある裕福な人々を信仰によって歩むようにと招かれた（マコ一〇・一七―二二、ヨハ三・五―八を参照）。彼は、古い時代において権利を奪われた人たちを新しい時代の祝福に共にあずかるように招かれた（ルカ一九・一―一〇）。

> あなたがたは、以前のような生き方をしていた古い人を脱ぎ捨て、心の底から新たにされて、神にかたどって造られた新しい人を身に着け、真理に基づいた正しく清い生活を送

るようにしなければなりません。

（エフェ四・二二―二四）

古い時代とそのあらゆるイメージ、期待、思考、行動パターンを脱ぎ捨てよ。新しい時代、新しい期待、新しいアイデンティティー、新しいあり方と生き方を身に着けよ。古い時代／新しい時代の話はラディカルで唐突で、テントを張ったリバイバル集会の話のように聞こえるが、われわれのような教会はそれをファンダメンタリスト・グループのなすがままにさせておくわけにはいかない。それはわれわれの言葉であり、われわれの伝統である。それは、新しさがやって来るということ、われわれには死と新しい命がやって来るということ、世界はラディカルに変えられるということ、そして世界におけるわれわれのあり方は変革されうるということを認める、中心的で聖書的な道である。しかし、われわれの教会の伝統では、他の誰かがそうするように、新しい時代／古い時代の話を個人の生き方だけに限定することはしない。新しい時代／古い時代の問題はまた、公共の問題と生における組織的な秩序づけに関わる。新しい時代は、喜びだけでなく正義についても、愛だけでなく公平についても、ハッピーな人たちだけでなく、養育する環境についても、関心をもつ。

われわれは皆、時にはこれまでのあり方を好む。そしてわれわれが新しいことを語るとき、世界は全くわれわれを嫌うだろう。それは、なぜ十字架がシャロームにとっての中心的シンボルなのか、自分たちを証しする主要なシンボルであるのか、そしてなぜ十字架は拒絶と敵意の醜い具現化であるのか、の理由である。イエスの生における、そして教会の生における十字架は古い時代／新しい時代のイメージを完全に表している。

- 十字架は、その高価さのすべてにおいて、古いものの放棄に関わる。
- 十字架は、その恐怖と不安定さのすべてにおいて、新しいものの受容に関わる。
- 十字架は、去ってゆくことと入ってくることについての、悔い改めに関わる。

われわれは、手放すべきものが実にたくさんある。

- われわれの存在を確実にするための努力。
- われわれの兄弟姉妹を支配するための努力。
- すべてを保持するための努力。

われわれは、受け入れるべきものが実にたくさんある。

- 生命の贈り物と、無償で与えられている保護。
- 兄弟姉妹たちの寛大なケア。

• われわれが神からケアを任されている世界を受け取ることの喜び。

次回、あなたがたが聖餐の食卓につくときに（それがすぐであることを願う）、その物素のうちにどれだけ古い時代／新しい時代のドラマが演じられているかに気づいてほしい。それは、われわれがその物素に自身をささげること、それらを神の支配下に委ねて用いることにある。神はそれらを取り、祝福し、裂く。それらは、われわれに戻し与えられ、われわれはそれらを受け、深く味わうようにと招かれる。何か劇的なことが起こっている。われわれが食卓に携えてくるものは、われわれの生産物、われわれの財産とさえ言えるものである。しかし、主の手によって扱われるとき、それはわれわれへの贈り物となる。新しい時代とは、それが裂かれ（神の支配の確立）、それが祝福された（贈り物としての資格付与）のちに、われわれの生活がわれわれのもとに戻るべく手渡されることである。神の支配のもとでわれわれに返還され、資格を付与されるわれわれの生こそが、新しい時代とはどんなものかを示す。世界はそれを嫌悪する。また拒絶する。なぜなら、世界は、技術者的理性の心をもって、何も起こっていないと考えるからである。あらゆることが起こっていることを知るには、預言者の希望と詩人の生命力が要求される。生はささげられ、そしてそれは再び授けられている。すべてのことは新しくされる。

われわれは、われわれの存在において、新しい時代が起こり始めている地点と、そして古い時代がまだ力を保っている地点とを定めることが必要である。われわれは手放すように、また受け入れるようにと招かれている。神と神の民はそのような関係にあるのだ。

12　シャロームの道具

さて、イエスは、弟子たちの足を洗ってしまうと、上着を着て、再び席に着いて言われた。「わたしがあなたがたにしたことが分かるか。あなたがたは、わたしを『先生』とか『主』とか呼ぶ。そのように言うのは正しい。わたしはそうである。ところで、主であり、師であるわたしがあなたがたの足を洗ったのだから、あなたがたも互いに足を洗い合わなければならない。わたしがあなたがたにしたとおりに、あなたがたもするようにと、模範を示したのである。はっきり言っておく。僕は主人にまさらず、遣わされた者は遣わした者にまさりはしない。このことが分かり、そのとおりに実行するなら、幸いである。わたしはあなたがた皆について、こう言っているのではない。わたしは、どのような人々を選び出したか分かっている。しかし、『わたしのパンを食べている者が、わたしに逆らった』という聖書の言葉は実現しなければならない」。

ヨハネによる福音書一三章一二―一八節

現在、シャロームを強調することは、教会について問いを投げかけることである。そもそも、教会であるとは、どういう意味なのだろうか。さらに詳細に言えば、シャロームの贈り物と任務に関わる教会であるとは、どういう意味なのだろうか。人々が生きることを期待されている方法に沿って、われわれの生が共に神のご意志を言い表すようになるために、どうしたら、われわれはシャロームを皆と一緒にクリスチャンの共同体において獲得するだろうか。いくつかの前置きとなる観察がある。

1　教会において何かを更新する真剣な努力は、仕組み作りと雰囲気作りの両方に関心を払わなければならない。多くのプロテスタント教会は仕組み作りに没頭し続け、われわれの意思決定とプログラムの展開の手続きの形式を作り上げることにばかり努力を払ってきた。おそらくわれわれは、自分たちが務めをなす場の雰囲気にあまり敏感ではなかった。教会において神学はあまり人気がない。しかし、われわれにはまた、人を配慮すること（ケアリング）をやって来た長い歴史があり、もしわれわれが十分に配慮をするなら、それはなんとか結果につながるだろうと考えてきた。われわれは、そのように無計画なケアリングが温情主義の不公平の永続化という結果に終わる可能性があるのを学んだ。それゆえ、仕組み作りについての注意深い計画は、無計画なケアリングによる意図的なあるいは意図しない結果を避けるために重要である。問題は、われわれのケアリングに見合うような仕組みをどのように作り出したらよいかである。

2　シャロームは、地域から国家レベルまで、行動の側面から敬虔さに至る面まで、教会生活のあらゆる水準と側面に関わる問いである。これは、地域の諸教会を強化するために、国家的教会の仕組みを必要とすることに表される。しかし、われわれは二重の考え方をする。われわれはいつも通りくつろいで務めようとする一方で、われわれは、国家的教会を変え、調整し、さらに操作することについて非常にしばしば才能を発揮するからである。シャロームは、教会の全国的な協議の活動についての壮大な計画と予算がいかに有効かを真剣に問う。しかし、われわれがシャロームという言葉で特徴を説明する神の将来に、どのように諸教会が新しい方法で向き合うかを問うことは、同じくらいの力で、くつろいだまなざしを必要とする。

3　教会において神の民全体であることの核心は、力である。「民全体」というフレーズは、あらゆる人々という意味であるが、また、多様な人々が、ある共有の目的に向かって、信頼を置かれて活動するある種の有機的組織体の中に統合されていることをも意味する。それこそが、「その民全体」が、包括的な団体というだけでなく、確信をもったミッションにまで及ぶ理由である。

聖書がシャロームについて語るとき、聖書は、社会が弱い者、寄る辺のない者と呼ばれる寡婦や孤児の幸福について語っている。寡婦あるいは孤児であることは、夫や父の死を永遠に嘆き悲しんでいる人であるというわけではない。むしろそれは、夫や父に死なれたことによって共同体の意思決定をする代表者がいない人についての法的あるいは社会学的呼称である。「民全体」のテーマは、このような代表権を持たない人たちが、いかに社会的投資の分け前にあずかるか、いかに優先的に発言権を得るかについて、問いを引き起こす。シャロームへ向かう「民全体」は、そのとき、力のない者たちと力を分かち合うことを任された共同体全体である。そしてそれが意味するのは、誰が力のない者なのか、そしてどのように力を分かち合うかを、われわれが問わなくてはならないということだ。そこに初めて参加する人がいなければ、われわれは、力に言及することなしに、シャロームやら他の多くについて好んで語っていることに気づくだろう。力のある人々は、それが議論されることは気にならない。なぜなら力について議論することは、力を表に出すことであり、そしておそらくその一部を失うことであるからである。

まさしく、われわれのテーマは民全体である。われわれは、あらゆる人が共同体の生を分かち合うように力を与えられないうちは、本当の意味で民全体となりえないと認識することから始める。われわれのテーマはそれゆえ、全体性を共にするために他者に力を与える民全体である。ここで、私は、イエスが死の直前に、自分の教会に向けた最後の言葉に注目したい。イエスは彼らに、他のものとは違うシャロームを授けた。おそらく、彼が語ったことの中に、われわれがどうしたら全体性を共にするために他者に力を与える、完全な教会となれるかについての手がかりがある。

商売道具

その一連の奇妙な出来事において、手ぬぐいとたらいがシャロームのシンボルである。または、おそらくシャロームの仲介者であると言ったほうがよいかもしれない。手ぬぐいとたらいはシンボルで、それも力強いシンボルであるのだが、それだけでなく、それによって何かがなされる手段である。このドラマチックな行動で、イエスは彼の教会に道具を提供する。彼らがその道具を手にしたとき、イエスが言った言葉をあなたがたは知っている。

「ところで、主であり、師であるわたしがあなたがたの足を洗ったのだから、あなたがたも互いに足を洗い合わなければならない」。

（ヨハ一三・一四）

なんと恐るべき、またなんと驚くべきことだろう！　彼は言われたのだ、「さあ、やり方が分かったでしょう。こんどはあなたがたがやりなさい」と。そこできっと誰かが、手ぬぐいは自分の手にぴったり合わなかったと考えたに違いない。しかしそのとき、われわれの手が変わり、成長し、もっと柔軟にならなければならない。私は自分の仕事の道具について考える。それらは、たくさんの本、コンピューター、必要とあれば電話である。それらは扱いやすい道具であり、ほとんどがハードウェアだ。しかし、手ぬぐいは、せいぜい子供たちがベッドに入るときを除けば、私が他の人々のために使うものではない。手ぬぐいは固いものでなく扱いやすくはない。形を持たないという点で、手ぬぐいは柔軟である。本当は、それは水分を拭き取るために、私の手からでなく、それを包む足から、形を受け取る。イエスはわれわれに、確信の熱情においてではなく、われわれが最愛の共同体の中に含めようとする人々と繊細に触れることにおいて、形を取る道具を与えられた。私は子供たちをベッドに寝かせるときだけ手ぬぐいを使う。神学校で、また学生や同僚たちと一緒に使うのではない。くつろいで、自分の家でプライベートの時間に、親密な関係の者たちと、もしそう言ってよいなら、私が喜んで奉仕の務めをする場所でだけ、それを使う。――その点が重要なのだということが、ふっと私の心に浮かんだ。それは、彼がわれわれに、その当時は奴隷の道具であり、われわれの時代には使用人の道具であるものを与えられたという、われわれへのしるし（サイン）なのだろうか。それらは、決して主人が使う道具ではなかったが、いまは有能なマネージャーの道具である。日曜日の朝、少年野球チームの練習をみるマネージャーたちは、手ぬぐいとたらいの人々としてふるまっていない。しかし、彼らは精力的に管理している。

われわれの商売道具！　道具が職業を定義する。われわれは、道具がわれわれに行うことを許す限りのことのみ行うことができる。そしてもし、われわれが奴隷の持つ道具を持つなら、われわれにはその類いの仕事しかできない。手ぬぐいとたらいは、奴隷の道具である。彼らは、主人が決してしないような仕事をする。つまり彼らは、人間性の、不快で嫌悪感を起こさせる側面に触れる。手ぬぐいとたらいは、使用人の道具である。彼らは、立派で有能な管理者が決してしないような仕事をする。つまり彼らは、われわれの人間性の、個人的で、注意深い配慮を必要とする側面に触れる。

商売の本質

手ぬぐいとたらいは、主イエスから教会に向けられた厳しい要求である。われわれが実践できる唯一の商売は、そのためにわれわれが道具を持ってする商売であり、あの出来事において彼が与えられたその道具は、奴隷の道具であった。それは、われわれの務めが、われわれの人間性の、個人的な注意深い配慮を必要とする、不快で嫌悪感を起こさせるような側面に触れるということでなくてはならない。その任務を美化しないようにしよう。それは魅力的なものではない。それで私はこう問い続けている。私のような人々は、どうしたらそのようにできるところにたどり着けるだろうか。思いつく答えのヒントは、これらの務めが、あらゆる貧しさと窮乏の中で、自分たちの心を自分自身から遠ざけて、宣教の対象、つまり世界の貧しく困窮している人々に完全に集中させることのできる人々によってなされるということである。われわれは、惜しまず、快く喜んで、その状態に完全に入って行き、そのような配慮されることを切望する人々の人間性と一つとなるために、われわれの心を自分自身から遠ざける必要がある。

しかし、奴隷はその姿勢で何をするのかをよく考えよう。そのように自分の身を位置づけることは、他者を主人として位置づけることに仕える。さて、ある人を主人の位置に置くというのはささいなことではない。そしてそれについてのドラマは、主人の地位に引き上げられる人は、つねに、まさに低くされ排除されている人であるとさえ、告げている。人々は社会において低くされている。役に立たない者、軽んじられている者は、共同体の評価において低い方へ低い方へと沈んでゆき、最終的に彼らの自己評価は沈んでゆく。受け入れられていない人々は、とても長い間、とても強硬に排除されることがあるので、彼らは自分たちが排除され、交わりを絶たれていると認識するようになる。彼らに対する宣教の務めは、二つの特徴を持つ、イエスの宣教のやり方に従う。

1　あらゆる人によって低くされた人々は、引き上げられるべきである。信じがたい復活の言葉は、まさにイエスがあの中風の人に語りかけた言葉である。「わたしはあなたに言う。起き上がり、床を担いで家に帰りなさい」（マコ二・一一）。それは、象徴的にも、麻痺の患者、とても低くされた者であった。彼は動くことができなかったけれど、起き上がらされ、人間性が回復された。教会が、ペトロの口を通して足の不自由な人に語りかけたのは、次の信じがたい復活の言葉である。「ナザレの人イエス・キリストの名によって立ち上がり、歩きなさい」。

そして、右手を取って彼を立ち上がらせた（使三・六―七）。

2　あらゆる人によって締め出された人々は、中に入れられるべきである。あの驚くべき救いの言葉は、まさにイエスが、たしかに排除されていた人物ザアカイに告げた言葉である。「今日、救いがこの家を訪れた。この人もアブラハムの子なのだから」（ルカ一九・九）。イエスは、ザアカイを再び、約束の子とされた。彼はそこから締め出されていたのだから。あの驚くべき救いの言葉は、われわれが締め出すものを主が取り入れるという教えをペトロが受け取ったとき、まさにペトロの人格において、教会が語ることを学んだ言葉である。「神が清めた物を、清くないなどと、あなたは言ってはならない」。……「神はわたしに、どんな人をも清くない者とか、汚れている者とか言ってはならないと、お示しになりました」（使一〇・一五、二八）。これが、高くされている（高い地位に置かれる）とか、中に入れられているということがどんなものかを決して知らない人々と接触する、奴隷／僕たる教会による、手ぬぐいとたらいの態度である。明らかに、そのような宣教が実践できる教会は、自らのアイデンティティーを固く信じているので、確信をもって僕であることができる教会だけである。そのような宣教が実践できる教会は、能力や功績によって定義されない役割を担うことができるという自らの保証を主の御前に固く信じている教会だけである。たしかに、イエスがわれわれに商売道具を与えられたとき、彼はわれわれに、それまでわれわれが携わっていたその商売をもっと上手くやるための道具を与えられたのではなかった。そうではなくて、あの劇的な行動において、彼はラディカルにわれわれの実践する職務を再定義しておられた。われわれが「教会であること」(churching) を、国家的官僚制度や地域的なレベルとは異なるようにイメージすることが、われわれに求められている。教会は人々を裁くその慣習を悔い改め、代わりに彼らを引き上げることを始めるように求められている。教会は、その排除する姿勢を悔い改め、ほとんどわれわれに受け入れがたいものを受け入れるように求められている。誰もが手ぬぐいとたらいを手にすることができるわけではない。それができる者たちは、福音によって自分たちの生を強められた者たち、非常に異なる価値観のシステムから脱して、自分たちの生を十分生きられるように自由にされた者たちである。そのように、手ぬぐいとたらいは根本的にアイデンティティーについてのわれわれの感覚に問いを投げかける。手ぬぐいとたらいを手に取ることは、「いつものように仕事をする」教会の役には立たない。それは、それに見合う心なしに道具を持つことだからである。それゆえ、手ぬぐいは伝道と宣教についての声明であるだけではない。それはアイデンティティーに関わる声明でもある。手ぬぐいは、十字架に掛けられた方と同じような態度を教会に求める。その方は、服従のための死は力の源であることを知っている。たしかに、われわれのような人々にとって困難な言葉である！

命令下にある教会

教会が死ぬことを命じられている死は、多くの方法で表現されうる。この語りにおいて、それは、われわれは命令下にあるという確信と向き合うことを意味する。われわれは命じられた民である。「わたしはあなたがたに新しい掟を与える」と、そのラテン語の *novum mandatum*（新しい掟）とがそのことを示している。われわれは新しい命令の下にある民である。それは別にアメリカ的というわけではない。もし、フィリップ・リーフ（Philip Rieff）が彼の著作『治癒の勝利』(1)（*The Triumph of the Therapeutic*）の中で述べていることが正しければ、誰かの命令下にあるという概念は、現代の文脈において注意を要する考えである。そして、もし、あらゆる要求からの解放が人間の潜在的な可能性を最も大きくする唯一の道であるなら、この言葉はわれわれに届かないだろう。しかし、教会の特別な言葉の用法の根本にあるものは、われわれ自身の可能性の実現に関するものではない。なぜなら、われわれは自分自身のうちに可能性を持たないのであるから。われわれはただ、神との関係においてのみ、賜物を持っている。われわれの存在は、神につながって存在するということである。そして自律の追求は、世界において、われわれの道とはなりえない。われわれは法と秩序について語るが、それを意味してはいない。われわれは自分たちの豊かな自律の恩恵に浴するけれども、それは、ただ他者のためにあるという意味である。

その主張に直面するのは、耳障りである。新しい掟は彼らのためではない。それはわれわれのためである。新しい命令と共にある教会が望み見ているのは、明らかに、大きくて人気のある教会になることではなく、よく訓練され、互いを真剣に受け入れるために、十分に開かれ、十分な時間をもち、十分に配慮をするという厳密な期待をもつ教会であることである。それこそが、どうしたらわれわれは民全体となれるか、ではないだろうか。そしてそれが、互いに愛し合うということではないだろうか。それは夢想化したり、互いに媚びたりすることではなく、互いを深い真剣さをもって受け入れることである。ある人々を真剣に受け入れることは難しいことだと私は思う。彼らは、私の見るところ、確実にふさわしくないから。私が教会で彼らを真剣に受け入れる任務があることは耳障りである。そしていまやわれわれは、それぞれの深い差異において互いを真剣に受け入れない人々は、どんな類いの力をもってしても、教会であることはないだろうということを知っている。われわれは、真剣に受け入れられるのを傷つきながら待っている人々、真剣に受け入れられるのを喜びながら待っている人たちでいっぱいの、他のどの人々のグループともよく似た、一つの教会である。

それは、非常に明白である。しかしまたうんざりすることでもある。すべての民は、自らの生と自らの人々に注意を払わなくてはならない。愛に関するいくつかの基本を、われわれは知っているが忘れている。

- 倫理や教理や敬虔さではなく、兄弟姉妹への愛が、教会を成り立たせるものである。
- 愛は、強めること、完全であることを引き起こすことである。
- 愛は、教会の中心的なしるし（マーク）である。

これは、イエスを真剣に主として受け入れるとは何を意味するかということである。そして、もちろん、われわれはそれを忘れている。われわれは、教会のしるしを、教理や敬虔さについての正しい決まり文句（tag word）にしてしまった。あるいは、左派や右派の何らかの社会的イデオロギーのほうを好んでしまった。しかし、兄弟姉妹を高めて受け入れるほどに彼らを十分に愛すること、それは苦痛と共にわれわれのもとにやって来る、もう一つの次元の任務である。

「平常通り営業する」教会は、その生にそれ［愛すること］を加えることができない。それで、われわれは他の委員会に加えて「互いを愛する」委員会をもつ。否、これこそが、生の主要動機であり、われわれを引き裂く区分を突き抜ける唯一の道である。教会は、ただ親切にするだけでなく、世界を異なって認識し、将来のうねりは人々を下に置くのではなく、人々を高く上げることにあるのだと知るようにと命じられている。王国の実は、人々を排除することでなく、受け入れることにある。この行動とこの教えにおいて、イエスは、彼自身と、世界の救済システム、つまり能力と功績の法定制度との間を鋭く区別する。彼の時代とわれわれの時代、安全と幸福（シャロームと読み替えよ）への道は、他者を下に置くことによってなされる。それをわれわれは「成功する」と呼ぶ。そして成功者のサークルは、能力の劣る人々には締め出されている場所へ昇進することで決まる。イエスがそれを脅かす張本人であったのは驚くに当たらない。彼は、生を秩序づけること、仕事をすること、信者に報いること、反対者を罰することについての世界のやり方を問題ありとしたのだから！　そして同じように、イエスは、彼の教会と他のあらゆる共同体の間の意味と救いの違いを描く。この共同体は、自らの生を異なったしかたで秩序づけ、かつ、世界に向けて異なったしかたでふるまう。

新しいアイデンティティー

高く上げることと受け入れることの働きに招かれた教会は、その自己理解と自己同一性を変えるように求められる。

「もはや、わたしはあなたがたを僕とは呼ばない。……わたしはあなたがたを友と呼ぶ」。

（ヨハ一五・一五）

使用人と友の違いは明白で重大である。使用人は主人がしていることや意図していることを知らない。使用人は問いを発しないが、割り当てられた、思考を必要としない細々した仕事を退屈そうに行う。しかし、友とは主人がすることを知っており、主人が意図することを気づかう者である。死んで甦られた方の友であるということは、彼と仲良しであるとか、気の置けない知り合いであるということでなく、彼の腹心の友であること、彼の意志を分かち、おそらくその計画において彼の夢と彼の不安に投資をすることを意味する。想像してごらんなさい！世界のための神の夢の数々を考慮してごらんなさい！　それは、世界自身が拒絶し、恐れることだ。その誰も知らない秘密に関与していることは、世界の目には悲運な人物となることである。

あなたに関しては知らないが、私に関して言えば、むしろ使用人のほうがいい。――体裁を繕って、明確に規定された一日を終え、そして帰宅して、何事も心配しない。しかし、もう一方の関係［友であること］は重荷である。それは彼と一緒にずっとその場にいるということを意味する。

とりわけこれは、どうでもよい瑣末な事に教会がその生を費やしていることに対する警告である。われわれはときどき、調和や中心や優先順位の感覚なしに、一度始めた仕事を際限なくやり続ける無知な奴隷のような気分になる。紙を折るように命じられ、その理由やどれくらいの枚数かなど決して問わずに、ただそれを無意味に続けている秘書のような気分になる。

しかし、友は主人の意図を知っている。彼らは、人々が高くされ、受け入れられるときの様子について高価なヴィジョンが表明される場に居合わせた。おそらくイエスの友に対するこの宣言の中に、「王の友」という古い役職（サム下一五・三七、一六・一六を見よ）が仄めかされていると見るのは不自然でない。それはまるで古代の宮廷組織にある高官のようであった。(2) そこでの言及は、おそらく王に伴い、偉大な特権と影響力をもつ特別な組織についてである。つまり彼の特別な親友であり、王座の近くにいる。もしそのようなつながりが提案されうるのなら、教会はここで、決定の行われる主の会議において一つの場が提示されている。しかし、そこはまた、従業員の給与が全額支給されなくてはならず、家賃が支払われなくてはならない場でもある。それは保証された場所であるが、マルコによる福音書一〇章三五―四五節において彼が言及した高い代償、洗礼と十字架の杯の代価が要求されるかもしれない。われわれは、世界のための神の意志について少しばかりの情報を持っている。その時以来、われわれは、世界が耐えられない秘められたヴィジョンを担うためにしるしを付けられた男女である。けれど、それを知り、そのことに生きるようにと招かれているのは、すばらしいことではないか！

仕事をする力

この教会が、聖霊を約束された教会であったことは驚くに当たらない。これらのすべてを考え合わせると、この教会は、神の爆発が起こりうる火薬樽の上に座っている教会と言える。ここに以下のものが伴う。

1　商売道具。それは他者を高く上げ、受け入れるようにとのわれわれへの命令。
2　われわれの生を改革するようにという新しい命令。
3　王のヴィジョンと夢を関知している、王の高官としての新しい理解と新しいアイデンティティー。

すべての民とは、「平常通りの営業はもうするな」という呼びかけに向き合っている民である。教会は、今までとは違う者であるように、これまで決して考えもしなかったことをするように求められる。教会は、想像もつかないことに従事するように命じられている。われわれはもちろん、それが可能かどうかを確信していない。ほとんどの教会は、われわれが経験するように、昨年の予算を見直す、あるいはせいぜい部分的に数字を変更するだけだ。しかし、いまや、想像もつかないことがある。われわれはたいてい、想像のつくこと、管理できること、計算できることに深く携わっている者たちばかりだ。われわれのような者が、テーブルの上に差し出された道具と、命令と、アイデンティティーを受け取ることは、神の息の激しい熱風を受けることになる。そしてそれが、われわれに約束されていたものだ。約束された弁護者である聖霊の訪れは、想像もつかないことをもたらすかもしれないものだ。そして想像もつかないことは、それとどこで出会おうとも、よく知られる、あの勝利して空っぽになった十字架に似た形をしている。想像もつかないことは、最愛の者になろうとしている惨めな者たちの間にある。想像もつかないこととは、死と、それもおそらく組織的な死と、向かい合うことである。そして、その中に生の贈り物があることを知ることである。

教会は、そのような想像のつかないことのための準備はできていないし、おそらく決してできないだろう。しかし、国家の敵として死刑執行される前日の、捕らえられ裏切られたあの夜、通常できる思考は、ほとんど考えるに値しないものである。そのことを考えてみよ！

13 シャロームの教会

さて、ユダが出て行くと、イエスは言われた。「今や、人の子は栄光を受けた。神も人の子によって栄光をお受けになった。神が人の子によって栄光をお受けになったのであれば、神も御自身によって人の子に栄光をお与えになる。しかも、すぐにお与えになる。子たちよ、いましばらく、わたしはあなたがたと共にいる。あなたがたはわたしを捜すだろう。『わたしが行く所にあなたたちは来ることができない』とユダヤ人たちに言ったように、今、あなたがたにも同じことを言っておく。あなたがたに新しい掟を与える。互いに愛し合いなさい。わたしがあなたがたを愛したように、あなたがたも互いに愛し合いなさい。互いに愛し合うならば、それによってあなたがたがわたしの弟子であることを、皆が知るようになる」。

シモン・ペトロがイエスに言った。「主よ、どこへ行かれるのですか」。イエスが答えられた。「わたしの行く所に、あなたは今ついて来ることはできないが、後でついて来ることになる」。ペトロは言った。「主よ、なぜ今ついて行けないのですか。あなたのためなら命を捨てます」。イエスは答えられた。「わたしのために命を捨てると言うのか。はっきり言っておく。鶏が鳴くまでに、あなたは三度わたしのことを知らないと言うだろう」。
「心を騒がせるな。神を信じなさい。そして、わたしをも信じなさい。わたしの父の家には住む所がたくさんある。もしなければ、あなたがたのために場所を用意しに行くと言ったであろうか。行ってあなたがたのために場所を用意したら、戻って来て、あなたがたをわたしのもとに迎える。こうして、わたしのいる所に、あなたがたもいることになる。わたしがどこへ行くのか、その道をあなたがたは知っている」。

ヨハネによる福音書一三章三一節―一四章四節

「わたしはまことのぶどうの木、わたしの父は農夫である。わたしにつながっていながら、実を結ばない枝はみな、父が取り除かれる。しかし、実を結ぶものはみな、いよいよ豊かに実を結ぶように手入れをなさる。わたしの話した言葉によって、あなたがたは既に清くなっている。わたしにつながっていなさい。わたしもあなたがたにつながっている。ぶどうの枝が、木につながっていなければ、自分では実を結ぶことができないように、あなたがたも、わたしにつながっていなければ、実を結ぶことができない。わたしはぶどうの木、あなたがたはその枝である。人がわたしにつながっており、わたしもその人につながっていれば、その人は豊かに実を結ぶ。わたしを離れては、あなたがたは何もできないからである。わたしにつながっていない人がいれば、枝のように外に投げ捨てられて枯れる。そして、集められ、火に投げ入れられて焼かれてしまう。あなたがたがわたしにつながっており、わたしの言葉があなたがたの内にいつもあるならば、望むものを何でも願いなさい。そうすればかなえられる。あなたがたが豊かに実を結び、わたしの弟子となるなら、それによって、わたしの父は栄光をお受けになる」。

ヨハネによる福音書一五章一―八節

「世があなたがたを憎むなら、あなたがたを憎む前にわたしを憎んでいたことを覚えなさい。あなたがたが世に属していたなら、世はあなたがたを身内として愛したはずである。だが、あなたがたは世に属していない。わたしがあなたがたを世から選び出した。だから、世はあなたがたを憎むのである。『僕は主人にまさりはしない』と、わたしが言った言葉を思い出しなさい。人々がわたしを迫害したのであれば、あなたがたをも迫害するだろう。わたしの言葉を守ったのであれば、あなたがたの言葉をも守るだろう」。

ヨハネによる福音書一五章一八―二〇節

ヨハネによる福音書一三章以下に記されているイエスの告別説教から、シャロームのモティーフを考えてみよう。それには二つの理由がある。第一に、フレデリック・ハーゾッグ（Frederick Herzog）の著書『解放の神学』[1]（*Liberation Theology*）が非常に示唆的な解釈を示したのを受け、私もそれと関連することをしたいからだ。私自身の考えは彼の考えとは全く別個のものだが、私は彼から非常に多くのことを学んだ。第二に、こちらがより重要なのであるが、私は、われわれの教会と似たような教会（初代教会のことであるが）における、ある時を突き止めたいと思っていたからだ。それは、その教会がわれわれの教会の経験すること、つまり戸惑うほどの主の不在（あるいは、隠された実在？）を経験した時のことである。それは、われわれをほとんど立ち往生の状態にさせる。それで私は、実にこの時は、彼が弟子たちに別れを告げ、彼らだけを残して去って行かれた時だったのではないかと考えた。きっと混乱し、おそらく待ちながら。また、あの第四福音書における告別の辞がいまも効力をもち、われわれはいまも彼のいないまま取り残されているかもしれない。きっと混乱し、おそらく待ちながら。そして彼が去るとき、われわれだけがそこにいて、自分たちの信仰と宣教をなんとかし、彼が別れ際に残した言葉の記憶、彼は再び来られるという確信、そして慰め主について彼が保証する言葉の介在だけをもって生きてゆかなければならない。これらのうち、ここにたしかにあるのは、イエスの告別の言葉である。それらはわれわれのために、この奇妙な伝統の中に保存されている。このテクストについていかなる批評的な判断がなされても――学者たちは同意しないのだが――、これらの言葉は教会においてそのように枠を与えられ、評価され、伝えられている。

私の目的は、イエスが去られるとき彼が言われたことをわれわれに思い起こさせ、われわれ皆がそれについてよく考えるように招くことだ。シャロームに関連して、私が中心的であると考えるのは以下のものである。

「わたしは、平和をあなたがたに残し、わたしの平和を与える。わたしはこれを、世が与えるように与えるのではない。心を騒がせるな。おびえるな」。（ヨハ一四・二七）

それが、彼の言われたすべてである。それから彼は去って行かれた。そのあとの彼を信じる教会としての歴史は、彼がこのとき何を言おうとしておられたのかを知りたがっている。それはとても不思議な去りようであった。私は、それらの奇妙な言葉について気づいたことを分かち合いたい。これらは、たぶん最も忘れがたく、ことによると、われわれの自己理解のために最も決定的なものである。

1　これらの言葉――これらのすべてのスピーチ――は、主の晩餐のコンテクストにおいててである。

教会に向けて語られたものである。われわれがいつも主の現臨を確信するのは主の食卓においてである。

(a)聖餐卓においてわれわれは、異なるリアリティーに対し、そして異なる命令に向けて食べ、かつ飲むのである。私はもしわれわれがシャロームを完全に理解するとすれば、その食卓において理解するのであろうと確信するようになった。われわれが自分の心をしばらく離れて、神の約束と神の務めについて考えられる場所は、その食卓の他にどこにもない。ほとんどの時間、教会は、繁栄、生き残ること、評判、成功を心配することに忙しい。われわれは聖餐卓で時折、そうした誘惑を正しく捉えて、それらがたいして重要な事柄ではないことを知る。たしかに、われわれは教会として、他のどの共同体とも同様に、そのような厳しくも安らぎを与える認識と共に常に生きることは不可能である。しかし、なんとすばらしい贈り物であることか！われわれはその真理の瞬間を自らに与え、それを重んじることができる。その瞬間、われわれは、自らを縛りつけている自らの心配事を、自ら打ち砕くことができるというリアリティーに向き合っているのである。

(b)聖餐の食卓では、他のどの場とも異なって、われわれは、真の生とは神秘の中にあるのであって、管理の中にはないことに気づかされる。聖餐の食卓には、会員や予算の数字の心配はなく、われわれの説明や手の業を必要としない、そこに与えられている意味を思い起こすものだけがある。それをよく考えるとき、あのドラマの鍵となる動詞の主語はすべて「彼」であって、われわれではないことに圧倒される。聖餐の食卓においては、われわれはあまり重要でない動詞の主語であるだけだ。彼は取り、彼は祝福し、彼は裂き、彼は再びわれわれに与えられた。それは彼の食卓である。われわれは歓迎を受ける客であり、われわれがメニューを決めたり、支払ったりはしない。

(c)続いて、聖餐の食卓では、他のどの場とも異なって、われわれは主のものとなり、われわれのものでなくなる。われわれはわれわれのものではなく、主はわれわれのものでない。そこではわれわれは、われわれの運命について心配する必要がない。そこではわれわれは、自分たちの存在を正当化する必要がない。他のどの場所にもないあの自由と贈り物を私は完全に見出す。聖餐の食卓の神秘において、神がわれわれに差し出されたあの信じられない贈り物について、われわれの驚きはおそらく不十分だ。そこでは、われわれはただわれわれの生を神に委ねるだけでよい。それがすべてである。そのように、聖餐卓は、われわれが残りの時間にしなければならないと考えるあらゆる方法に対し、それに対抗するのではなくとも、対照的に立っている。聖餐卓でのシャロームについて議論を始めることによって、私の提案している論点を見落としてはならない。われわれのほとんどは、おそらくそれ以外はできないのだが、シャロームを、任務として、または弟子の務めとして、または（とんでもないが）「労働」として、われわれがもっとすべきこととして語りたがっていると私は感じている。もしわれわれがそうやって始めるなら、われわれは聖餐卓の神秘を裏切るだけでなく、始める前から、高慢あるいは絶望のどちらかで、われわれのシャロームの実現の失敗を決定づけることになる。

しかし、それは食卓からまさに始まるのである。つねにそうである。そしてわれわれに対する約束は、この歴史的な神秘がその生を形づくるようにしている教会がその言葉を聞くことができ、そしてシャロームの新しい時代において、またそれに向けて、生きるための能力を与えられることが可能であるということである。

2　聖餐の食卓に向かい、御言葉を聞いている教会は、何も恐れることがない。

あなたがたは心を悩ませてはならない。そして心を恐れさせてはならない。

（ヨハ一四・二七）

近頃、恐れは、地においても教会においても深くて広い。恐れは、人々に奇妙な事をする。恐れは、われわれを兄弟姉妹たちから引き離し、うずくまって生きるように仕向ける。恐れは、われわれに胎児の姿勢を取らせたがる。恐れは、われわれの面目をつぶすようなことをわれわれに言わせたり、させたりする。恐れは、われわれに誰かを傷つけさせる。――すべては、世界が崩れつつあるのをわれわれが恐れるからである。恐れは、無神論の現代的な形式であり、私が作り上げる以外にどんな秩序もないという恐れである。したがって、私は、自分のどんな小さな秩序も守り、もっと作ろうと急ぎ、人々に私の秩序や、私の神秘や、私のよいものを邪魔させないようにしなくてはならない。なぜなら、もし彼らが入って来たら、すべては崩壊するだろうから。そこには私以外に誰もいない。だから私がハッスルしなければならない。イエスが教会にこう尋ねられるとき、たしかに彼は正しく的を射ておられる。「なぜ怖がるのか。まだ信じないのか」（マコ四・四〇）。恐れは、イエスの命令と約束は彼が去られても残るという確信を持たない。われわれは、エリック・エリクソン[2]によって広められた、母親が戻って来ないのではないかと恐れて泣き叫ぶ小さな赤ん坊に似ていないだろうか。そのように、恐れあるいは無神論は、見捨てられることについての根本的な感覚とつながっている。たしかに、教会はあの日、恐怖を覚えた。イエスが去って行かれ、そしてそれからすべての危険と約束と不確実さがあらわになったからである。

しかし、ここなのだ！　彼が言われたのはこれだ。「恐れるな！」[3]。それは、信仰の人々が行動と証言において大胆であることが求められるとき、神の御使いたちがいつも語りかけていた最も重要な言葉である（創一五・一、イザ四一・一〇、一三―一四、四三・一、四四・八、エレ一・八、三〇・一〇―一一、マタ二八・五、ルカ一・三〇、二・一〇）。世界は神のものである、そしてそれは崩れ去らないだろう。主が始められた新しい時代は、引き倒されたり、引き戻されたりはしない。教会は、あたかも福音が真実ではなかったかのように、恐れる必要はない。教会は、自由に向かって、世界の痛みに向かって、世界の傷に向かって、世界の喜びに向かって、生きるように定められている。——世界が理解しない痛みや傷と、世界が予期しない喜びのことである。イエスは去られるとき、われわれは安全なのだから、もっと危険を冒していいのだということを教会に気づかせられた。われわれは、任務としてのシャロームにもっと注目する必要があるだろうが、それは〔聖餐の〕食卓での確信から始まるのである。それは純粋な贈り物である。そしてそれは、われわれの間で、最も権威のあるレトリックの中で届けられるものだ。

3　そのとき、イエスは、食卓からさらにある意味をわれわれに与えられる。われわれは誰であるべきか、いかにわれわれに託された信仰と宣教を使命としてゆくかについて語られた声明において、イエスは、われわれの過去の貴重なイメージから、「あなたがたは枝である」と告げ、われわれが何者であるかを教えられる。枝々については二つのことがただちに明らかになる。一つ目に、それらはぶどうの木の近くにとどまる。ぶどうの木がどなたであるかをあなたがたは知っている。ちょうど去って行かれたその方、その不在の方のそば近くにとどまっている。われわれのような教会でわれわれは、とりわけイエスの不在にもかかわらず、彼のそば近くにとどまるとは、彼と結ばれているとはどういうことなのかについて、それほど頻繁に考えたりしない。ここでべつに何か新しい倫理主義や新しい敬虔主義を提唱しているのではない。しかし、ペトロの召命記事にならって、われわれはあまりに純真でなく世俗的であるのでイエスと距離をおかなければならないなどと思う必要はない。むしろわれわれは、人を動転させる新しさを喜ばれたイエスの喜びによって生きてよい。われわれは、自分自身を虚しくされたイエスの危険によって生きてよい。われわれは、弱いと考える人々もいたイエスの力によって生きてよい。われわれは、マーティン・ルーサー・キング・ジュニアの夢――われわれの間にたしかにうねっている、新しい時代についての雄弁な空想に似ていなくもない、イエスの夢によって生きてよい。そのすべて――喜び、危険、力、そして夢――は、われわれの間に生まれた新しい時代のことである。われわれは、厳格に、あるいは独りよがりに、過ぎ去りつつある古い時代の上に定住する勇気はないし、そうする必要もない。もちろん、それはナンセンスであるし、世界は――イエスを十字架に掛けた世界は、あの夢見るヨセフを奴隷として売った兄たちは――、そのことを知っている。なぜなら世界はそのような夢にがまんならないから。偽りの夢はたいへん恐ろしい。われわれは、イエスのそば近くにいるように、そして彼が用いられた宣教と回復力の源に頼るようにと招かれている。われわれは、その恐れを知らない方と共にいるように、いかなる臆病者たちにも引き寄せられないよう気をつけるようにと招かれている。私はそのように熟考するまでは、ぶどうの木と枝々のイメージは、静止状態とは言わずとも、活気のないものだと考えていた。しかし、われわれを招いて、神とつながっているようにすること、それゆえ他のどこにもつながっていないようにすることは、ラディカルな事業である。そしてもし、われわれがぶどうの家族に属しているのなら、われわれの事業は、ぶどう――おそらく、新しい国のぶどう酒――である。われわれは茨を育てたり、ナスやオクラを生産したりすることさえ許されていない。ただ、新しい時代のぶどう酒を作ることだけが許されている。

生産することは、良いぶどうの木にできる二つ目のことである。それは実を結ぶ。われわれが命とアイデンティティーを受けるのは、ぶどうの木からである。それで、われわれはそのぶどうの木にふさわしい実を結ぶことができる。つまり、われわれがそのぶどうの木につながっていればである。それゆえ、われわれはぶどうの実に似た実を結ぶ。あなたがたはその食べ物がどんな姿であり、どんな味であるかを知っている。イエスの実は正義と自由、愛と希望である。彼が行かれたすべての場所で、人間の意志という土壌は、以前は決して知りもしなかった実をもたらしたのだ。今やそれは破壊的なものである。想像してごらんなさい。彼が捕らえられる日の、小さな弟子たちの一団。彼らにイエスはこの驚くべき、重大なことを言われるのである。「あなたがたが、その者たちだ」。あなたたちは、私自身の人格的な介在にふさわしい実を結ぶ者たちである。それは私が考える私にふさわしい実のようではない。それは安全、幸福、成功、自己満足としての特徴をもっている。エルサレムのその小さな一団は、自らの好む作物ではなく、ぶどうの木から生じるものをもたらすように命じられている。いまも、教会と主との関係は、ぶどうの枝とぶどうの木の関係と同じである。そして彼はウェブスター・グローブスの、あるいはランカスターの、あるいはペオリアの小さなクリスチャンの一団に実際に語られる。「あなたがたは、ぶどうの木に似ている実をもたらす者たちである」と。またあなたがたは、その収穫物を知っている。彼が与えられたような自由、彼が差し出しされたような希望、彼が約束されたような正義、彼が思い描かれたような完全さ。ここで起きていることは、シャロームの果樹園全体の創造なのである。

4　この生産の過程は、たしかに、世界に重要事項を決めるのを任せていない。ぶどうの木が収穫を決定している。そしてもちろん、世界はつねに彼に属する実と対立している。世界は、自由と希望と正義と完全さに抵抗する。弟子たちはあの夜の食卓でそのことを知った。世界は、イエスのもたらすシャロームに敵対する。世界は、――それはわれわれとわれわれのような人々を意味する――奴隷制や、絶望や、抑圧や、分裂に携わっている。それだから、彼は、世界が買わないような種類の果実を差し出し、われわれが同じ種類の枝々であるようにと招く。そしてたしかに世界は、彼に復讐したのと同じことをわれわれに対してするだろう。

彼が扉の外に出てゆかれ、弟子たちがまだ「世はあなたがたを憎むだろう」という彼の言葉に茫然としている光景が目に浮かぶ。そこでは議論が起こったのはたしかだ。「われわれもそうしようとしたら、彼らはどう言うでしょうか」。するとイエスはほとんど不真面目に言われる。「まあ、しかたがない。彼らはあなたがたを憎む前に、私を憎んでいたのだ。気にしなくてよい」。想像してごらんなさい、彼の告別説教を。彼がまさに扉から出て行かれるとき、ぽつりと言われる。「ああ、ちなみに、彼らは嫌がるよ」と。第四福音書は、キリストと文化の問題についての一つの大胆な態度を隠し立てしない。世界はあなたがたを憎むだろう。食卓での出会いは、いまや他の何かがここで起こっているように展開している。もはやわれわれは聖餐の確信ももたない。いまやわれわれは、世界から拒絶されている。彼の困難をもたらすシャロームでも、食卓にシャロームが在ることは容易だ。しかし、いまやそれは世界におけるシャロームである。

そして、中部アメリカの、われわれの文化に適応した宗教において、それは厄介である。アメリカにおいて――あるいは教会が試練に召されている至る所で――、われわれがシャロームについてわれわれの見解を世界が知ろうとしないということを理解するのはたいへん難しい。われわれは、世界が憎み恐れる、約束と価値と夢に立っている。あなたがたはそのリストを知っている。犯罪、戦争、汚染、差別、教育、住宅事情、雇用問題。われわれはそのような世界を満足させるようにと命じられているのではない。私が「リスクを取れ！」と言うのは容易だ。そして、次の飛行機に乗って家に帰る。しかしそれは、私の言葉ではない。イエスご自身が、別れ際にこう言われたのである。「あなたがたは、世界が好まないと分かっている実を結びなさい」。

あの夜、あの食卓で起こった闘争は、社会的行動のプログラムを開始することとは無関係だった。敵だらけのエルサレムで指名手配中の男たちの一団から社会的行動のプログラムが起こっても、たいしたことではなかった。むしろ重要なのは、生き残るために十分なアイデンティティーを持っていることであった。それゆえ、食卓での重要事は、重要な事はいつも食卓でなされるのであるが、われわれは誰であるかについて、そしてどのように世界に向き合って自らの位置を持つように命じられているかについて明瞭であることだ。今日の教会にとってもそうである。重要なのは、それが手っ取り早くて、世界が受け入れるからと言って、単に社会活動に取りかかることではない。そうではなく重要なのは、われわれの命と、われわれの予算と、世界が耐えられない実を結ぶ予定表を持ったわれわれの全プログラムとを、いかにわれわれがまとめ上げるかについて、明瞭であることだ。私は、マックス・スタックハウス（Max Stackhouse）の著書『倫理と都会の精神』[4]（*Ethics and Urban Ethos*）に助けられた。彼は、われわれの仕事は、われわれの運命を定める広範な都会の重要問題を作成する社会的エンジニアとプランナーのクレド（credo, 信仰告白）を見分けて、目に見えるようにすることであると述べる。われわれの第一義的な務めは、小さな「言い訳」を少しずつなくすことではなくて、われわれが信じるもの、信頼し恐れるもの、大きくしたいと願うもの、減らしたいと願うものなどの、もちろんすべて神の問題でもある、基本的で象徴的な問題に取り組むことである。たしかに、われわれ自身が明瞭になるまで、われわれが都会の倫理と都会の精神の象徴的な深みを問題にすることはできないこと、また、世界が嫌う果実をもたらすためにわれわれはこの世界の中にいるということは明らかである。その象徴的な問題は、われわれの時代において、危険かつ困難なものであり、またわれわれはたいへん弱く、問題の多い象徴をもっている。われわれが聖餐の食卓から得るアイデンティティーは、世界に立ち向かうための基盤を与えることができるだろうか。それは、エルサレムの彼らにとっても、いまのアメリカにいるわれわれにとっても、困難な問いである。

食卓からのシャロームは、世界が認識せず、存在すら知らないある種の完全さと自由と正義を具体化することを意味する。それは、世界が最も恐れるものを評価し、正確に証言することである。イエスが彼の教会に残される「平和」(peace)の責務に関しては、ラディカルで革命的な何かがある。彼は、彼の民は世界と似ていないとはっきりと告げられる。あなたがたは、それらの違いのしるしをいくつか知っている。

- 人々を財産よりも重んじる。
- 公共の関心事を私的利益よりも重んじる。
- 平等性をエリート意識よりも重んじる。
- 幸福を生産性よりも重んじる。
- 人間の尊厳を能力よりも重んじる。
- 抑圧されている人たちのために力を求める。
- 分裂させせられた人たちのために正しい心を求める。

あなたがこのリストを続けることができる。それらすべては、イエスが心にかけておられたことだ。そしてもしぶどうの木がそうであるなら、枝々も同じだ。

5　イエスは彼の小さい群れを動揺させ続けられる。彼はこうした考えをさりげなく言われて立ち去られる。それから彼は言われる。「これらのことを話したのは、あなたがたをつまずかせないためである」（ヨハ一六・一）と。あなたがたはどうだか知らないが、私に関して言えば、少しばかりつまずいたり、活気に満ちた教会でなかったりするのは、それほど悪くないのではないかと思っている。神学者たちが「人間の堕落」について語ることや、そのような古典的な人間のイメージを用いることを好むのは、興味深いことではないか。しかし、ここでの関心は、「人間の堕落」ではなくて教会の堕落である。高い規範からではなく、貴いアイデンティティーから転落するのである。それは、われわれが教会においてつねに決定しているものである。それは、つねにわれわれがどれだけイエスに類するシャロームを担えるかという問いである。彼のシャロームは、人をとても安心させる。しかし、それが人を安心させるものであればあるほど、高くつく。そして、重要問題が出されるとき、われわれはどんなに降参しがちなことだろうか！　降参して、世界のやり方で我慢しておくほうがどんなに簡単であろうか！　それほど頑張って教会であろうとせず、神の事柄にあまり関わらないほうがどんなに簡単であろうか！　世界をそのやり方のままにまかせているほうがどんなに簡単であろうか！　油断ならないのは、もちろん、われわれが放棄する諸問題がそれほど大きく、劇的ではないということである。それらは一度に少しだけやって来る、そしてわれわれはそれを最後までやり抜く。しかし、あまりに遅くなるまでそれをやっていることに気づかない。あるいは、もっとありがちなことに、われわれは、それをやっていたことさえもう忘れている。

しかし、われわれは、イエスの民である。彼の食卓からわれわれは食べた。彼の言葉を聞いた。われわれは世界では変わった人たちと見られ、世界と異なっているように命じられ、務めをなす世界のやり方に問いを投げかけるように任命されている。われわれは、滅びない者たちである。大部分の教会において、われわれはたいして賢くなく、金持ちでなく、権力者でなく、高貴な生まれでもない。しかしわれわれは、そこで働いているとはいえ、世界に変革を起こせと命じられていない。われわれはただ、滅びてはならないと命じられている。そしてそのために祈られている。それを考えてみよう。われわれは、御子によって父に、われわれをつまずきから守ることのできる方に、祈っていただいている。それこそ、われわれが他の人たちから区別される唯一の特徴ではないか。われわれは祈られている。それはわれわれが滅びないようにという祈りである。
6　それから彼は、彼らにおそらく最も驚くべきことを告げられた――聖霊の到来である。われわれが、われわれのような教会において、教義内容をできるだけ省いて多くの確信の力を得るのは容易でない。聖霊は降ってきて教会を導き、教会を力づける。その力がわれわれの間に出現するというのはとりわけ風変わりな考えである。――当時の風変わりな考えは、今の合理性がものを言う世界においては、もっと変わった考えである。われわれは事をなすのを可能にされ、何をすべきかを知るように導かれる。それについて合理的に考えることはあまり役に立たないないだろう。しかし、われわれは、去っていかれる主からこの驚くべき保証を受けた。またそれに遡る歴史的な記憶をわれわれは持っている。その証拠は、この結論を要求する。教会が完全に教会であり続けるとき、われわれが神の危険のようなものを冒し、神の実のようなものを結んだとき、力がやって来て、導きがすぐそばにある。それはおそらく、食卓を囲む世界においてわれわれの信仰が最高に試されるときだ。

聖霊の到来は、二つの驚くべき信仰の行いを要求する。第一に、それはわれわれが、われわれ自身のものでない力に屈することを要求する。そのことは、われわれが全責任者ではないことと、われわれの運命と宣教との管理者でないことをわれわれが認めるためである。シャロームは、まさに、思いがけなく説明抜きに到来し、それゆえわれわれに理解されることも管理されることもないその力の贈り物に委ねる能力である。しかし、受け取り、そして委ねる能力は、われわれが養育したり評価したりするものではない。われわれはむしろ、絶えず、管理、統御、能力に力点を置く。そして、われわれは、支配し管理し監督すればするほど、その贈り物に委ねることができなくなる。それでは聖霊はわれわれの間にやって来ない。聖餐の食卓は、それを受ける準備が整っている者たちのためにある。それは、われわれの受容性の場である。そしておそらく、われわれのような合理的な自由主義者でさえ、その力に委ねることができる。

第二に、聖霊の到来は、われわれが導きに対して開かれていること、予想もしなかった思想を持ったり、価値観を抱いたり、行動を起こしたりすることを要求する。われわれの大部分にとって、われわれが受け入れている導きは、せいぜい用心深く、計算し尽くされたものにすぎない。しかしこれは、配慮という奇妙な行動を引き起こす無謀な危険への招きである。かなりドラマチックな二つの例を考えたい。一つは、一九七三年のセントルイスでのユナイテッド・チャーチ全体会議（United Church General Synod）の愚かさである。時間をかけ、莫大な金額を費やしてカリフォルニアに飛び、ユナイテッド・ファーム・ワーカーズ（合衆国農業労働者）のために一日支援活動をした。どう慎重に考えても、それは馬鹿げており、成果は期待できないように思われた。しかしおそらくそれは、セントルイスとカリフォルニアとの両方に、キリストの霊が介入した出来事だった。二つ目は、マーティン・ルーサー・キング・ジュニア（キング牧師）の徒労である。彼は、清掃業者のストライキのためにメンフィスに出かけ、そこで狙撃された。よりによって、メンフィスを死に場所に選んだり、ごみ清掃業者のストライキのために死ぬのを願ったりする者など誰もいやしない。しかし、キング牧師はそこへ出かけて行った。導きのもとにある人間という大きな理解をもって。しかし、誰がそのような類いの導きを、すなわち、世界が愚かさと呼ぶもののところへわれわれを連れて行くために、われわれの最善の判断を見破り、スキャンダラスな方法ですべての判断に切り込んでくる類いの導きを欲しがったり、必要としたりするだろうか。スキャンダルという言葉は、貴重な言葉である。なぜなら、われわれの信仰の中心的なスキャンダルは、イエスがご自分を虚しくされ、世界の誰もが長いこと相手にしなかった人々のために愚かなことをされたからだ。十字架というスキャンダルは、まさにぶどうの木と結びついた果実、世界が見向きもしない果実をもたらすことである。受け入れる人々を愚かな行動へとつねに導かれるのはこの開かれた聖霊である。税金の取り立て人（publicans）や集金人（tax collectors）と一緒に食事をすることは全く馬鹿げている。重い皮膚病の患者に触れ、目の不自由な人とダンスを踊り、彼らを命へと立ち返らせるのは、弁明の余地がないほどナンセンスなことである。しかし、それこそが彼がなさったことであり、そのために彼は殺されたのである。そしてそれは、われわれがするようにと、彼が残していかれた仕事である。

聖霊の到来については、諸教会における最近のカリスマ的なものの多発現象に言及せずして語ることはできない。私はすでにそれを、非福音的なものの愚かさとして割り引いて考えることにしている。またわれわれは、そんなことをしないように気をつけなければならない。しかしわれわれはそのことについて、われわれの主が約束された聖霊がいますところでは、それが人々を大胆さへと力づけ、また愚かさへと彼らを導くのだと言えるほど十分に冷静でいることができる。そしてそれは、われわれにいくつかの事を選り分けさせる。われわれをつまずきから守られる方であるキリストの霊の到来は、温かい感情でなく、単純に非合理的な行動でもない。そうではなくて、それは特徴的に、回復させ、癒すための能力を高めることであり、また、神が重んじてやまないのに、世界では評価されていない者たちを導くことである。聖霊は、この共同体の能力を高めて、彼らが結ばれているぶどうの木にふさわしい実を結ぶように、導いておられる。

　ところで、私はこれらの意見をいい加減に述べているのではない。私は、この世を去っていかれる主の口から出たこの言葉の重みと厳しさを感じる。私は、堅物の研究者であって、品質管理と規範と、とりわけ秩序に信頼をおいている。私は、私のような者たちは、どうすれば大胆さへと力づけられ、愚かさへと導かれることができるのかと問い続けている。問いながら、愚かさと力は、何かしら調和するということを認める。私にとっては、それは嫌悪感を覚える組み合わせである。それを、そのすべての出発点として、つまり力づけられた者たちは、愚かさへと力づけられたのだ、ということを考えてみる。それについての私の当然の反応は、もし、愚かさが力の条件であるなら、私はむしろ自分の能力不足のままでいるほうがいい。しかし、なんという選択か！　私は、受け取ったり委ねたりする能力は、私のアイデンティティー、私の自己イメージ、私が知っている自分を世界に位置づける方法、と関わることだと考えている。

　この話が私に示唆するのは、委ねること、アイデンティティーを受け取ることの本質的な要素は、手ぬぐいとたらいの影響を受けているということだ。弟子たちはもちろん仰天していた。――恐れと驚きと長い間の沈黙があの夜、あの一室にあった。あなたも私と同じように、足を洗うことなどご免だと思う人たちの長いリストを持っているだろうか。もちろん、われわれが伝統的に手ぬぐいとたらいでしてきたことを、私は知っている。われわれはそれらを、自己否定、自己卑下、そして謙虚さのシンボルにしてきた。しかし、それを別の方法で受け取ることも可能である。あなたが誰かの足を洗うときにあなたがすることを考えてみよ。

- あなたは、彼らの前にひざまずく。
- あなたは、彼らの言うとおりに自分の位置を決定する。
- あなたは、無防備で、脆く、危険を冒しながら、あなたの生が他人の土地で生かされるのにまかせつつ、彼らのところに来る。

私は、謙虚さがこの主題ではないと思う。それは、無防備である。と言っても、いわゆる「成長グループ」（growth groups）において、人がもっと打たれ強くなるために一切をさらけ出させるような、偽りの無防備のことではない。（ちょうど世界と同じように）恐れと不信に特徴づけられ、強欲で野心的な人たちであふれる、われわれのような教会において、われわれはお互いの立場に自分を置くべきである、ということである。他人の前でひざまずくことは、全く攻撃を受けやすい無防備な状態になることだ。そのときあなたは、相手に顔か鼠蹊部を蹴り上げられるのに最適な姿勢をとっている。あなたの相手がすばやい動きをするとき、そこにあなたがいる。私だったら、そんな位置にわが身を置くのはご免である。しかし、われわれの主はまさにそんなふうに自らを無防備に差し出されたのだ。

われわれは知っていることを学ぶのに非常に時間がかかる。無防備の中で、他人の前にひざまずくことは、彼または彼女の力を高くする。自分が僕の姿勢を取ることで、人は相手に優越性を与える。イエスは、自らの夢を諦めきった（おそらくわれわれもそうだ）脅えた敗北者たち、あるいは自らの夢を守ることにうなされていた（たぶんわれわれのように）不安をかかえる成功者たちの所にやって来られた。そして彼らの前にひざまずかれたのだ。彼はひざまずいてこう言われた。「あなたが主人です。わたしが僕になることであなたを主人にします。わたしはあなたを尊びます。あなたのことを深刻に受け止めます。わたしはあなたを力づけます」。十字架の秘密は、あの真夜中の食卓においてわれわれに啓示される。無防備であることが、相手に力を与える。

イエスの十字架刑はあの夜に起こった。それは、われわれが「キリストは私の罪のために死なれた」と最古の信仰告白で言い表していることである。われわれはこう言うことができる。「キリストの無防備がわれわれを命へと力づけてくださった」と。あの夜、キリストが、人を力づける方法によってひざまずくことができたのは、たしかに彼のアイデンティティーに根ざしている。われわれはテクストの中のそのポイントを見落としてはならない。彼はちょっと手ぬぐいをつかんだというような行き当たりばったりのことをなさらない。手ぬぐいの行動は、確実に、彼自身がどうあるべきかを知っておられることに由来する。

イエスは、父がすべてを御自分の手にゆだねられたこと、また、御自分が神のもとから来て、神のもとに帰ろうとしていることを悟り、食事の席から立ち上がって上着を脱ぎ、手ぬぐいを取って腰にまとわれた。（ヨハ一三・三―四）

イエスは、彼の生に備えられた自らが誰であるかという問い、運命の問題を抱えておられた。彼は完全に神によって力を与えられたことを悟られた。すべてが彼の手に委ねられた。そしてその問題が解決したので、彼は、世界が認める尊敬と管理の外見的しるしである上着を脱ぐことができた。(5) 彼がそれをすべて脱ぎ捨てることができたのは、真に重要な問題は他のところにあって、すでに解決していたからに他ならない。その問題は神との間で解決がなされ、それゆえ、イエスは彼の兄弟姉妹に対しては異なって行動することができた。彼がひざまずかれたのは謙虚さや恐れにおいてではなく、自分の顔を蹴り上げられることの準備を終え、強さと確信においてひざまずかれたのである。彼が無防備に力を与えることにおいてひざまずかれたことは、奴隷のような行動ではなく、大胆な威厳の新しい形の行動である。彼は僕の立場を取られたのではなく、自らが誰であるかという問いが解決したので、確信に基づいて、君主にふさわしい態度を取られたのである。それは憤りや不安ではなく、安全と自尊心と自信に満たされた姿勢である。ひざまずくことが憤りに満ちてなされる時に何が起こるかは、われわれはすでに、われわれ自身の生活と教会において知っている。それは燃え尽きて何も生み出さず、最後の状態は最初よりももっとひどくなる。イエスがわれわれに与えられる使命は、単なる手ぬぐいとたらいではなく、あらゆる自己の重要課題の解決を伴う手ぬぐいとたらいである。

シャロームの教会は、そこではあらゆる問題が未解決で決定されないような教会ではない。教会は、永遠に自らのアイデンティティーについて不安を抱えて生きることはできない。決断しなければならない。そして決断するとき、教会は、委ねること、受け入れること、無防備であることができる。同様の決断は、われわれを聖霊に対して開放し、われわれを兄弟姉妹たちの足元へと連れてゆく。それらの問題が解決するまで、われわれは聖霊によって力を与えられることも、導かれることもないし、本当の意味で他者の前に無防備であるということもない。しかし、教会はあの夜、無防備でありながら、人を力づける務めについてのヴィジョンを手にした。なんという教会だろう！　ここに、私が属しているような諸教会のための完全な教会論がある。教会は、次のようである。

- 恐れない。
- 実を結ぶ枝である。
- 世界の憎悪を受ける。
- 崩れることに抵抗する。
- 聖霊を受けて愚かさへと向かう。
- 自己を無防備にする。

　すべては、十字架にかけられた方のしるしである。まさに十字架の弱さである。その方は苦悩があったが、狡猾さはなく、人々を人格へと高める方である。そのような主と同じように、教会は自らが何であるかについて疑いを持たない。安全は議論で可能になるものではない。運命は楽に手に入るものではない。果てのない不安はない。教会は、自らが、安全であり、愛されており、価値あるものとされ、真剣に扱われ、自分たちのために一つの場所が用意されている教会であることを知っている。ピーター・バーガーらは、そのような現代人のための重要問題が決して解決されない現代性の代償を描いた。(6) あの夜、食卓にいた人々は、ホームレス状態が終わった。すべての問題は解決がついた。彼らの主のように、彼らは自分たちがどこから来て、どこへ行こうとしているのかを知った。そのような教会は確信を持って言う。「ついに自由、ついに自由だ、全能の神に感謝せよ。われわれはとうとう自由になった！」と。そしてそれこそ、われわれが食卓に向かうたびに祝っていることである。われわれは、自分たちの成功や誠実さや、よい感情や「礼拝経験」を祝っているのではない。われわれは、アイデンティティーの問題が解決したことを祝う。不安が去り、それゆえ堂々とした無防備へと自由にされたことを祝う。それは、イエスがなさったような王の姿勢を、無名の人々に力を与える姿勢を帯びるためである。ヨハネによる福音書の告別説教の語りは、イエスにとっての重要問題が解決される一三章三節から、教会にとっての重要問題がキリストの確信と一つとなることで解決される一五章一四—一五節へと巧みに移っている。

「わたしの命じることを行うならば、あなたがたはわたしの友である。もはや、わたしはあなたがたを僕とは呼ばない。僕は主人が何をしているか知らないからである。わたしはあなたがたを友と呼ぶ。父から聞いたことをすべてあなたがたに知らせたからである」。（ヨハ一五・一四—一五）

神の秘密は、われわれに共有され、そしてわれわれを気にかける。われわれが誰であり、それゆえわれわれが何をする自由を与えられているのかを、われわれに告げる。

それはすべて、力と無防備のドラマが繰り広げられたこの食卓で起こった。われわれの食卓の大部分は活気なく、力がない。それらは締め出すからだ。それらはあらゆる無防備な訴えを受け付けない。しかしこの主の食卓は、そこに集まってくることに何の条件もつけないので、命を与える。この食卓で、われわれは彼と、すなわち、果てしなく無防備であるその方と、関わりを持つ。

彼はそれから去って行かれた。彼は、ひざまずき、嫌悪され、無防備のまま、われわれから離れて行かれた。しかし、彼はまた、われわれを自由にし、疑念を払ってくださった。自由で疑念がないのは、彼が人格を授けアイデンティティーを決定する言葉、シャロームを語られたからだ。彼は言われた。「わたしは、わたしのシャロームをあなたがたに与えよう。わたしはこれを、世が与えるように与えるのではない」。それが彼の言われたことのすべてだ。それから彼は去って行かれた。そして、われわれは、われわれの信仰と宣教について決定するように委ねられている。だが、彼が言われたことは、さまざまな決定を許容する。

第V部　シャロームの人々

14 シャロームの人々

それから長い年月がたち、エジプト王は死んだ。その間イスラエルの人々は労働のゆえにうめき、叫んだ。労働のゆえに助けを求める彼らの叫び声は神に届いた。神はその嘆きを聞き、アブラハム、イサク、ヤコブとの契約を思い起こされた。神はイスラエルの人々を顧み、御心に留められた。

出エジプト記二章二三―二五節

一行は、湖の向こう岸にあるゲラサ人の地方に着いた。イエスが舟から上がられるとすぐに、汚れた霊に取りつかれた人が墓場からやって来た。この人は墓場を住まいとしており、もはやだれも、鎖を用いてさえつなぎとめておくことはできなかった。これまでにも度々足枷や鎖で縛られたが、鎖は引きちぎり足枷は砕いてしまい、だれも彼を縛っておくことはできなかったのである。彼は昼も夜も墓場や山で叫んだり、石で自分を打ちたたいたりしていた。イエスを遠くから見ると、走り寄ってひれ伏し、大声で叫んだ。「いと高き神の子イエス、かまわないでくれ。後生だから、苦しめないでほしい」。イエスが、「汚れた霊、この人から出て行け」と言われたからである。そこで、イエスが、「名は何というのか」とお尋ねになると、「名はレギオン。大勢だから」と言った。そして、自分たちをこの地方から追い出さないようにと、イエスにしきりに願った。

ところで、その辺りの山で豚の大群がえさをあさっていた。汚れた霊どもはイエスに、「豚の中に送り込み、乗り移らせてくれ」と願った。イエスがお許しになったので、汚れた霊どもは出て、豚の中に入った。すると、二千匹ほどの豚の群れが崖を下って湖になだれ込み、湖の中で次々とおぼれ死んだ。豚飼いたちは逃げ出し、町や村にこのことを知らせた。人々は何が起こったのかと見に来た。彼らはイエスのところに来ると、レギオンに取りつかれていた人が服を着、正気になって座っているのを見て、恐ろしくなった。成り行きを見ていた人たちは、悪霊に取りつかれた人の身に起こったことと豚のことを人々に語った。そこで、人々はイエスにその地方から出て行ってもらいたいと言いだした。イエスが舟に乗られると、悪霊に取りつかれていた人が、一緒に行きたいと願った。イエスはそれを許さないで、こう言われた。「自分の家に帰りなさい。そして身内の人に、主があなたを憐れみ、あなたにしてくださったことをことごとく知らせなさい」。その人は立ち去り、イエスが自分にしてくださったことをことごとくデカポリス地方に言い広め始めた。人々は皆驚いた。

マルコによる福音書五章一―二〇節

われわれは皆、それとなく、あるいは明白に、人格の原理を持っている。われわれは、人格について何らかのことを信じているが、それはわれわれが自分自身の人格について信じるようになったものの普遍化だと言ってよい。ここで私は、聖書のシャロームのモチーフが、人格について異なる理解を提供しているかどうかを見てみたい。

シャロームについて語るには、出エジプトと復活の観点から話すことが必要だ。ここでは率直に言って、シャロームが人格についてどう理解するかは、別の方法で表されるかもしれない。出エジプトと復活についてのわれわれの記憶と、それについての確信は、人格についてわれわれに何を告げるだろうか。これらの出来事はわれわれの自己理解にとって決定的であることをまず私は断言する。また、もしそれらが決定的であるなら、たしかにそれらは、われわれ自身についての告白を可能にし、要求し、そしてわれわれ自身についての他の理解を――これらの出来事から離れて可能にされることも要求されることも排除されることもない――を排除する。これらに類する断言は、それらの出来事から可能でありかつ重要であるように思われる。

出エジプト記

出エジプト記は、まず第一に、アクティブな参加者として歴史に現れた人々の物語である。われわれはすでに、神学一般における全体的な世俗化の問題を見てきたので、ここで繰り返す必要はないだろう。しかし、われわれは、イスラエルの民における歴史の出発点のラディカルさを見過ごすべきではない。この出来事以前に、彼らは歴史の人々ではなかった。彼らはエジプトのファラオの奴隷であった。彼らは、存在もアイデンティティーも持たなかった。彼らは、単に規定の分業に縛られた、無名の奴隷であった。抑圧されていただけでなく、生きる術として抑圧に甘んじていた。そして、イスラエルの歴史は、またおそらく人間性の歴史は、イスラエルの人々が叫び声を上げる日をもって始まる、とわれわれは言ってよいだろう。

> イスラエルの人々は労働のゆえにうめき、叫んだ。労働のゆえに助けを求める彼らの叫び声は神に届いた。（出二・二三）

人間の歴史は、たしかにイスラエルの歴史であり、聞いてくださる方がおられることを信頼して発する自由を求める叫びで始まる。自由を求めて叫ぶことは、われわれの人格を否定する存在論的な仕組みと面と向かう、人格の主張である。しかしファラオのれんが工場は、あらゆる人を、アイデンティティーを持たず、叫びを上げる大胆さがなく、聞いてくださる方がいるという驚くべき信頼もない、無名の奴隷のままにしておこうとする。れんが工場におけるイスラエルの叫びは、人格であることが可能であり、それが意志され、そのようになるだろうという、人類史上最初の宣言である。そして、どんな抑圧的な仕組みや存在も、その叫び声を抑えたり黙らせたりできない。論理的概念としての人格は、そのとき自由に向かって急がせる――力強く急き立てる――ことから始まる。れんが工場では、それは、奴隷の主人に対する怒りの叫びとして現れるが、同時に自由の主に向けての信頼の叫びでもある。そして人格は、つねに奴隷の主人と自由の主との間に、つねに怒りの叫びと確信の叫びの間に生きている。人格は、私の生における強制的な圧力は、意味ももたないし、必要もないのだという気づきと共に生きている。だが、それはまた、聞いて答えてくださる方がいるという希望をもって生きている。

> 労働のゆえに助けを求める彼らの叫び声は神に届いた。神はその嘆きを聞き、アブラハム、イサク、ヤコブとの契約を思い起こされた。……主は言われた。「わたしはエジプトにいるわたしの民の苦しみをつぶさに見、追い使う者のゆえに叫ぶ彼らの叫び声を聞き、その痛みを知った。それゆえ、わたしは降って行き、エジプト人の手から彼らを救い出す……」。
>
> （出二・二三―二四、三・七―八a）

このように歴史的な存在と重なるイスラエルは、人々が真剣に取り扱われ、答えてもらい、まさに応答することができる、意義ある対話として世界を認識する。うめき苦しむイスラエルとそこに介入するヤハウェの間の最初のやり取りから、いくつかの重要な確信が現れる。すなわち、人々が尊重される。他者に注意を払われる。財産が与えられている。自由に向かう大変動が可能である。

これらすべての主張は、人道主義の心理学によって人々に明瞭にされているので、われわれはそれらのラディカルさを見過ごすかもしれない。しかしもし、われわれの生に対して出エジプト的な側面がなかったら、われわれはどうであったろうかと考えてみよう。出エジプトの出来事のない民は、シャロームがない人々に類するように思われる。――自分たちは見捨てられて奴隷にされた。対話する相手がなく一人ぼっちだ。財産を奪われ、価値のないものである。自分たちの生は、対話の中で、返事や応答が決して得られない側にある。それゆえ、叫び声を上げても無駄だ。――そのように考えている人たちである。シャロームがないのは、われわれの言うことは決して聞かれないし、われわれは真剣に扱われないと思う、麻痺の感覚である。そしてそれゆえ、大変動は起こらないし、生はいつもと変わらないままであるほかはない。

イスラエルはその正反対である。イスラエルは、生はいつもと変わらないままであるはずがないと知っている。生がこれまでとは違うものになるための財産は、まだ完全にはわれわれに与えられていない。それは、この見知らぬ方、思いやりと力強さの両方を持ち、われわれを真剣に取り扱い、そして意味あることをなされる力強い方において与えられている。われわれの人格は、この見知らぬ方によって確定される。驚くべき解放はいつでも起こりうる。そしてそれらがわれわれの人格の根源となる。

第二に、出エジプトは、シャロームの人間としてのわれわれに、われわれはアイデンティティーを与える関係の中に置かれているということを断言する。ほとんどの時間、われわれは、われわれに要求し、われわれから取り上げ、われわれに多くを求めるさまざまな関係の中に置かれている。それらは、規則や大きな期待に支配された関係、おそらく強制によって特徴づけられる関係である。

1　最も基本的な形でのこの関係は、規則の一つではなく、贈り物の一つである。要求する期待のうちの一つではなく、安心の一つである。強制の一つではなく、喜ばしい自由の一つである。あなたがたは、その関係がどう定義されるかを知っている。

「主はこう言われた。『イスラエルはわたしの長子である。わたしはお前に命じた。『わたしを礼拝するように、わたしの子を去らせよ』と」。

（出四・二二―二三）

希望を与え約束される方から、奴隷を使い要求する人物に対して、つまりヤハウェからファラオに対してなされたその宣告は、われわれの人格の輪郭を描くためにも役立つ。その宣告は、われわれはアイデンティティーを与える対話の中に置かれていることを告げる。神の行為によって、われわれは、われわれの人格を新しい姿の中へと招く方とつながっている。神は、われわれについてファラオにこう言われた。「その者は奴隷ではない。わたしの子だ。よく見なさい。彼はれんが作りではなく、家族の祝宴にように定められている者だ。彼はあなたの管理制度の中では起こりえない何かと運命づけられている者だ。だから、わたしが彼に告げておいたとおり、彼の運命に向けて、彼を自由にしてやりなさい」と。

2　希望を与え約束される方から、奴隷を使い要求する人物に対してなされた、われわれに関するその宣告は、われわれの生は、変化、成長、そして変革のためにあるということを告げる。われわれは、息子や娘であることが命じられ、成長し成熟することが期待され、大人であることが要請され、財産を継承することが準備される。神の声はわれわれの生に原動力を与える。われわれは、いまの自分ではない人間になるように招かれ、期待され、急がされている。われわれは、主の出来事に対して喜ばしく責任ある態度をとれるほど成熟するようにと招かれ、期待され、急がされている。それは、ファラオおよびすべての奴隷所有者たちの世界観と最も鋭く対照をなす。奴隷の主人たちは、自分たちの奴隷の変化や成長など期待せず、要求せず、また許可もしない。彼らのエネルギーは、物事を（そして人々を）いまあるがままに保つことに向けられる。れんが工場では、黙認する精神性が最高のものであった。それが生産の混乱をきたすことはないからである。だから、奴隷使いは、ただ、そこにあるものを見て、それをそのように厳しく保つだけである。約束を与える方は、まだそこにないものを見て、誰が御自分の子らとなるかについて明らかになるのを望みつつ、熱心に待たれる。

3　成長を期待されるその子は、ただの子供ではなく、特別な長子である。長子はあふれるほどの贈り物をすべて手にする者である。事情は今もそう変わっていない。昔、長子は二倍の分け前を得るものだと考えられた（申二一・一五―一七）が、いまだにそうである。長子は、家族全員からこの上なく大切に扱われる。全員が彼をずっと待ち続けていたからである。この出エジプトの宣言は、われわれが皆、その方と共にいて、真剣に待たれ、あふれるほどの贈り物を用意されているということである。そして、そのイメージのもとで、長子はまた、驚くほどの期待が寄せられ、大変厳しい規律が課せられる者であることに注目することは、たしかに正しい。それはたしかに、現代的な慣習には適合しない。あの宣言の日以来、われわれの約束された人格は、あふれるほどの贈り物、驚くばかりの期待と厳しい規律を内に含んでいる。対話の道を開かれた主によって、すべてがこの上ない真剣さをもって受け入れられるのである。そして、もちろん、すべては、ファラオにとってなじみがなかったし、人格を強制する考えをわれわれに押し付けたがる他の諸勢力にとってなじみがなかった。主の声は、あふれるほどの贈り物と熱心な期待を欠いた人格の姿に対する力強い抗議の声である。

第三に、われわれの人格は、荒れ野を信頼するために、われわれがれんが工場を去る行動として明らかにされる。人格についてのこれら二つのモデルの間で対照が非常に鮮明に描かれる。われわれは、れんが工場での生活を捨てるように命じられる。ただれんが工場にいるのはより安全であるし、多くを要求されない。そこでは無名のまま、応答しなければならない目的もなく、対価を要求したり何かを期待したりする誰かとの関係もない。そこで期待されることは、対価の問題や保護の問題について質問をすることなしに、何も考えずにただ生産するために動き続けることである。れんが工場における唯一の目的は、より多くのれんがである。そしてわれわれの生は、ノルマを満たすための無条件の義務でがんじがらめになる。それでも、われわれは座礁しないし、屈服しない。われわれにできる最善のことは、誰をも視界に入れず、われわれの名が呼ばれることなく、誰かによって何かのために一人だけ選び出されることもなしに、日々が過ぎてゆくのを望むことである。れんが工場は、われわれをそのような偽りの自己概念へと誘う。それはそれで魅力的である。われわれには、あまり多くのことが期待されていないのであるから。たしかにそこにおいて、変化には何の意味もなく、自由を求めて叫ぶよう促されず、対話を切望しないし、大変動を願うこともほとんどない。まさに、れんが工場において、大変動は不愉快な混乱として、奴隷の所有者にも奴隷にも恐れられる。それなら、誰がそれを必要とするのか。

われわれは、そのような生の認識から離れて歩むように、説明責任やアイデンティティーがほとんどなく、何の期待もされない、混乱のない生を手放すようにと招かれている。そしてわれわれは、荒れ野での新しい人格へと招かれている。荒れ野は、正確には一人の人間になるための招きの場ではないが、れんが工場に対して中心的な対照となり、それゆえ、シャロームの人格のための中心的なシンボルとなるのである。

イスラエルがエジプトを去ったとき、彼らは約束の地に向かう途上にいると考えた。なぜなら神がこう言われたからである。

「わたしは降って行き、エジプト人の手から彼らを救い出し、この国から、広々としたすばらしい土地、乳と蜜の流れる土地へと彼らを導き上る」。（出三・八）

そのように彼らは約束の途上にいた。しかしその約束は、荒れ野を通って導くという特性をもつので、その途中の滞在はときに長くなる。荒れ野がいつも約束の地と結びついていることは重要である。荒れ野の現実は、つねにヴィジョンの文脈において存在する。われわれがいなければならない場所は、神の主導によってわれわれがこれから行くべき場所と結びついている。われわれは、ただ荒れ野にいるだけではない。それではれんが工場にいるのと何ら変わらない。荒れ野と約束の原動力は、第四福音書の「世の中に存在するが、世に属してはいない」と似ていなくもない。イスラエルは荒れ野の中にいるが、約束の地に属している。

それ以外にも、あなたは荒れ野について知っている。

1　荒れ野は、パンや水や肉の供給が見えない場所である。シャロームの人格は、目に見える供給が存在しない場所に、快くそして喜んで向かって行くことを意味する。荒れ野には、従来のような支援システムがない。そしてそれらがない場合、たとえ荒れ野の中にいても、それに属していないことが重要である。この言葉はわれわれの間の宣教の務めに、たしかにある手がかりを与える。われわれは、現実の重圧に圧倒されてしまうと、命じられた生き方や宣教の類いにほとんど従事できない。しかし、われわれが、自分たちは約束の地に属していると知っているなら、そうはならないだろう。

2　荒れ野には、目に見える支えがない。しかしまた、日毎にマナという十分な食べ物が供給される場でもある。たしかにそこには、われわれが慣れ親しんだ支えを欠くけれど、そこにいることは、荒れ野の内部には支えがあるという、新しくて思いもよらない気づきへと導く。パンは与えられる。水はほとばしる。ウズラが降ってきて、そこに肉がある。そして、荒れ野の主題は、イエスの教えに通じる。「心配しなくともよい。あなたがたの父はあなたがたに必要なものをご存知だ」。この方法は、神を信頼するために、長いことわれわれの精神や心を占めていた不安感や心配を取り除くことである。しかし、荒れ野はまさに、われわれが所有したいができないものと、神の贈り物との間の、張りつめた弁証法の場である。

3　それゆえ、荒れ野は、シャロームの人々が、幸福のために事を運ばれる主の日毎の真実に向き合う場である。荒れ野は気楽で明るい場だと言っているのではない。聖書の記憶は、不平と不満とつぶやきだらけである。聖書の記述はイスラエルを、エジプトにいたとき、奴隷が真剣に扱われたことがないとファラオに文句を言った者として描く。イスラエルが情熱をもって神に文句を言ったことは、信仰による行動である。それは契約的な生き方である。なぜならそれは、文句を言い合う両者が、まさに互いを真剣に取り扱っているからであり、自力で互いと折り合いをつけなければならないと知っているからである。また、荒れ野での予期しない驚きは、イスラエルがまさに自らを忘れられ、見捨てられた者と考えたときに、神が現れて、命の道を信実に与えられたということである。したがって荒れ野の大きな贈り物は、ただ目に見える支えがないことや、驚くべき贈り物があるということではない。解放されたイスラエルが、一つの名と一つのアイデンティティーを与えられる方である神と出会うのは、それは荒れ野においてであるということだ。すべての「物質」を切り裂いて、出会いがある。われわれの人格にエネルギーと力を与えるのは、出会いであって物質ではないこと、「汝」であって「それ」でないことをシャロームの人々は知っている。

出エジプトは、人格のための一つのモデルである。それは、われわれにれんが工場と荒れ野という相反するテーマを提供する。シャロームの人間は、そのモデルの中へと生きた人である。シャロームの人間は、次のような人である。

- 安全で、人を奴隷にし、強制された中立性を求めるれんが工場をつねに去って行く。

- 支えがなく、驚くべき贈り物があり、そして誠実で、命を与える口論がなされる荒れ野へとつねに入って行く。

これはただ一度限りの行動ではない。それは繰り返しなされなければならない生き方である。なぜなら、ある日の荒れ野は、すぐ翌日にはそこを立ち去らなければならないれんが工場になるからである。そして、捨て去って受け入れる生を、つまり、古く意味のない安全を捨て去って、そこでわれわれが主に出会う、驚くべき危険を伴う荒れ野を受け入れる生を可能にするのは、現存と楽天性（presence and buoyancy）の感覚である。(1) そしてわれわれはつねに以下のことを命じられている。

- 奴隷であることを捨てて、子供らしさを受け入れること。
- 束縛を捨てて、自由を受け入れること。
- 管理を捨てて、対話を受け入れること。
- パンを捨てて、マナを受け入れること。
- 給水システムを捨てて、水のほとばしる岩を受け入れること。

そして、われわれがそのようにするとき、物事は変わってくる。われわれは新しく生まれるのだ！

復　活

出エジプトについて語るたびに、われわれクリスチャンは復活を語るように導かれる。なぜなら、過去に出エジプトにおいてなされたことを、神はわれわれにナザレのイエスにおいてなし遂げられたと言えるからである。そしてもちろん、復活はイエスの物語の最後の段落だけに関するものではない。それはどの段落にも関係している。福音書の物語において、イエスと共なるあらゆるエピソードは、特徴的に復活の出来事である――あるいは、出エジプトの出来事であると言ってもよい――ということを再び学ぶ時である。イエスは物語ごとに、全く別の生を生きていた人々に、復活の力をもたらす方として提示される。イエスは、れんが工場の中にやって来られて、約束の地へ向かう荒れ野の危険と新しさへと人々を招かれる。

イエスの語りにおける二つのエピソードについてコメントしたい。一つは、悪霊を追い出すということである。たしかにそれは出エジプトと明らかな並行関係を持っている。そこでは、人を奴隷にする力が打ち負かされ、服従する者たちの自由のための勝利をイエスが勝ち取っておられる。マルコによる福音書五章一―二〇節は、イエスを一人の奴隷状態の男との出会いについて告げ知らせている。その描写は綿密で力強い。

イエスが舟から上がられるとすぐに、汚れた霊に取りつかれた人が墓場からやって来た。この人は墓場を住まいとしており、もはやだれも、鎖を用いてさえつなぎとめておくことはできなかった。……鎖は引きちぎり足枷は砕いてしまい、だれも彼を縛っておくことはできなかったのである。彼は夜も昼も墓場や山で叫んだり、石で自分を打ちたたいたりしていた。（マコ五・二―五）

他にどんなことが言えるとしても、それは自分の望む生を生きることができないでいる強制された人間を描いたものだ。彼に自由はなかった。彼の体は自由を求めて叫んでいた。しかし彼には、自分に取りついたこれらの相容れない力の要求から自由になる方法がなかった。ここに、相手にするのが難しいファラオと奴隷の新しい関係を見ることは容易である。

イエスは、ヤハウェがモーセに語るように語られた。そしてすべては新しくなった。その男は今や、たしかに約束に向かう途上の荒れ野という、新しい境遇に置かれたことが描かれる。

彼らはイエスのところに来ると、レギオン〔悪霊〕に取りつかれていた人が服を着、正気になって座っているのを見た。（マコ五・一五）

それが、彼が死から新しい生へと向かう復活である。あるいは、逆に、それは、強制から自由なる生へと向かう、出エジプトである。表現は簡潔である。彼は服を着た。もはや人間性を剝奪する力にコントロールされていない。しかし、それ以上に、彼は自分の“right mind”（正気）を取り戻した。これは福音書の中でここにだけ使われる語である。彼はいまや、生を見つめ、自分自身と自分の世界全体を、現実のままに見ることができた。そこには彼の生と共に選択肢があり財産があり、彼の存在を超えた力があり、そして自分が責任を取るだけの能力がある。復活の出来事が人々に本来あるべき正しい心を取り戻させるというのは、新しい考え方である。墓場やれんが工場やあらゆる強制された生の形の中に住んでいる人々は、正気を失っている人たちである。そして、もしかすると、社会がわれわれに正気を失っている状態を要求しているのかもしれない。しかし、福音とイエスの行動についての約束は、われわれは再び正気に戻ることができるということである。(2) イエスはわれわれの、断片的で異常な生のあり方を打ち壊し、それに代わる別のものを創造した。シャロームの人は、墓場から出て山を下り、解放された奴隷たちすべてに約束されている正気を取り戻した生へとやって来た人である。

復活という贈り物は、われわれが存在において保護され、異なる生を生きる自由があるということである。日毎のマナに依り頼む人々は、パンの供給について不安や怒りを覚える必要がない。ここでの復活／出エジプトは一人の無名の人を取り上げ、その無名の人を生かす！

もう一つ言及したいテクストは、有名なマルコによる福音書一〇章一七—二二節の「金持ちの若い役人」である。彼の奴隷状態、そしてその結果としての彼の自由は、全く異なっていた。彼は正気を失って墓場にいたわけではなかった。むしろ彼は「たくさんの所有財産」を持っていた。それは物だけでなく、自分の倫理的行いにおける鋭い自尊感覚をも含んでいた。しかし、明らかに彼は、五章の「取りつかれた」男よりも自由でなかった。そして彼に対しても同じように、イエスは解放の言葉を語る。

「行って持っている物を売り払い、貧しい人々に施しなさい。そうすれば、天に富を積むことになる。それから、わたしに従いなさい」。（マコ一〇・二一）

これは、神がつねに言われることである。――アブラハムがすべてを捨てるように命じられ、奴隷たちが彼らの監禁場所を離れ去るように命じられて以来ずっと。もしその役人がイエスの言うとおりにしたなら、彼はたくさんの所有物に死に、新しい生へと起こされただろう。彼は、エジプトの奴隷たちと同じように、負債や重荷のない軽やかな生活、パンではなくマナによる生活、水道ではなくほとばしる水による生活を生きるようにと招かれた。彼は、シャロームの人になることもできただろう。しかし、ご存知のようにこの話はこう閉じられる。「彼は悲しみながら立ち去った」。彼は捨て去ることができなかった。物質の中に留まって出会いを逃した。彼はシャロームについて何も知ることはなかった。

　これらの二つの物語は非常に異なる人々について書かれている。一方は、正気を取り戻し、完全で、自由な人格となるように招かれた（そして、それを受け入れた）、弱く、軽蔑されていた無名の人である。もう一方は、正気を取り戻し、完全で、自由な人格となるように招かれた（しかし、それを拒否した）、誇り高く、尊敬されている人である。それぞれが特有の束縛状態にあった。二人とも自由へと招かれた。二人とも危険を冒さなければならなかった。二人ともいつもの支援と信用を断念するように招かれた。二人とも捨て去り、受け入れるようにと命じられた。二人とも、古い秩序を脱ぎ捨て、新しい生を生きるようにと命じられた。興味深いことに、それはたぶん、二人目にはずっと難しい。続くマルコによる福音書一〇章二三節において、イエスの語る声明に示されるとおりである。「財産のある者が神の国に入るのは、なんと難しいことか」！

　しかし、これがそれぞれの人のための福音である。われわれは、自分たちに強制された道を離れて、重荷のない軽やかな生を開始するようにと招かれている。それは解放かもしれないが、しかしまた同時に喪失でもある。イエスは、シャロームの人々の道であられる。彼は、自己において強制された生を少しも持たれなかったが、この上なく軽やかであられた。そして彼は新しい生を生きられた。ただイースターの日だけではなく、すべての日において。それが、彼を、かくも力強く、かくも人に畏れを抱かせる方にしたのである。そして彼はいまも介入される。

　シャロームの人々とは、自分たちの生において介入を経験した人々である。れんが工場を離れて、出発するようにとの呼びかけ。癒されて、正気に戻るようにとの呼びかけ。自分の持ち物を売り払って、彼に従うようにとの呼びかけ。それらの介入はすべてを変える。しかし、それは捨て去ることと受け入れることを要求する。そしてそれはつねに約束と脅威である。悪霊に取りつかれていた人のように、われわれが絶望のうちにあるとき、それは約束である。金持ちの青年のように、われわれが有り余る富の中にあるとき、それは脅威である。われわれは皆、自由で完全になりうるが、しかしそれはたぶん、地位の確立した人々にはより困難であろう。それは、解放運動がどこで起こり、どこで停滞するのかを探るときにわれわれが学んでいる教訓である。エジプトで奴隷だったハビル（Habiru）たちは、自分たちの自由を得た。一方、ファラオは決して出エジプトを経験しなかった！

15 どう結び合うかを教える

御子はすべてのものよりも先におられ、すべてのものは御子によって支えられています。

コロサイの信徒への手紙一章一七節

教会における教育について、何を言うべきかを知るのは難しい時である。教育の危機は一般的に言って、お金が足りないからだけではない。仮に十分な資金があっても、われわれはどう対処したらよいか分からない。二〇世紀後半の、教育が能力についてだけ考えていればよかった時代は、はるか昔のことだ。そうした能力重視型教育の評価が最も低くなる時は、教会教育にとって絶好の機会である。そのことと大いに関係することをわれわれはいくらか知っている。たぶんそれらが出番となるのは、――能力がすべてではないとわれわれが勇気をもって考える時である。

教会には、教育に関して大きな意見の不一致がある。私は、教会の正当性について、あるいはわれわれが聖書を十分に教えているかどうか、また倫理を十分に教えているかどうかといったことについての古い議論には、あまり興味がない。われわれは、かつて教会教育のことである重要なことを起こしたことがある。われわれは、良い教育心理学の影響を受けていない古い型の教育から自由になるために戦った[1]。そしてそのとき、われわれは、社会活動と人間心理学の道を行った。おそらくわれわれの批判は正しかったろう。しばらくの間、そこに聖書は十分になかったのだ。しかし、そんなことばかり議論しても何の助けにもならない。

そればかりか、全く的外れである。本当の問題は別のところにある。もし、教会学校はあなたの成長にどう影響したかと尋ねたら、たいていの大人は読んだ本のことやカリキュラム、聖書の物語については何も言わないだろう。記憶の中心は教師のことである。学びとは出会いである。このことは、教会でも能力のための教育を考えるアメリカ的な方法に、いくつかの問題を投げかける。出会いは、決して誰にも能力を与えなかった。われわれの作った世界を解体しようとしない限り、たしかにわれわれに能力は必要だ。しかし、われわれの務めは能力遂行ではない。出会いである。出会いとしての教育を抜きにした能力のための教育は、危険な評価と恐ろしい選択肢をわれわれに約束することを、われわれはゆっくり、だんだんと学んでいる。しかしともかくも人は、倫理や聖書物語において能力ある者になれない。とはいえ、人は、新しい種類の実存へと開放するような、人生を変える出会いを経験できる。そしてそれこそが、教会教育が深く関わるべきことである。

私の友人が、彼自身についてのすばらしい話をしてくれた。彼は大人になったら木工を学びたいと考えていた。彼は本当に熱心であったので、思慮深く親切な一人の大工に教えを乞うた。彼はさまざまな道具を使い、一生懸命に働いた。しかし上手くいきそうになかった。彼には木工に対する技能や感性がなかったからである。彼の両手は、なすべき仕事をやすやすと行うことがなかった。そしてついに、熱心に学ぶ人と忍耐強く教える人の双方に相当の不満がたまり、真実を知る瞬間がやって来た。本職の大工は、見習いの大工に言った。「お前が大工になるように教えることは、私にはできない。だが、私は、物がどんなふうに組み合わさっているのかをお前に教えることはできる」。私の友人は、そのときそれが彼の興味を引いたと言った。「そして今は」と彼は誇らしげに言った。「私は、どんな家具を見る時も、それがどんなふうに組み合わさっているかを見ることに、非常に大きな好奇心と喜びを感じないことはありません」。

われわれが教会教育について、能力教育との緊張を考えるとき、おそらくそれは悪い出発点ではない。われわれは、能力を問題にしてはいない。まさに、イエスは、能力のない人々の間で宣教の最大の効果を上げてこられたし、能力や倫理などには関心がないことを絶えず告げておられた。しかし、大工になれない人たちでも、物はどう組み合わさっているかという感覚をもって、より人間的な生を生きることができるだろう。われわれは、教会教育において、物事はどのように結び合わさっているのか、という感覚に焦点を集めたらよいのではないか。たとえば、何が物事に結合と調和を与えるのか、そして不調和な事物と共にどのように生きていくべきか、などということである（物はいかに結び合っているかについての言明として、コロ一・一七を見よ）。

さて、われわれが、物はいかに結び合わさっているかを問うとき、われわれはさまざまな答えを用意できる。われわれはいろいろ異なる方法でいんちきをすることができる。物がいかに結び合わさっているかという側面には、能力追求の世界が見失いがちなことが二つあるということを、私は提案したい。つまり、信頼／力、および神秘である。それらについて、順番に説明しよう。それらの内容を、リアリティーをもって語ることが教会の独自の役割であると私は考えるし、もしわれわれの世界が人間性の本来の意味を再び断言するのなら、それらは重要であると述べたい。

信頼／力（ここでは単一の側面として扱う）は、人間の自発性、人間の能力、人間の勇気、そして人間の限界の発見に関わる。それは、われわれは何をなすことができるか、何をすることが期待されているか、そして何をするのを許されているか、についての探求である。それは、イエスがどのように人々に向かわれたか、という重大な観点である。イエスは、所有物がその人の能力を支配しているような人々のところに来られた。彼は、絶望の中で生を諦めていた人々のところに来られた。冷笑主義（シニシズム）と絶望という二重の脅威は、人々に対し、信頼／力のどんな意味をも否定する。

しかし、もし世界が信頼／力の真の意味について全く真剣に考えたことがなかったのなら、それは教会においても新しい重要課題である。教会はしばしば、強制的なこと、われわれがしなくてはならないことや、われわれのためにしたいと願うことに心を奪われていた。教会にはこの奇妙な混在がある。われわれは、教会でしなければならないことについて道徳を論じるのに多くの時間を費やす。しかし同時に、われわれの祈りは、二つの非常に異なる事柄でいっぱいである。一、われわれは、われわれの罪や失敗について多く祈る。二、われわれは、われわれ自身のために神に何かをしてもらおうと、多くの命令形で祈る。しかし、われわれの告白の中にも願いごとの言葉の中にも、人間の尊厳や、神から託された行動の自由や、人間および共同体の中に現れているすばらしい資源についてはっきり認めているという感覚はない。癒しと新しさは人間の人格にもともと備わっており、われわれはそれらを創造的かつ贖罪的な方法でこの世界に広めることができるという事実を、めったに喜ばない。われわれはおそらく、われわれは従順ならば信仰があるという考えにはとても冷ややかだ。われわれは用心深いなら、道徳的である。われわれが神に願いごとをするなら、高潔である。神は決してわれわれを見捨てない方であられ、またわれわれに委ねられたことにはやかましく監視する方であられることを、われわれはゆっくり、時折学ぶのである。良い知らせは、われわれは神によって新しい生を生きるように信頼されているという、栄光ある、しかし、苦労を要する確言である。

われわれが信頼されるとき、それは必ずしも能力として生じるというわけではないけれども、われわれの上にわき上がってくる力を感じ、意義ある人生を送ることができるということのすばらしい気づきは、この上なく福音の中心にある。それゆえ私は、教会教育の一つのゴールは、神がわれわれの人格において命じられた信頼／力の肯定と活用であると断言したい。そのような力は、われわれが信頼されているという感覚をもつとき発せられることにわれわれは気づく。イエスは、人々が信頼されなかった社会において生きられた。そしてわれわれも同じである。人々が自分たちを取り巻いて強制する世界とは対照的に、御国では信頼されているということは、イエスがリアルに示してくださっていた新しい知らせである。福音書にはその証拠が実にたくさんあるが、そのうち最もラディカルなものは、このマルコによる福音書の黙示的な部分の特異な記事であると私は考える。

「引き渡され、連れて行かれるとき、何を言おうかと取り越し苦労をしてはならない。そのときには、教えられることを話せばよい。実は、話すのはあなたがたではなく、聖霊なのだ」。（マコ一三・一一）

それは、信頼を通して到来する力についての声明である。それを考えてみよ。あなたの人生、信仰、人格が試されるとき。あなたはそのとき、読むべき書物を何も与えられていない。あなたは、皇帝の前に自由に立ち、言わなければならないことを言うように信頼されている。そしてそこで、なすべきことを行い、言うべきことを言う力があなたの上にやって来るだろう。信仰を持たない皇帝の面前は、福音のために神によって信頼されるべきことが生じる衝撃的な場である。

福音書の他のどの箇所も、これほど信頼による力についての劇的な瞬間を記していない。外部者である百人隊長に対して、イエスは次のような、信頼し安心を与える言葉をかけられた。「帰りなさい。あなたが信じたとおりになるように」（マタ八・一三）。また同じ箇所で言われた。「イスラエルの中でさえ、わたしはこれほどの信仰を見たことがない」（マタ八・一〇）。これは、イエスが、生活へと戻るように人々を去らせ、人々に異なる生を生きることを期待し、ただまっすぐに彼らを信頼されたというさまざまな文脈に見られる特徴である。イエスは、彼らに厳しい訓戒を与えなかった。が、イエスはご自分が引き起こし、そして彼らの間に確認した転換のゆえに、彼らの生の中にやって来ている新しい信頼／力に従ってまっすぐに生きるようにと、彼らに命令されたのである。

さて、これは、規律のない成長集団や、愚かしい人間心理学のための提案ではない。明らかにイエスもまた、人々をアカウンタビリティー（説明責任）へと招かれる。彼は、受け入れられたり拒まれたりする価値があり、信頼され、追い求められるヴィジョンがあり、なされるべき仕事があると考える。しかしこれがどのように生じるかが重大である。われわれの社会のほとんどの役所、組織、または状況は、人格において信頼／力が発することについて、われわれが断言するようには、それは「良い知らせ」であるというふうに考えない。それは、教会にとっては好機である。われわれは、一方で能力偏重と戦い、他方で多くの人々の混沌とした空気と戦うことができる。何か無法なことが人間の人格と人間性についてのわれわれの認識に対して起こっていて、われわれは、大きな困難に対してもがいている。しかし、われわれの福音の命令は、人々が、神のヴィジョンに向かって最高の自己として生きるために、信頼され、力を与えられることである。そして教会教育におけるわれわれの使命は、人々が、彼ら自身の人格について、この新しい、良い知らせの側面を発見することができるようにすることだ。

　物事がどのように結び合わさっているかについての他の側面は、それこそがわれわれの主要な関心事であるのだが、われわれの生活において神秘を受け入れることである。神秘（mistery）と言っても、私は知らない世界とか、単にわれわれが理解できないことを意味しているのではない。神秘は、知っていることや分かっていることの反対ではなく、まさに発見の中心にある。われわれが力と活気の中に発見するものは、われわれに更なる神秘を見せてくれる。[2] また、「神秘」と言うことで、私は数量が劇的で圧倒的な何かを意味しているのでもない。むしろ、私は、われわれが生活する中で最もよく知り、最も信頼をおく要素や人物が、まさしくわれわれを驚かせ続け、癒し、新しさへとわれわれを招き続けるという、われわれのもつすばらしい経験を指して言っている。われわれの管理と予測可能性を好む傾向、数量に対する傾注、安定と安全の追求——これらすべては、優先事項という感覚と、生の驚きや新しさの要素を減らそうと願う予定表とをわれわれに与える。そして、新しさや驚きがないところでは、おそらく慈悲深さや癒しも、また喜びすらないだろう。われわれの生活において驚きと新しさの経験が沈黙させられているとき、驚嘆はなく、そして驚嘆のないところでは、健やかさと完全さと成熟がやって来ることはないことを多くの批評家が力説している(3)。

ローザック(4)(Roszak)およびライク(5)(Reich)によって支持され、ピーター・バーガー(Peter Berger)(6)らによって大変鋭い分析がなされた最近のカウンターカルチャー(対抗文化)現象の全体は、生を科学の思い通りにしようとする深刻な科学主義に対する抗議である。遅れてようやく、そして断片的にではあるが、われわれの思い描く生は貧しく退屈であることを、われわれは発見しつつある。さらに、われわれがそう望んでも、われわれの思い描く生を生きられないという広い気づきの感覚をわれわれは持っている。人間の精神／霊(spirit)に関する何かが、贈り物を強く欲しがり、われわれの作り出せないものを与えられることを願うのだ。私は、教会教育におけるわれわれの使命と機会は、贈り物を欲すること、与えられることを願うこと、思いがけないものを待ち望むこと、新しさがやって来るときそれを恐れずに受け取ることについて、明瞭に表現し、評価することではないかと考える。それらはすべて、現代的・科学的な考え方の敵である。しかし、それらこそキリスト教の福音の中心にあるものである。

公立学校でも教会でも、低学年の子供たちが、植物や成長するものと一緒に多くの時間を過ごすことは珍しくないのではないだろうか。何かの種を一粒植え、その成長をあまり辛抱強くなく待つ幼い子供たちをわれわれは皆知っている。――そしてもちろん、なかなか芽は出ない。私自身がそんな経験をした。私は多忙で、スケジュールを調整し、会合に滑り込んだりして、少々追い立てられるのが習慣になっている。私は妻と一緒に庭仕事を始めた。成長を急がせることはできないということを再び学ぶことは、いつもどれほど圧倒的で啓発的な出来事であったただろうか。物事を予定通りに運ぶことはできない。上手に計画を立てることすら全くできない。なぜなら、多くの要素についてわれわれは制御を任されていないからである。私は別に農業をする生活を理想化したいのではない。私はある農場に自分の一区画を持っていたことがあるが、そこに戻りたいとは願わない。しかし、ここには、われわれのためのメッセージがある(7)。自らの生における非常にたくさんの信頼／力を発見してきたわれわれは、それについて一側面しか見ていない。生は、われわれに任されていない。あるのは、待つことと、価値を見ることだ。そしてそれは、自信を持って待つことと受け取ることかもしれない。なぜならわれわれは、その過程を信頼し、そしてわれわれが発明しなかった、われわれには説明不能なその過程に、われわれ自身を委ねるのだから。そこで起こるのは、生はその始まりや継続を含めて、われわれに依存しないことを深く考えるということである。生は、われわれ抜きに、大変うまく営まれるものであり、命の源である別の方がおられる以上、われわれ自身は主語（subject）でなく、述語（predicate）にあるのを、われわれは発見する。われわれは、慈悲深い行動の受益者であって創始者ではない。そして、われわれが力と自由を評価するという事情にもかかわらず、それらはつねに、待つことと贈り物とたっぷり与えられる不安という文脈の中にある。現在組織されている世界は、そのすべてに対抗する。われわれは、思い描く生を生きるための改革運動（a crusade）に参加している。(8)

教会教育の仕事の一つは、生はわれわれの思い通りにならないという気づきを確認することである。生がわれわれの思い通りになる必要はない。そのことは、不安や絶望からわれわれを解放する。生がわれわれの思い通りにならなくてもよい。そのことは、誇りや傲慢からわれわれを保護する。さて、神秘は子供の領域であるかのように私は語ったが、たしかにその通りである。子供は成長するものに注意を払うが、大人は花屋に電話する。子供は自分の目覚ましい成長に敏感であるが、大人は年を取ることに抵抗する。子供は贈り物を喜ぶが、大人は出費を心配する。人間の精神の危機、生がわれわれ次第であるというひどく恐ろしい考えは、大人に多い病である。そしてそれゆえ、与えられるものの神秘についての養育は、それがどう結び合わさっているか、どのように信頼され期待されているかを驚くことにまだ招かれていない大人たちの間でこそ、より強く求められ、必要とされるものである。驚嘆は、大人たちになお可能である。大人たちは、子供じみたミステリーに関わるのではなく、贈り物としての生について同じ驚きを、より成熟し、洞察力をもって、はっきり認めるよう期待されている。

イエスは、そのことに強い関心を抱かれた。彼は、驚きを不安への対抗テーマとしてご覧になった。

「自分の命のことで何を食べようか何を飲もうかと、また自分の体のことで何を着ようかと思い悩むな。……空の鳥をよく見なさい。種も蒔かず、刈り入れもしない。……だが、あなたがたの天の父は鳥を養ってくださる。……しかし、今日は生えていて、明日は炉に投げ込まれる野の草でさえ、神はこのように装ってくださる。まして、あなたがたにはなおさらのことではないか、信仰の薄い者たちよ。だから、思い悩むな」。

（マタ六・二五―三一）

また、彼は、神が世界に備えておられる贈り物の不思議な授与に関する教えの中で驚嘆して言われた。

「求めなさい。そうすれば、与えられる。探しなさい。そうすれば、見つかる。門をたたきなさい。そうすれば、開かれる」。

「……まして、あなたがたの天の父は、求める者に良い物をくださるにちがいない」。

（マタ七・七、一一）

イエスは、他のいくつかの文脈では、もっと神経を逆なでするように語られた。

- 短時間しか働かなかったのに同じ賃金が支払われた労働者についての話（マタ二〇・一—一六）の中で、彼はこのように結ぶ。「自分のものを自分のしたいようにしては、いけないか。それとも、わたしの気前のよさをねたむのか」。
- 資産も持たず評判のよくなかった女の起こした事件において、彼女は、罪赦された者として、また平安（シャローム）のうちにそこを出て行った者として紹介されている（ルカ七・三六—五〇）。
- 二人の息子についての話で、明らかにそうされるにふさわしくない弟息子のために祝宴が催されている（ルカ一五章）。

しかし、私が最も力強いと思えるのは、「大宴会」に関するイエスの奇妙な声明である。

「昼食や夕食の会を催すときには、友人も、兄弟も、親類も、近所の金持ちも呼んではならない。その人たちも、あなたを招いてお返しをするかも知れないからである。宴会を催すときには、むしろ、貧しい人、体の不自由な人、足の不自由な人、目の見えない人を招きなさい……そうすれば、あなたは報われる」。

（ルカ一四・一二—一四）

これはたしかに、神秘についての証言である。この世の釣り合いのとれた、計算された基準によって、与えたり受けたりするために、われわれが判断したり応答したりする必要はない。癒しの回復力は、この世界において働いている。それはわれわれの力によるのではなく、われわれがやりくりする必要も、機能させ続ける必要もないし、われわれの思い通りにはならない。それは不思議な世界である。それがどのように働くかをわれわれが知ってからのちも、さらなる神秘へとわれわれを導くのである。人々は、イエスが言われたこと、行われたことについて、たえず驚嘆し続けていた。教会教育者のモデルとして、彼は、人々が生を説明可能なものに縮小させたと考えてからのちも、神秘と取り組むように促された。

イエスは、私がいま述べている教育の両方の側面において働かれた。疎外された人々のところには、彼は信頼／力のメッセージと業をもってやって来られた。彼は、人々が自分たちを価値あるものとし、自分たちの権利を擁護し、自分たちの生について主張し、そして自分たち自身で責任を取ることができるようにされた。型にはまった成功者たちのところには、彼は最初のものは最後のものであり、最後のものは最初のものであるという神秘を明らかにするためにやって来られた。それは紛れもなく、神の新しさこそがわれわれの最善と思う備えを揺るがすからである。神の恵み深い現臨のゆえに、われわれは管理されず、神のご支配のもとにくつろいでいることができる。

教会教育において、われわれはどのように結び合わせられているかを考えるため、つまり人間性の理解のために戦っている。人間性についてわれわれの間に、悪魔的で邪悪で破壊的な考えがあり、それらはつねにわれわれめがけて投下されている。そしてそうした諸問題は、単に教会的な問題とは限らない。その諸問題は、教会であるかどうかにかかわらず、われわれすべてに関わる。その諸問題は、われわれの子供たち、孫たちの未来に関わるだけでなく、当面の世界の姿に関わる。教会学校がこの問題に直面している唯一の場だとは言わないが、一つの緊急の場である。そして、教会学校の教師たちは、彼らがそれと向き合えるように問題の形をまとめる者たちである。われわれは、信条や教義や倫理を議論することに従事しているのではない。われわれは、われわれのキリスト教信仰が保っている人間の精神と人間性のヴィジョンの危機に取り組んでいるのである。そしてそれは、今日流布しているものと全く相違する人間性のヴィジョンを保持する。

人間性について流布している考えは、人々の信頼／力を保持しない。むしろそれは人々を動けないようにし、あまり意味のない消費品目についての限られた選択権を与えるだけだ。その一方で、人々は操作され、管理されて、人間的な精神は破壊されている。そしてわれわれは、人々を力ある、自由なものにしようと意志される神の名において、それに抗議する。

人間性について今日流布している考えは、人々の間にある神秘を保持しない。むしろ、それは、ヴィジョンと想像力の側面、目を見張り驚嘆する能力、新たな道へラディカルに方向転換する機会、そのようなものがすべて失われるために、われわれの生を、予測可能な筋書きと管理可能な未来へと縮小しようとする。そしてそれが失われるとき、何か決定的なことがわれわれ皆に起こるだろう。人々が神秘を知るように、そしてそこから出発して生きるように意志される神の名において、われわれは抗議する。

人間性について今日流布している考えは、信頼／力も、神秘も保持しない。むしろそれらには、固定化された順応と慣例という一つの福音がある。われわれの現代的価値観はそれに頼っている。そしてわれわれは、出エジプトを引き起こされた神の名において抗議する。その方は、荒れ野におけるマナの危険な神秘に突進するように、イスラエルの子らを解放し力を与えられた。われわれは、イエス・キリストの名において抗議する。その方は、疎外されたすべての人々を彼の力のうちに包みこみ、また色あせて傷ついた生に定め置かれていた人々に神秘を語られた。われわれは、なお依然として出エジプトと復活の出来事が起こるのを信じている。われわれは、人間性の喪失に傾いている世界で、出エジプトと復活の力は沈黙させられるという考えに抗議する。われわれはもう一つのヴィジョンと、もう一つの人間性の理解を委託されている者たちである。

われわれは、人間の精神についての危機と取り組むように招かれている。それを語る目下の方法は、それをシャロームとして語ることだ。われわれが教会教育で行うシャロームの仕事は、信頼／力と神秘のバランスと弁証法、人間の自発性と人間の信頼および待望の両極性に関わる。

今日、いかに世界が結び合わされているかを熟考している者は多くない。しかし、われわれはそれについていくつかのことを知っている。

われわれは、聖なるもの（*holiness*）を通して世界は結び合わされていることを知っている。それは素晴らしい神秘である。聖なるものの力は働いて、分裂と冒瀆に向かうわれわれの狂気じみた努力に抗議する。世界は恵み（*graciousness*）を通して結び合わさっている。それは素晴らしい信頼／力のわざである。恵みの力は働いて、固定化と意味のなさに向かうわれわれの最善の努力に抗議する。われわれは、心を働かせなくてはならない。われわれの仕事には、膨大な含蓄がある。なぜならわれわれは、神の民がつねにそうするように、本気でやっているからだ。われわれは見たところ、成果の上がらない方法で骨を折っているのは、まさしく神がわれわれに神の息子、娘となる（ヨハ一・一二）力を授けたからである。われわれはわずかなもので満足はしない。

16　癒しとケアとしての健康管理

モーセはイスラエルを、葦の海〔紅海〕から旅立たせた。彼らはシュルの荒れ野に向かって、荒れ野を三日の間進んだが、水を得なかった。マラに着いたが、そこの水は苦くて飲むことができなかった。こういうわけで、そこの名はマラ（苦い）と呼ばれた。民はモーセに向かって、「何を飲んだらよいのか」と不平を言った。モーセが主に向かって叫ぶと、主は彼に一本の木を示された。その木を水に投げ込むと、水は甘くなった。

その所で主は彼らに掟と法とを与えられ、またその所で彼らを試みて、言われた。「もしあなたが、あなたの神、主の声に必ず聞き従い、彼の目にかなう正しいことを行い、彼の命令に耳を傾け、すべての掟を守るならば、わたしがエジプト人に下した病をあなたには下さない。わたしはあなたをいやす主である」。

彼らがエリムに着くと、そこには十二の泉があり、七十本のなつめやしが茂っていた。その泉のほとりに彼らは宿営した。

出エジプト記一五章二二―二七節

数日後、イエスが再びカファルナウムに来られると、家におられることが知れ渡り、大勢の人が集まったので、戸口の辺りまですきまもないほどになった。イエスが御言葉を語っておられると、四人の男が中風の人を運んで来た。しかし、群衆に阻まれて、イエスのもとに連れて行くことができなかったので、イエスがおられる辺りの屋根をはがして穴をあけ、病人の寝ている床をつり降ろした。イエスはその人たちの信仰を見て、中風の人に、「子よ、あなたの罪は赦される」と言われた。ところが、そこに律法学者が数人座っていて、心の中であれこれと考えた。「この人は、なぜこういうことを口にするのか。神を冒瀆している。神おひとりのほかに、いったいだれが、罪を赦すことができるだろうか」。イエスは、彼らが心の中で考えていることを、御自分の霊の力ですぐに知って言われた。「なぜ、そんな考えを心に抱くのか。中風の人に『あなたの罪は赦される』と言うのと、『起きて、床を担いで歩け』と言うのと、どちらが易しいか」。

マルコによる福音書二章一―九節

社会の富が商品と見なされて、持てる人々と持たざる人々のために用意されるとき、社会に何かが起こる。支払える人もいれば、支払えない人もいる。

社会の「ノウハウ」が洗練され、不可解で技術的なものになり、それが一方の人に所有され、他方の人に所有されないとき、社会に何かが起こる。知っている人もいれば、知らない人もいる。

人々の間の連帯の感覚が一種の個性に屈し、互いの所属意識が薄められ、互いに離れ離れであるという感覚が強くなるとき、社会に何かが起こる。所属している人もいれば、所属のない人もいる。

起こることは何であれ、われわれに起こっていることである。そして、支払うことができる人々、知っている人々、所属している人々の新しく力強い出現がある。支払える人々、知っている人々、所属している人々は、同一の人々であることが非常に多い。――あるいは、少なくとも、彼らはお互い同士だけで話し、お互い同士だけを信用する。彼らは、自分の有り余るほどの財産を任されていることに満足している。そして、他の人々は――、支払えない、知らない、所属のない、そういった人々は、自分の財産の欠乏の中に取り残されている。

資金源がその共同体に限定され、われわれ全員で共有されていた間は、まるでわれわれ皆が、社会の恩恵を受ける権利を持っているようだった。

社会が、従来の継承された知恵と常識によって営まれていた間は、まるでわれわれ皆が、何とかやっていくすべを、まさしく自由になるために必要な真実を、十分に知っているように思われた。

われわれが、われわれの存在は共同体に由来し、その中にいたからこそ生きていたと知っていた間は、われわれは皆、所属するところがあるように見えた。

しかし、お金、知識、そして権利がもはやわれわれの間で共有されず、一部の誰かによって管理されている今は、共同体を世話する自然のネットワークは崩れている。たとえば、健康管理はもはや社会生活の自然な機能ではないし、出産にもいまや隣人同士の自然な交流はない。今あるのは、公然と支払うことができ、明らかに知識があり、所属の明確な人々で構成される健康管理制度（*a health establishment*）である。

このことすべての要点は、われわれの社会において健康管理の危機が主要な政治経済の問題ではないことを単純に認めるということである。それは、カテゴリー（範疇）の危機と関係する。それは、われわれがそれを通して現実を理解するレンズの再検討を要求する。それは、洗練された個人主義と技術的なエリート主義の範疇が、本当にわれわれが現実を理解したい方法かどうかを問う。なぜなら、たしかにわれわれは、そう決めた覚えはないのにその理解の中に落ち込んでいるからである。そしてわれわれは、その状況では健康管理の危機が解決できない、恐ろしい個人主義に取り囲まれている。それに直面したとき、われわれの社会とその価値を考えると、われわれは何か他の理解が可能かどうかを問わなければならない。

聖書がわれわれに差し出せるものは、健康管理の最良の形についての政治的な知恵ではない。しかしそれは、われわれの理解のしかたに関して、われわれに問いを投げかけることができる。最も知られたところでは、ポール・トゥルニエが「人格的医療」と「技術的医療」を区別し、明らかに両方の価値と有効性を主張している。[1]彼の言う「技術的医療」とは、疾病と治療を詳細に科学的方法で理解する、非常に複雑な機器と組織の高度な技術のネットワークを意味する。彼の言う「人格的医療」とは、人が互いを真剣に受け入れるときに起こる癒しの交流の神秘を意味する。それは制度化や予測可能性を受け付けないが、人間性全体にとって重要であると思われる。トゥルニエは、はじめにこの主題の人格的・心理学的側面に関心をもった。しかし、われわれは技術的医療および人格的医療の社会学的な関連性に気づいている必要がある。われわれが人格的医療について、人々の間の癒しの交流について語っている以上、明らかにすべての人がその権利を持っている。

しかし、われわれが医療をその高い経費と科学的精密さで、「技術的」だと特徴づけるとき、エリート意識が入ってきて、もうそれがあらゆる人の権利であることがあまり明確でなくなる。開業医たちだけでなくその顧客たちをも規定するのは、エリート意識である。

今や、健康管理はそれにお金をかけることのできる人々のものである。

今や、それは高度な言語を理解する賢い人々のものである。

今や、それは特権階級の雰囲気という高い所へ入る権利を持つ人々のものである。

その主題は、人々がいかに互いに関係を持つかを気にかける。そしてわれわれには、技術的な医療が民主的に実践されうるかどうか、あるいはそれはエリートの所有であることが避けられないのかどうか、そして、それゆえ「ある種の人々」だけにしか与えられない特権として理解されるのは避けられないのかどうか、といった問いが残される。「権利か特権か？」という問題に巻き込まれているものは単に経済や政治だけではなく、われわれが人間性と共同体について理解することもそうである。それだから、聖書的信仰に根ざす、どちらかと言えば初歩的な主張に戻ろう。

健康管理の主題に、神に関する声明が含まれるのは、おそらく奇妙なことだ。しかし、神についてわれわれがどう考えるかは、健康の権利と特権の問題に関連する他のあらゆる事項にとって重大である。「癒す神」は、財産を持つ人々や知識のある人々や所属のある人々のパトロンではない。聖書的伝統において、神は、すべてを所有している人々に所有されておらず、すべての有益なことを知っている人々に理解されていない、まさに自由で、完全さのある、飼い馴らされない力である。

聖書における神の到来の最初の出来事は、もちろん、出エジプトである。ファラオが技術的医療の組織全体を管理していたのは疑いようがないが、それは奴隷たちと共有されることは全くなかった。それは所属がある人々だけのものだった。奴隷たちを癒しながら、奴隷状態を保つのはなかなか難しい。ファラオを取り巻くエリートたちも、奴隷たちを癒す（リハビリをする）気は少しもなかった。なぜなら、そのような癒しは「彼らの権利」ではなく、「われわれの特権」であるからだ。そしてわれわれの特権を、彼らの権利として理解することは、社会的利益を共有するだけでなく、その共同体における力の配分のネットワーク全体を混乱させる恐れがある。(2)

しかし聖書の神は、ファラオのいないときに奴隷たちの間にやって来られて彼らを自由にし、彼らが再びダンスを踊ることができるようにした（出一五・一）、超越した癒しの仲介者として表現される。彼らは完全に健康を取り戻した。語りはこう結ばれる。そして完全に健康を取り戻したことは、彼らはもはや奴隷ではないことを意味した。わたしはあなたをいやす主である」（出一五・二六）。出エジプト人に下した病をあなたには下さない。わたしはあなたをいやす主である」（出一五・二六）。出エジプトは、最初の解放の出来事としてだけでなく、究極の癒し――力を与え、解放し、回復させる癒しの行為としても提示される。聖書には、自由と癒し、奴隷状態と病の相互関連性についてのこの不思議な考えがある。

この不思議な相互関連性は、われわれが健康管理の問題をとらえ直すのに役立つ。物語の中に健康管理についての二つの見解が提示されている。ファラオは、医療組織を支配下に治め、健康管理を一部の特権であるとみなした。抗うものがないイスラエルの神ヤハウェは、それが、何も持たず、何も知らず、所属がなく、価値を低くされた奴隷たちすらも含めた、あらゆる人の権利であると見られた。

イスラエルは、そのような共同体の見方に取り組んだ。その初期において、出エジプトの高揚感が漂う熱情の中、イスラエルは共同体のメンバーを重んじた。しかしその基礎は、洗練された豊かな官僚制の組織的な現れである王国によって打ち砕かれた(3)。とりわけ、ソロモンの下で、エリート主義は再び現れた（強制労働について王上五・二七以下、九・一五を見よ）。技術は、「持てる人」とそうでない人の間の差異を引き起こした。自分たちの特権に没頭して、必然的に全員の権利概念に抵抗する支配階級が出現した。マンフォードが示したように、王制は官僚的で、技術的で、人を巧みに操る支配をもたらした(4)。あらゆる人の権利は、少数の人々のための特権に移し替えられている。共同体全体のために、共同体全体によって分かち合われる贈り物であったものは、いまや、王が選んだ人たちによって与えられる気まぐれな授与物、すなわちとっておきの王の特権である(5)。

これに続くイスラエルの歴史は、これら二つの主義の間の緊張である。王たちは、いかにも王らしく自らのための生と幸福の特権を保持し、そして自分たちの政策と利益に合致するものなら施しをする。預言者は、いかにも預言者らしく、神の力の介入である癒しは個人の利益のために管理されることはできないと主張する（エリヤの働きの全体は、命、癒し、そして雨ももたらすことができない王の、死をもたらす支配とは対照的な、命をもたらされる自由なる神の力の証言である）。預言者は、超越的な神の癒しの介入は人間の幸福のために放たれ、そしてどんな王権的幻想もそれを妨げたり制限したり管理しようとしないと断言する。預言者たちの視点からは、王権の健康管理の手法（「正義」と読め）は、健康の妨げの方式と見られている。特権の擁護者たちは、癒しのための条件と資格を設ける。彼らは十分に善良か。彼らは十分に知っているか。彼らは十分に持っているか。一方、預言者たちは、資格がない人たち、やもめ、孤児、寄留者たち、力や価値や会員資格を持たないすべての人たちに言葉を語る（出二三・六―九、申一〇・一八―一九、イザ一・一七、アモ二・六―八参照）。王は、健康を王座とその友人を高める統治政策の道具として見る。預言者は、健康はすべての民にとっての公的信頼であるはずだと主張する。なぜならすべての人は互いに結ばれているのだから。王は、「共同体のどのメンバーよりも自分自身を上においていて」高ぶることがないようにと警告を受ける（申一七・二〇）。なぜなら、すべての人はその中に共にいるのだから。

　新約聖書において、その主題は全く同じである。祭司長と律法学者たちは、注意深く、祝福を資格ある者だけに限定した。彼らの資格の基準は、「戒律を守ること」であった。しかし、そんなことは問題ではない。基準の細目に関わりなく、基準はいつも同じなのである。債務を払える者は祝福を受けることができ、そして彼らが祝福を受けられる他の人々を決定する。イエスが来られたときの社会の情況は、すべてそのように巧妙に成り立っていた。

　そこには、資格を与える者たちがいた。ファリサイ派、律法学者、祭司長、長老たちである。彼らは法の遵守者であり、聖所に入る資格を人々に与えた。そして聖所の内側で彼らが何を見出したか、あなたは知っている。癒しの源泉である！　それが、なぜ彼らがそこへ行ったのか、なぜ他の人を締め出したかの理由である。神聖な共同体において、礼拝、典礼、そのすべてにおいては、まさしく健康に配慮する手法がある。それは、その中で超越的な癒しが人々の間にもたらされる方法である。

また、そこには資格を与えられない人々がいた。たとえば、

- 悪霊に取りつかれた人。人格的に統一がとれていないため、十分な資格が与えられず、社会から切り離された人々。
- 重い皮膚病の人（lepers）。重い病のため、入って来ることができない人々。それについて考えてみよ。——病が重すぎて、健康がある場所に来られない。それは、どれほどの病をいうのか？
- 権利を剝奪されている者たち全体——足の不自由な人、目の見えない人、貧しい人、そしてすべての資格のない人々、軽蔑されている人々。

彼らは、制度的な癒しが起こった場所に入る資格がなかった。健康は教会にあるのだから、皆が行けばよいと考える人はいない点を除けば、事情は変わってない。いまや、癒しは病院と診療所にあって、そこに入るための基準は高く、妥協がない。

イエスはその問題をご覧になった。そしてマルコによる福音書二章九節において、奇妙で、

人を不快にする言説を述べた。
- 赦しは、正しい者に対してのみ与えられる。
- 癒しは、立派な人に対してのみ与えられる。

驚くべきしかたで、ちょうどヤハウェがエジプトで行われたように、イエスは、資格エリートを驚愕させ激怒させる健康ケアシステムを設けられた。それは能力本位の基準すべてを破った。病の人、貧しい人、資格のない人に癒しの手を差し伸べた。

「目の見えない人は見え、足の不自由な人は歩き、重い皮膚病を患っている人は清くなり、耳の聞こえない人は聞こえ、死者は生き返り、貧しい人は福音を告げ知らされている」。（ルカ七・二二）

それからイエスは付け加えられる。「わたしにつまずかない人は幸いである」。しかし、それはつまずきである。つまずきとなる考えとは、回復することが、資格ある人たちの特権でなくなって、資格のない人たちさえも含む、あらゆる人の権利であることだ。以下のことはつまずきである。

・宴会の席に下層民がいる（ルカ一四・一五―二四）。
・遅く来た者たちが賃金を全額もらう（マタ二〇・一―一六）。
・無駄遣いする不注意な女が、注意深い管理者よりも歓迎される（ルカ七・三六―五〇）。
・癒しは安息日にも起こるべきである（ルカ一四・一―五）。
・サマリア人が良き隣人となる（ルカ一〇・二九―三七）。
・資格を失った兄弟の宴会が家で催される（ルカ一五・一一―三二）。

これらすべてはつまずきである。なぜなら、品質管理にあまりにも影響されたわれわれのエリート主義的理解が、社会はそのようには秩序づけられていないと考えるからである。

イエスは、異なる問いを立てられる。もしわれわれが、人々をメンバーとして、共同体を契約として、神を癒しの介入者として、そして健康をケア・ネットワークとして正しく理解するなら、新たに始まった共同体は他のやり方を命じられることがありうるだろうか。癒し、さらに健康管理についてのイエスの考えは、彼の教えにおいて特異なものはない。それは、彼が行われ、語られたすべてのことと矛盾しない。イエスの全存在は、新しい生き方を主張し、具体化し、開始することにあった。それが、共同体を契約の中に入れ、人々を健全なしかたでそこに帰属させることを可能にした。

もちろん、特権を持った管理者たちは、予想どおりの反応を彼に示した。

- 彼らは怒り狂った（ルカ六・一一）。
- 彼らの心はかたくなだった（マコ三・五）。
- 彼らはイエスを殺そうと謀った（ルカ一九・四七）。

だが、イースターは、彼の健康管理についてのつまずきに満ちた方法こそが将来の道であるというしるしである。それはすべての人のためにある。唯一の資格は、共同体の中にいることである――そして、すべての人はその共同体の中にいるのだ！

出エジプトとイエスについてのわれわれの分析から、いくつかの指針となる原則を述べることができよう。

人格は共同体によって、そのメンバーに与えられる贈り物である。その贈り物の中に、一つの名に対する権利、共同体の記憶と希望への参入、そして、名と記憶と希望を楽しむために十分な身体の健康が含まれている。これはイエスが人々に与えられたものである。そして、われわれはいまも洗礼においてそれを再現する。

共同体は、互いに契約で結ばれた人々のネットワークから成る。彼らは互いに支え、ケアをし、守り、強め合うことについて厳粛に約束した人々である。契約は、教会と同様、市民共同体にもあてはまる。

選択の自由と、選択に十分な力が認められると、人格は強められる。反対に、人が自分の幸福に関わる選択権を奪われるか、その選択に基づいて行動する力を否定されると、人格は弱められる。

共同体のメンバーすべてが、全員の幸福に真剣に取り組むとき、共同体は強められる。反対に、一部のメンバーが他のメンバーを締め出し、自分たちを彼らの上に置くか、あるいは単に彼らを全く気にかけないとき、共同体は弱められる。

これらの原則に照らしてみると、われわれの主題についての思考をラディカルに説明するいくつかの重要な定義が出現する。

健康は、共同体の犠牲と喜び、祝福と重荷を分け合うのに十分な安定性のことを示す。健康であることは、共同体の規範、価値そして期待に関して十全に機能していることを意味する。

癒しは、共同体の生活における人々の十全な力と活力を取り戻す復旧と回復のことを示す。したがって、病は、第一に肉体的苦痛を示すのではなくむしろ、十全に、立派に、そして真剣に共同体のすべての決定と祝典にあずかる能力がないことを示す。

超越的な、癒しの介入者としての神は、突然に力強く、病と死の状況のただ中にやって来られて、それらを変革する力、人格、あるいは行為者として、識別される。その変革は、人々と共同体の両方が、弱められることから強められることへ転換することである。彼らは、完全に共同体の中に復帰した機能不全の共同体メンバーから成り立っている。

われわれは、新しい方法で認識できるよう、すべての範疇を再定義するための困難な仕事をしなければならない。以下の問いが正しく表現されるなら、健康ケアの権利は明白である。

- 共同体のすべてのメンバーが、ケアを受ける権利を持っているか？
- 共同体のすべてのメンバーが、力と自由を失ったとき、共同体の中へと復帰する権利を持っているか？
- 共同体がすべてのメンバーに関して契約するとき、すべてのメンバーが共同体の財産に与かる権利を持っているか？

健康ケアは、一つのプログラムではあるのだが、単にそれだけではない。また、保証された入院や医師との面会は重要なことではあるのだが、単にそれだけではない。むしろ、それは世界を理解する方法であり、尊厳と価値と希望についての確約である。それは、われわれが自分たち自身の財産、知識、能力、あるいは利益に振り回されすぎないために、事柄をきちんと理解する方法である。不思議なことに、われわれがむやみに欲しがることから自由になるとき、癒しの方向へと相互に作用しあう力はわれわれを驚かす。それが約束である。

「わたしを信じる者は、わたしが行う業を行い、もっと大きな業を行うようになる」。（ヨハ一四・一二）

この超越的な、介入する癒しの力は、われわれに委ねられている。力強い、驚くべき癒しのすべてが、威厳ある奇跡や、イエス自身によるわざによってなされたのではなかった。彼の弟子たちが、つまずきに満ちたスキャンダルを信じたとき、民を十全の機能回復へと導く、驚くべき素晴らしいわざを彼らはたしかに行った（使三・一―一〇を参照）。

この問題は難しい。また、すべての兄弟姉妹が医療とケアを受けられるように社会が整えられるかどうか分からない。しかし明らかに、われわれの理解が清められ、われわれが新しい方法で共同体の不思議な贈り物と人々を待ち受ける素晴らしい財産が分かるようになるまで、それは起こらないだろう。制度はそのつまずきとなる考えを可視的で力強いものにする方法となりえる。おそらくそれが始まるのは、政治的で厄介なフレーズである「健康管理」が癒しとケアで成り立つのを見ることによってである。そしてどんな人も、福音において、それを約束されている！　われわれは、自分たちの知覚を変え、範疇を再定義するように命じられている。聖書はそれを悔い改めと呼ぶ。

シャロームの共同体がそのメンバーのためにケアをするヴィジョンは、明白である。

一つの部分が苦しめば、すべての部分が共に苦しみ、一つの部分が尊ばれれば、すべての部分が共に喜ぶのです。　（Ⅰコリ一二・二六）

われわれの宣教は、世界がそのような共同体になるためにある。その間、われわれは、「この世の国は、我らの主と、そのメシアのものとなった」（黙一一・一五）という約束を仰いで待つ。

注

序文

（1）Gustavo Gutiérrez, *A Theology of Liberation: History, Politics, and Salvation*（Maryknoll, N.Y.: Orbis Books, 1973）〔グスタボ・グティエレス『解放の神学』（関望・山田敬三訳、岩波書店、二〇〇〇年）〕.

（2）José Miranda, *Marx and the Bible: The Critique of the Philosophy of Oppression*（Maryknoll, N.Y.: Orbis Books, 1974）.

（3）Norman K. Gottwald, *The Tribes of Yahweh: A Sociology of the Religion of Liberated Israel 1250–1050 B.C.*（Maryknoll, N.Y.: Orbis Books, 1979; 2d ed., Sheffield Academic Press, 1999）.

（4）私はまず、「カナンの都市国家」という古代世界における都会的エリートたちのことを言った。しかし、もちろんその範疇はわれわれの時代の読み方と分析にも関係する。

（5）Francis Fukuyama, *The End of the History and the Last Man*（New York: The Free Press, 1992）〔フランシス・フクヤマ『歴史の終わり（上・下）』（渡部昇一訳、三笠書房、一九九二年）〕.

（6）Walter Brueggemann, *Theology of the Old Testament: Testimony, Dispute, Advocacy*（Minneapolis: Fortress Press, 1997）, 223-24を参照せよ。同じく、Walter Brueggemann, *Deep Memory, Exuberant Hope: Contested Truth in a Post-Christian World*, ed. Patrick D. Miller（Minneapolis: Fortress Press, 2000）, 108-9も参照せよ。

（7）William Julius Wilson, *The Declining Significance of Race: Blacks and Changing American Institutions* (Chicago: University of Chicago Press, 1980).

〔訳注1〕シャローム（Shalom）はヘブライ語で「平安」「平和」を意味するが、それの意味するところは広く、満ち足りた、安全で、完全無欠の状態を示す。ヘブライ語の日常の挨拶にも用いられる。

第Ⅰ部　シャロームについてのヴィジョン

1　ヴィジョンに向かって生きる

（1）Walter Brueggemann, *Theology of the Old Testament, Dispute, Advocacy*（Minneapolis: Fortress, 1997）, 501を参照せよ。

（2）J. C. Hoekendijk, *The Church Inside Out*, trans. Isaac C. Rottenberg, *Adventures in Faith*（Philadelphia: Westminster Press, 1966）; and Johannes Pedersen, *Israel: Its Life and Culture*, I-II（Oxford: Oxford University Press, 1926）, 263-65を見よ。

（3）Brueggemann, *Theology of the Old Testament*, 528-51を参照せよ。

（4）Walter Brueggemann, *Finally Comes the Poet: Daring Speech for Proclamation*（Minneapolis: Fortress, 1989）, 16を参照せよ。

（5）Brueggemann, *Theology of the Old Testament*, 548-49を参照せよ。

（6）Brueggemann, *Finally Comes the Poet*, 37-41を参照せよ。

2　「持てる人々」と「持たざる人々」のためのシャローム

（1） Walter Brueggemann, "From Hurt to Joy, From Death to Life," *Interpretation* 28 (1974): 3-19; および Claus Westermann, "The Role of the Lament in the Theology of the Old Testament," *Interpretation* 28 (1974): 20-38 の議論を参照せよ。

（2） Westermann, "The Role of the Lament."

（3） Walter Brueggemann, *Old Testament Theology: Essays of Structure, Theme, and Text*, ed Patrick D. Miller (Minneapolis: Fortress, 1992), 47 を参照。

（4） Claus Westermann, "Creation and History in the Old Testament," in *The Gospel and Human Destiny*, ed. Vilmos Vajta (Minneapolis: Augsburg, 1971), 30.

（5） Ibid., 32.

（6） Gerhard von Rad, *Old Testament Theology* 1 (New York: Harper and Brothers, 1962), 418-29〔G・フォン・ラート『旧約聖書神学Ⅰ』（荒井章三訳、日本基督教団出版局、一九八〇年）〕. Gerhard von Rad, *Wisdom in Israel* (New York: Abingdon Press, 1972), 113-37〔G・フォン・ラート『イスラエルの知恵』（勝村弘也訳、日本基督教団出版局、一九八八年）〕も見よ。

（7） Klaus Koch, "Gibt es em Vergeltungsdogma im alten Testaments?" *Zeitschrift für Theologie und Kirche* 52 (1955): 1-42, reprinted in *Um das Prinzip der Vergeltung in Religion und Recht des alten Testaments*, ed. Klaus Koch (Darmstadt: Wissenschaftliche Buchgesellschaft, 1972), 130-80.

（8） Robert Gordis, "The Social Background of Wisdom Literature," in *Poets, Prophets and Sages* (Bloomington, Ind.: Indiana University Press, 1971), 162.

（9） Brueggemann, *Theology of the Old Testament*, 600-621 を参照せよ。

（10） Paul Hanson, "Old Testament Apocalyptic Reexamined," *Interpretation* 25 (1971), 454-79.

（11） Robert McAfee Brown, *Religion and Violence* (Philadelphia: Westminster Press, 1973), 111-13 の参

考文献を見よ。

（12）Ernest Käsemann, *Essays on New Testament Themes*（London: SCM Press, 1964）; Klaus Koch, *The Rediscovery of Apocalyptic*（Naperville, Ill.: Alec R. Allenson, 1972）〔K・コッホ『黙示文学の探求』（北博訳、日本基督教団出版局、一九九八年）〕と Carl Braaten, *Christ and Counter-Culture: Apocalyptic Themes in Theology and Culture*（Philadelphia: Fortress Press, 1972）, 2-23 のレポートを見よ。Hanson, *Dawn of Apocalyptic*, 479 は黙示の社会学的文脈との関連で、世界の疲弊に言及する。世界の疲弊は至るところでの関心事なので、このテーマはわれわれにぴったり当てはまる。

（13）W. D. Davies, *The Sermon on the Mount*（Cambridge: Cambridge University Press, 1966）〔W・D・デーヴィス『イエスの山上の説教』（松永希久夫ほか訳、教文館、一九九一年）〕; *The Setting of the Sermon on the Mount*（Cambridge: Cambridge University Press, 1964）; および、ラビ的文脈を通してのイエスへの彼の全体的なアプローチ。

第II部　自由についてのヴィジョン

3　自由と統合としてのシャローム

（1）WCCの一九七五年のケニア・ナイロビ集会のために準備された *Jesus Crist Frees and Unites*（New York: Friendship Press, 1974）のパンフレットを見よ。

（2）Ernst Käsemann, *Jesus Means Freedom*（Philadelphia: Fortress Press, 1970）〔原著 *Der Ruf der Freiheit*（Tübingen: J.C.B. Mohr, 1968）.『自由への叫び――新約聖書と現代神学』（川村輝典訳、ヨルダン社、一九七三年）〕.

（3）Hans Walter Wolff, "The Keryguma of the Yahwist," *Interpretation* 20（1966）: 131-58.

（4）Marion J. Levy, Jr., *Modernization: Latecomers and Survivors*（New York: Basic Books, 1972）. 彼は、奇妙なことを普通のこととして受け入れる問題を取り上げている。「近代化のいくつかのパターンが、近代化されていない人々と接触しながら入ってくるときにそれらがもたらす破壊的なことの主要因は、何よりも、高度に近代化されている人々がどこでも独りよがりに当たり前だと思っている日常の様式の全くの奇妙さの中に本来備わっている」（一一頁）。将来の教育とわれわれ現代人の期待について語る中で、彼は「すべての中で最も奇妙なことの一つは、われわれが、この複数の特性を結合する普通でないことを、とても当たり前のこととして受け取っていることだ」（一三七頁）と主張している。

（5）Peter L. Berger, Brigitte Berger, and Hansfried Kelner, *The Homeless Mind: Modernization and Consciousness*（New York: Random House, 1973）〔ピーター・L・バーガーほか『故郷喪失者たち——近代化と日常意識』（高山真知子ほか訳、新曜社、一九七七年）〕.

（6）ポール・トゥルニエによる「人格」（person）と「人物」（personage）の重要な区別を参照のこと。Paul Tournier, *The Meaning of Persons*（New York: Harper, 1957）〔原著 *Personnege et la Personne*（Neuchâtel, 1955）.『人間・仮面と真実』山村嘉己・渡辺幸博訳、ヨルダン社、一九七二年〕.

（7）The Service of Word and Sacrament I of the United Church of Christ からの招詞。出典は、*The Hymnal of the United Church of Christ*（Philadelphia: United Church Press, 1974）, 20.

（8）同右、21.

4　れんが工場での出来事

（1）Ralph Ellison, *The Invisible Man*（New York: Random House, 1947）〔ラーフ・エリソン『見えない人間』（橋本福夫訳、書肆パトリア、一九五八年）〕. それは、社会が「望ましくない」あるいは価値のないメンバーをいかに無視し、彼らの不在あるいは死を欲することができるかについての物語である。かかる破壊は肉体的に傷付けることでなく、大がかりな無関心と排除である。

第Ⅲ部　命令についてのヴィジョン

6　命じることと食べること

（1）出エジプト記二四章一一節は契約の締結とは関係がないとするE・ニコルソンの主張（Ernest Nicholson, "The Interpretation of Exodus XXIV 9-11," *Vetus Testamentum* 24, 1974: 77-97）に私は納得しない。彼は説得力ある論証をするが、その証拠のバランスが彼の主張にそぐわないように思われる。

（2）ハンス・ヴァルター・ヴォルフは、"The Kerygma of the Yahwist," *Interpretation* 20（1966）の中で、この箇所のような祝福のモチーフは、他に、創世記、出エジプト記、民数記のJテクストに見られると主張した。

7　平和は贈り物であり任務である

（1）罪と赦しに関して信仰の表明に向かわせる主要な推進力は、祭司の伝統から来ているのは明らかである。それは、信仰の事柄に没頭するのが急務だったであろう捕囚期において、非常に豊かな表現をもたらした。祭司の伝統については、特にゲルハルト・フォン・ラートの*Old Testament Theology* 1, 77-80, 232-79、および Frank M. Cross, Jr., *Canaanite Myth and Hebrew Epic*（Cambridge: Harvard University Press, 1973）, 293-325〔『カナン神話とヘブライ叙事詩』輿石勇訳、日本基督教団出版局、一九九七年〕を見よ。その伝統を捕囚の年代に定めることや、それを生き残りとアイデンティティーをかけて苦闘する共同体の文脈に設定することは、もちろん、それ以前の資料の使用の可能性を退けないが、主要な推進力は、アイデンティティーをめぐる諸問題が深刻だった捕囚期にちょうどわき上がった。

（2）私は、安息日の意味についてのアブラハム・ヘッシェル（Abraham Heschel）の *The Sabbath and Its Meaning for Modern Man*（New York: Farrar, Straus, and Young, Inc., 1951）〔『シャバット――安息日の現代的意味』森泉弘次訳、教文館、二〇〇二年〕以上の雄弁な論述を知らない。また、ハンス・ヴァルター・ヴォルフの *Anthropologie des alten Testaments*（Munich: Kaiser Verlag, 1973）, 200-10〔『旧約聖書の人間論』大串元亮訳、日本基督教団出版局、一九八三年〕も見よ。ヴォルフは、イスラエルの安息日の社会学的に革命的な影響を認めている。

（3）Martin Buber, *Moses*（Oxford: Oxford East and West Library, 1946）, 75〔マルティン・ブーバー『モーセ』荒井章三ほか訳、日本基督教団出版局、二〇〇二年〕.

（4）力の神話的側面に関するギリシア人の理解については、Mark K. Wakeman, *God's Battle with the Monster*（Leiden: Brill, 1973）, 40を見よ。おそらく、イスラエルの提示のほうがより政治的な意識が強いが、主題は一致している。つまり、権威の形式を発見することが、公の善を減じるのではなく、向上させるだろうという点である。

（5）しかし、Walter Brueggemann の *Theology of the Old Testament: Testimony, Dispute, Advocacy*（Minneapolis: Fortress Press, 1997）, 492-527を見よ。

（6）特に、Robert McAfee Brown の *Religion and Violence*（Philadelphia: Westminster Press, 1973）の議論を見よ。そこでは、われわれのうちの支配者の暴力を行う者に対する繊細で静かな挑戦がある。その問題は大変難しいが、その中で有力な人々が自分たちの権力の問題を熟考するであろうその神学的枠組みは、現在、ユルゲン・モルトマンと、私の古い同僚のM・ダグラス・ミークス（M. Douglas Meeks）によって明確化されている十字架の神学に通ずるものがある。

（7）Helder Camara, *Spiral of Violence*（Denville, N.J.: Dimension Books, 1971）. 彼は、「革命の暴力を惹き付ける支配者の暴力」（30-31）としての組織的な暴力に言及する。

（8）George Mendenhall の *The Tenth Generation*（Baltimore: Johns Hopkins University Press, 1973）の中のイスラエルの宗教と政治についての分析の中で、彼はその連合体の共同体的宗教的権威と、専制君主制の対照を見せる。「革命を為したのはモーセの時代であった。ソロモンとともに、対抗革命は完全に勝利を収めた。モーセ以前の時代の問題点は……現実の問題はとても簡単なものであった。人々の幸福は権力の社会的専制が機能することであるかどうか、それとも、倫理的規範の運用が継続することであるかどうかで、それは社会における人々のふるまいを決定するものとして評価された。軍隊や軍事力に信頼を置くかどうか、あるいは、倫理の有効性を保証する予測できない先見の明に――見返りではなく信頼を置くかどうか。……神は政治を巧みに操る権威ではない」（196-97）。重要な対照が宗教的危険と政治的操作の間にある。特に第七章と第八章を見よ。

（9）Gerhard von Rad, "Some Aspects of the Old Testament World View," in *The Problem of the Hexateuch and Other Essays*（New York: McGraw-Hill Book Company, 1966）, 158-65. フォン・ラートはこのテクストを、それが「尊大にも高慢な世界観」に対する抗議として理解される文脈に置く。

（10）Frank M. Cross, Jr., *Canaanite Myth and Hebrew Epic*, 112-44. クロスは、注意深く、出エジプト記一五章の神話的側面を、イスラエルがカナン的神話とイメージを利用した方法として探求している。

8　平和はシャロームの契約である

（1）ここに挙げた項目は、Arend van Leeuwen, *Christianity in World History* (London: Edinburgh House Press, 1964) による。彼がこれを執筆中、存在（*ontos*）より技術（*techné*）を好んだのは魅力的に映ったが、それ以来、いろいろなことが起こった。より最近の熟考は、Jacques Ellul に非常に影響を受けて、*ontos* と *techné* のどちらも、受け入れがたいという主張をする。われわれは再び、契約と共に始めなければならない。

9　宗教と政治を結びつける

（1）Walter Brueggemann, *Theology of the Old Testament: Testimony, Dispute, Advocacy* (Minneapolis: Fortress Press, 1997), 234-35 を参照せよ。

第Ⅳ部　シャロームの教会

10　教会、それは自由にされた世界

（1）Roger Shinn, *Tangled World* (New York: Charles Scribner's Sons, 1965)〔ロジャー・リンカン・シン『変貌する社会』（稲本国雄訳、時事通信社、一九六六年）〕.

（2）Peter L. Berger, Brigitte Berger, and Hansfried Kellner, *The Homeless Mind: Modernization and Consciousness.* 彼は、近代性、技術、官僚制の支持がいかにわれわれの生を解き放つことに抵抗しているかを示す。

11　新しさ、それは教会のメッセージ

（1）Peter L. Berger, and Hansfried Kellner, *The Homeless Mind: Modernization and Consciousness*, 201-30. 同書は、いかに、反文化的なイニシアティブがわずかな余地しか与えられていないか、それから体制の中へと手なずけられていくかを示す。実にこの分析は、同書が考えるような社会的・政治的選択肢のないところでは、たしかに支配的な文化が「反対される」可能性はほとんどないことを示唆する。おそらく、十字架にかけられた方のラディカルな福音以上のものによってでなければ、その可能性はないだろう。

（2）このことは、エレミヤ書の主要テーマにおいて最も明らかである。「抜き、壊し、……建て、植えるために」（エレ一・一〇、一八・七―九、四五・四参照）。同様の伝統で、ホセア書六章一節の「引き裂く－いやす」と「打つ－包む」を見よ。また、おそらくはよりラディカルに、申命記三二章三九節とヨブ記五章一八節を見よ。

（3）Gerhard von Rad, *Old Testament Theology* 1, 160-75. 彼は、創世記一二章一―三節は、救済史と世界史の間をつなぐ要であり、創世記一二―五〇章は、一―一一章における約束のない古い時代と対照的な、約束についての歴史であることを示す。また、フォン・ラートの以下の文章を見よ。*Genesis*（Philadelphia: Westminster Press, 1961）, 148-56〔『創世記』（山我哲雄訳、ＡＴＤ・ＮＴＤ聖書註解刊行会、一九九三年）〕. および、*Old Testament Theology* 1, 105-21. 特に、約束の歴史についての彼の明瞭な表現は、*Old Testament Theology* 2（London: Oliver and Boyd, 1965）, 319-35〔『旧約聖書神学II』荒井章三訳、日本基督教団出版局、一九八二年〕を見よ。古い時代／新しい時代のテーマに関するフォン・ラートの業績の広範な意義については、M. Douglas Meeks, *Origins of the Theology of Hope*（Philadelphia: Fortress Press, 1974）の第二章を見よ。

（4）Hans Walter Wolff, "The Kerygma of the Yahwist," *Interpretation* 20（1966）は、創世記における

呪いの歴史と祝福の歴史を対比させている。

12　シャロームの道具

（1）Philip Rieff, *The Triumph of the Therapeutic*（New York: Harper and Row, 1966）.

（2）Roland de Vaux, *Ancient Israel*（New York: McGraw-Hill, 1961）, 122-23 の要約を見よ。より詳細な研究は、A. Van. Selms, "The Origins of the Title 'The King's Friend,'" *Journal of Near Eastern Studies* 16（1957）: 118-23. それによると、そのタイトルは元来、王の結婚式における付き添い役の男（best man）であることが仄めかされる。彼は引き続き王の親しい友となった。私は特に第四福音書におけるそのような意味づけを提案しないが、第四福音書の定式の特別な役割、親密さ、そして秘密性は、この古いタイトルのニュアンスと異なるものではない。

13　シャロームの教会

（1）Frederick Herzog, *Liberarion Theology*（New York: Seabury Press, 1972）.

（2）Erik Erikson, *Childhood and Society*（New York: W.W. Norton and Company, 1963）, 247-51〔『幼年期と社会』（仁科弥生訳、みすず書房、一九七七―八〇年）〕.

（3）Walter Brueggeman, *Cadences of Home: Preaching among Exiles*（Louisville, Ky.: Westminster John Knox Press, 1997）, 48-49 を参照せよ。

（4）Max Stackhouse, *Ethics and Urban Ethos*（Boston: Beacon Press, 1972）. 彼の研究の中心的な主張は、「あらゆる表面的に自然のモデルは、自然でない *credo*（信仰告白）に根ざしており、文化の関連性の影響を受けており、それを達成するための人間的に計画され設計された努力を要求する。あらゆる自然の人の努力は、彼らの確信を保持し、人間の努力を超える新しい支配を打ち立てるために、人為的な教義と組織の建設を要求する。……それゆえ、問題は、……自然についての問いではなく、信仰告白と支配の問題で、……その中で信仰告白と支配の型――政治的かつ技術的な――が作用し合う方法である」（四五頁）。

（5）上着の意義とそれを脱ぐことの危険については、Leonard Bickman の "Social Roles and Uniforms: Clothes Makes the Person," *Psychology Today*（April, 1974）の四九―五一頁を見よ。衣服の力は絶大である。もちろんそれは、聖書において捕囚－裸にされることが甚だしい屈辱と権力の剥奪であるとみなされている（例えば、イザ四七・二―三）ように、新しい洞察ではない。当然のことながら、イエスは上着を脱ぐことによって、食卓において、彼の力を「明らかにした」。

（6）Peter Burger, Brigitte Berger and Hansfried Kellner, *The Homeless Mind: Modernization and Consciousness*（New York: Random House, 1973）. バーガーらは、落ち着かなさと感情のずれの感覚と不安は、現代社会における異常ではなく、現代生活の機能における本質的な要素であることを明らかにする。

第Ⅴ部　シャロームの人々

14　シャロームの人々

（1）ポール・トゥルニエ（Paul Torunier）は、*A Place for You*（New York: Harper and Row, 1968）において、プログラムに従ったしかたで、到着することと出発することの心理的側面を強調した。彼は完全さとは(a)安全な場所を確保することと、(b)そこを離れて別の場所に行くのをいとわないことにあると見る。同じように、彼の著書 *Secrets*（Richmond: John Knox Press, 1965）〔『秘密』野辺地正之訳、ヨルダン社、一九七一年〕は、一人の人格であるためには、人はまずある秘密を持ち、そしてそれを共有しなければならない。その結果、もうそれはその人の秘密でなくなると論じた。これと同じ弁証法は、彼の論文 *Learn to Grow Old*（New York: Harper and Row, 1972）〔原著 *Apprendre à vieillir*（1971）.『老いの意味——美しい老年のために』（山村嘉己訳、ヨルダン社、一九七五年）〕に明らかである。比喩的表現の力は心理学的な議論に限定されない。それは聖書における主要なテーマである。たとえば、エジプトを離れて新しい地に行くようにとのイスラエルの呼び出しと、それまでのあり方を悔い改めて神の国を受け入れるようにとのイエスの招きがそうである。アブラハムの召命（創一二・一—四a）、捕囚への呼び出し（イザ五二・一一—一二）、イエスの弟子の召命（マコ一〇・一七、ルカ九・二三—二七）そしてパウロのラディカルな信仰の見解（フィリ三・八、一三）にも具体的に言及される。そのテーマの供述の要約はヘブライ人への手紙一一章に見出される。

（2）R. D. Lating は、著書 *The Politics of Experience*（New York: Random House, 1967）および、*The Politics of the Family and Other Essays*（New York: Random House, 1969, 1971）の中で、社会および秩序と、権力という文脈において社会がメンタルヘルスを理解する方法との結びつきに関して、ある刺激的な見方を展開した。

15
どう結び合うかを教える

（1）古い日曜学校の考え方に基づく、いくつかの拒否された固い報奨制度が、いまや現代的な形で、"behavior modification"（行動修正）というよく知られた名で戻っているのは奇妙である。

（2）神秘についての説得力ある論文として、Harold K. Schilling, *The New Consciousness in Science and Religion*（Philadelphia: United Church Press, 1973）の特に二六七—七六頁を見よ。また、M.

Polanyi, *The Tacit Dimension*（London: Routledge and Kegan Paul, 1966）〔マイケル・ポラニー『暗黙知の次元』（高橋勇夫訳、筑摩書房、二〇〇三年）〕も参照せよ。ポラニーは、「われわれは、話すことのできる以上のことを知っている」（一八頁）と述べる。既知事項における神秘の意味に関しては、やはりPolanyiの*Personal Knowledge*（London:Routledge and Kegan Paul, 1966）〔『個人的知識――脱批判哲学をめざして』（長尾史郎訳、ハーベスト社、一九八五年）〕を見よ。

（3）Abraham Heschel, *Who Is Man?*（Stanford, Calif.: Stanford University Press, 1965）〔『新版 人間とは誰か』中村匡克訳、日本基督教団出版局、二〇一五年〕は、この問題について明敏に論じた。「人は、言葉では言い表せないことの感覚を剝奪させられるものだ。生きていることは当たり前、ラディカルな驚嘆の感覚は消え、世界はよく知られている。そしてよく知られていることは、心の高まりや、感謝の気持ちさえ呼び起こさない。ほめたたえる力を奪われて、現代人は娯楽（entertainment）を求めることを強制されている。娯楽は、義務的になりつつある」（一一六―一一七頁）。このような円環は、驚嘆のない生活は一種の強制であることを確言する。

（4）Theodore Roszak, *The Making of a Counter Culture*（Garden City, N.Y.: Doubleday, 1969）〔シオドア・ローザック『対抗文化の思想――著者は何を創りだすか』（稲見芳勝・風間禎三郎訳、ダイヤモンド社、一九七二年）〕.

（5）Charles Reich, *The Greening of America*（New York: Random House, 1970）〔チャールズ・A・ライク『緑色革命』（邦高忠二訳、早川書房、一九七一年）〕.

（6）Peter L. Berger, Brigitte Berger and Hansfried Kellner, *The Homeless Mind: Modernization and Consciousness*, 159-78, 201-30.

（7）John Updike, *Of the Farm*（New York: Knopf, 1965）〔ジョン・アップダイク『農場』（河野一郎訳、早川書房、一九六九年）〕は、待つことのできる、根を降ろし地に住み着いた世代と、根のない都会に戻ってきて、そのような敬虔な待望は意味がないと考える、根のない皮肉な世代との対照についての見事な論文を提出した。待つことと支配することについてのテーマは、Updike の作風としてよく知られるところである。

（8）Sam Keen, *Apology for Wonder*（New York: Harper and Row, 1969）は、彼の *homo faber*（＝作る人）の議論を通じ、「全知全能に見せかけること」と「無力さの実現」について正しく弁証した（一一八―二一一頁）。望むようにやってみよ。生は、達成することではなく、受け取ることに頼っている。――あるいはもっと伝統的に言えば、わざではなく恵みによる。Keen は、見せかけの全知全能と実際の無力さを正しくも同列に置いた。

16　癒しとケアとしての健康管理

（1）そのテーマは、ポール・トゥルニエの著作全体に及んでいるが、特に彼の *The Healing of Persons*（New York: Harper and Row, 1965）を見よ。

（2）「奴隷を癒すこと」の問題は、奴隷たちとアメリカ先住民に洗礼を授けることに熱心だが、洗礼に含まれる自由を認めたくはない、アメリカの初期の宣教のジレンマと並行する。結局、彼らは洗礼の形は保持するが、その意味を否定することを決めた。「……同じ方の権威によって、黒人、インディアン、または混血児の奴隷への洗礼は、彼らを自由のもとに置くためのいかなる大義とも事由ともならないことを、ここに法として定める」。Ecclesiastical Records, State of New York 3（Albany, 1902）, 1673. Daniel Calhoun, *The Educating of Americans*（New York: Houghton Mifflin Company, 1969）, 64 よりの引用。奴隷の癒しも、これに相当する見せかけのものである。

（3）イスラエルの王制によって起こった唐突で決定的な変化については、W・ブルッゲマンの

In Man We Trust (Richmond, Va.: John Knox Press, 1972) の特に第四章 "Tempted to Commodities" を見よ。

（4）「指導者としての王たち」を論じた Lewis Mumford, *The Myth of the Machine* (New York: Harcourt, Brace and World, 1966)〔ルイス・マンフォード『機械の神話』（後藤昭次解注、研究社、一九七三年）〕は、次のように書く。「この聖と俗の力の融合は、核反応におけるような、潜伏エネルギーの巨大爆発を放った。同時に、それは新しい組織形態を造った。そのための証拠は簡素な新石器時代の村や旧石器時代の洞窟にはないが、共同体全体から強制的に引き出した税金による尊大なやり方に支えられたエリートが支配する力ある少数民族集団のことである」。近代ヨーロッパの同様の現象について論じる中で、彼は *The Pentagon of Power* (New York: Harcourt Brace Jovanovich, 1964)〔『権力のペンタゴン』（生田勉・木原武一訳、河出書房新社、一九七三年）〕において、「秩序の達成と維持の手段としての、デカルトの政治的絶対主義の信念が第一だった。伝統、歴史の継続性、経験の蓄積、民主的な協力、および他者との相互の交流などのプロセスのすべてに反して、デカルトが好んだのは、たとえば、前例に縛られず、常識破りで、権力をもち、一人で行動し、無条件の服従を命じる、ひと言で言えば、法を捨てる、バロック時代の奇異な王子のような、一人の考えによって達成可能な外的秩序であった」と書く。それは、マンフォードの敵役は、たしかに、技術的および人間的医療の現在の問題の中心を占める現実についての主体と客体の認識を紹介したデカルトであるということを告げている。「法を捨てること」は、たしかに、社会的利益への権利に益する資格を定める一つの手段である。同じように「法を捨てる」ことは、ファラオがヤハウェの奴隷に対して具体化した。同じく、イエスの敵対者たちがそうであり、自分たちの法と定義によって疎外される者を創出した。

（5）全く別の文脈で、エリオット・ジャックス（Elliott Jaques）は、*The Planning of Change*, ed.

Warren Bennis, Kenneth Benne, Robert Chin（New York: Holt, Rinehart and Winston, 1961）の中の“Social Therapy: Technocracy or Collaboration?”で、テクノクラシー（技術者集団主義）は、人々に対して（to）行うことであり、コラボレーション（協同）は人々と共に（with）行うことであると定義する。人々に対して行うとは、一般的に王室の、特に技術医療の特権の特徴である。興味深いことに、ジャックスは、「ソーシャル・セラピー」の見出しのもとで、そのような問いに言及する。

訳者あとがき

本書は、Walter Brueggemann, *Peace*（St. Louis: Chalice Press, 2001）の全訳である。
原書は同出版社の Understanding Biblical Themes というシリーズに収められている。このシリーズは、聖書の主要テーマに焦点を当て、各著者の深い理解と神学的探求の成果を読者に分かりやすく提示することを通して、聖書が語り継ぐものを現代に結び合わせ、今日の信仰に活力をもたらすのをねらいとしたもので、その意味でも、本書は固い神学書ではない。もちろん著者の深い神学的洞察に照らされながら、むしろ自由自在に躍動し、ときにドラマのように、「シャローム」というテーマを描き出しつつ、読者をその中心へと引き込んでゆく物語である。それゆえ、きっと幅広い読者に、時代を超えて永続する聖書の宝を届けられると信じている。

著者ブルッゲマンは、現代の旧約聖書学における最も影響力のある一人である。一九三三年米国生まれで、現在八五歳。ユニオン神学大学院でマイレンバーグ教授に師事し、六一年に学位取得後、イーデン神学大学院、コロンビア神学大学院で長く教鞭を執った。また、米国キリスト合同教会の牧師でもある。聖書注解のほか、旧約聖書神学の広範囲にわたる領域で活躍し、その著作は一〇〇冊を超える。近年、わが国でも邦訳が相次いで出版されているが、この多作な学者の業績にとても追いついていない感がある。

現在、彼の著作で日本語に訳されている主なものは、『現代聖書注解　創世記』（向井考史訳、日本キリスト教団出版局、一九八六年）、『古代イスラエルの礼拝』（大串肇訳、教文館、二〇〇八年）、『聖書は語りかける』（左近豊訳、日本キリスト教団出版局、二〇一一年）、『預言者の想像力――現代を突き破る嘆きと希望』（鎌野直人訳、同、二〇一四年）、『叫び声は神に届いた――旧約聖書一二人の祈り』（福島裕子訳、同、二〇一四年）、『現代聖書注解　サムエル記下』（矢田洋子訳、同、二〇一四年）、『現代聖書注解　サムエル記上』（中村信博訳、同、二〇一五年）、『旧約聖書神学用語辞典――響き合う信仰』（小友聡・左近豊監訳、同、二〇一五年）、『詩編を祈る』（吉村和雄訳、同、二〇一五年）。さらに多くの翻訳書が出されることを望む。

じつは、ブルッゲマンの名をはじめて私が耳にしたのは、二〇一二年四月の東京神学大学大学院での左近豊先生の旧約原典講読の授業であった。授業の初日に、左近先生は、留学時の師であるブルッゲマン先生のことを紹介し、旧約聖書のメッセージを現代のアメリカに語る、面白い神学との出会いを、とても楽しそうに話された。その様子をよく覚えている。それから数年後、思いがけず、教文館の出版編集者から、まさにブルッゲマンその人らしい本書の翻訳の話をいただき、苦労の末、このような形でご紹介できるに至ったのは、まるで奇跡だ。

原著名は“Peace”であるが、この言葉とタイトルについて、一言申し添えておきたい。目次や内容からお分かりのように、旧約聖書のヘブライ語の「シャローム」（Shalom）が本書の追い求めるテーマである。英語では“Peace”、日本語では「平和」「平安」などと訳されるが、単に戦争がないという意味ではなく、シャロームの意味の及ぶ領域はとりとめなく広い。シャロームは、神の与える完全性、欠けのない満ち足りた状態を表す言葉であるが、それはどのようなものか、私たちはじつはよく分かっていない。またどうしたらそれがあるのか、正しくイメージすることもできない。分かっているようでも、しょせん自分と異なるものを排除した一側面だけからしか捉えていない。たとえばよく似た「繁栄」や「幸福」とはどう違うのか。しかし、シャロームは、社会において、共同体において、対人関係において、そこに「ある」ことができ、それはイエス・キリストにおいて最も良く実現されている。本書は、私たちがよく分からずにいるシャローム＝「平和」の奥深い内容を、聖書のもつ光によって新しく理解し、明らかにする。

それゆえ、邦題は『平和とは何か――聖書と教会のヴィジョン』とした。「平和」はある意味、日本人にとって手垢のついた言葉である。だからこそ、あえて「平和とは何か」と問う。そしてその答えを新しく聖書に求め、教会が改めて聖書に聴く。それは、閉塞する時代にかえって新鮮で必要なことかもしれないと思い、タイトルを掲げた編集部の意向に納得している。

ブルッゲマンは、本書の中で、シャロームが神の与える贈り物であることを強調する。それは、預言者や詩人のヴィジョンによって指し示される。それを受け入れるかどうかが、人々につねに問われることだ。シャロームをより良く理解するために、聖書中のペアが選ばれて語られる。すなわち、モーセとファラオ、自由と強制、荒れ野とれんが工場、持たざる人々と持てる人々、悪霊に取りつかれた人と金持ちの青年、といった対照を通して。現代においても強制と奴隷状態がいかに人間性を失わせているか、自由と統合がいかにそれを回復するかを示し、考えることへと導く。私たちの生の責任者が、命と驚きと危険に満ちた「出エジプト」へと招いておられる「主」である。出エジプトの経験はまた、新約聖書の「復活」に通じてゆく。ブルッゲマンの慧眼によれば、完全性を志向するシャロームは、社会から締め出され、困窮する人々の叫びを聞いて救う「救済の神学」と、裕福で管理を任されており、変革を求めない人々への「祝福の神学」の両方を包含する。そうしたあらゆる両極のものを一つに統合し、何ものにも強制されない自由な方が、シャロームの中心であるイエスである。かくして、いつのまにか旧約と新約も一つに結び合わされ、聖書の中心に立たれるイエスの言葉と行動が驚きと喜びをもたらす。シャロームに通じる気づきを与えてくれるのが、ヴィジョンである。これは聖霊の働きによると言うほかない。

こうして本書は、現代社会の不均衡について、また、教会が真の教会であるため、福音の個人主義を避けるためにどうすればいいかについて、示唆を与えてくれる。とりわけ説教者と信仰者はたくさんの刺激を与えられるだろう。

この本が、多くの方々に読まれることを願う。牧師に、教会の信徒の方々に、また世の中で強制された生を生きているすべての人に。世が与えるのでない「平和」について思い巡らす機会を贈られたなら、その先は、きっと心の底から、たとえ独りでも、自由のダンスを踊りたくなるだろう。

最後になるが、東神大の指導教授である小友聡先生には大変お世話になったことを深く感謝している。ご多忙のなか、膨大な時間を割いてくださり、拙い直訳だった文章を、全面的に丁寧に手直ししてくださった。それゆえ訳者は二人である。しかし最終的な翻訳上の責任は私にある。また、お世話になった教文館の髙木誠一氏にも感謝を申し上げる。未熟な者の遅い手仕事を忍耐してくださった。それから、応援してくれた家族に感謝している。翻訳という仕事はまさに「れんが工場」での作業のようにも思えたが、その内容の驚きと新しさに救われて、私自身、出エジプトの民の「ダンス」をしばしば経験した。

二〇一八年九月　　　　宮嵜　薫

聖句索引

旧約聖書

創世記
1:2a 29, 30
1:2 158, 159, 191
1:31 54, 57
2:1-4a 31
3–11章 240, 358
4:22-23 301
7:18-20 158, 159
8:22 54, 57
11:1-9 79
12章 241
12:1-4a 361
12-50章 241, 358
15:1 227
15:5 26
15:43 116
18:1-5 227
39:5 143
43:26-34 134
46:34 141
50:20 55

出エジプト記
1:12 143
2:23 298
2:23-24 299
2:23-25 49, 295
3章 144
3:7 41
3:7-8a 49, 299
3:7-8 46
3:8 305
5:1-9 98
5:7 99
6:5-6 49
7:22 103
8:3 103
8:7 103
8:14 103
8:18 103
12:33-42 115
15:1 116, 338
15:22-27 332
15:26 338
20:2 118
20:8-11 161
23:6-9 340
23:9 123
24:11 138

レビ記
26:4-6 25, 28

民数記
6:26 31

申命記
4:29-31 41
5:6 118
10:18 195
10:18-19 340
10:19 123
17:14-20 170
17:20 340
18:9-14 39
21:15-17 303
26:5-9 117
32:10 159
32:39 358
33:27 56

ヨシュア記
7章 35

士師記
2:18b 50
10:12b 50
10:14 50
17-19章 191
17:6 191
18:1 191
19:1 191

サムエル記上
7:8-9 51

聖句索引

8章 164, 168, 186, 195
8:4-9 189
8:5 192
8:10-18 196
8:20 192

サムエル記下
7:9 55
7:15-16 55
12:24 55
15:30 193
15:37 260
16:16 260
21:17 193

列王記上
4:20 46, 55
4:25 128
5:5 128
5:13 186
5:27 339
9:15 339
21章 127

列王記下
21:1-18 186

ヨブ記
5:18 358

詩編
1編 13
19編 174
19:8-9 183
34:15 33
72:1-4 170
72:2 197
72:4 197
72:13-14 171, 197
82:1-7 194
85:5-8 12
85:10-14 10
87:5 173
87:7 173
90:1-2 56
99編 194

箴言
8:15-16 171
8:20 171
11:11 172
15:17 154
28:15-16 172
29:1-14 155
29:2 172
29:4 172
29:14 172

イザヤ書
1:16-17 33
1:17 340
2:2-4 26, 80
2:6-22 206
5:8-9 124
10:12-13 164
11:3-4a 232
11:6 232
11:6-7 30, 31
11:6-8 81
11:9a 31
11:9 232
14:24-27 206
19:23-25 234
30:7 173
32:16-17 34
39:8 38
41:8 26
41:10 41, 272
41:13-14 272
41:14 41
43:1 272
43:1-2 41
43:5 41
44:8 272
45:18-19 159
47:2-3 360
47:7-8 166
47:10 166
48:22 34
49:14-15 41
51:2 26
52:11-12 361
53:2-3 146
54:7-10 41
55:6 41
57:17 35
57:19-21 35
57:21 34
65:17 234
65:19-22 234
65:21 41
65:24 41

65:24-25 234
65:25 41

エレミヤ書
1:8 272
1:10 358
4:23a 159
4:26 159
6:13-14 37
18:7-9 358
22:13-17 186
22:15 198
22:17 198
22:19 198
29:7 42
29:10-11 40
29:11-14 13
29:13-14a 40
30:10-11 272
31:29-30 38
31:31-34 235
45:5 358

哀歌
4:20 193

エゼキエル書
13:10 37
18:2 38
27:3 165
28:2 165
29:3 165
34:3-4 168
34:25-29a 27, 28

ホセア書
2:19-20 193
4:2-3 181
6章 358
7:11 124
11:1-9 117

アモス書
2:6-8 124, 340
2:6-16 117
4:1 32
4:1-3a 181
5:14-15a 33
6:1-6 37
6:6 218

ミカ書
2:1-2 32
2:1-4 126
3:9-10 182
3:12 182
3:11 126
5:1-4a 14
6:1-8 117

ゼファニア書
2:15 165

新約聖書

マタイによる福音書
6:24 91
6:25a 90
6:25 162
6:25-31 326
6:27 162
6:33 90
7:7 326
7:7-8 237
7:11 237, 326
8:10 321
8:13 321
10:5-7 206
10:17-22 241
11:28-29 90
15:1-9 190
15:1-20 39
15:3 91
20:1-16 327, 343
21:23 74
23:13-28 127
23:23 193
25:31-46 168
26:3-4 202
27:45 159
27:51-54 191, 205
27:52-53 111
28:1-10 120
28:5 272
28:14 112
28:16-20 26
28:20 41

マルコによる福音書
1:14-15 98, 110
1:15 108, 205
1:40-41 125
2:1-9 333

2:9 341
2:11 253
3:5 344
3:6 202
4:35-41 125, 191
4:40 272
4:37-39 30
5:1-13 125
5:1-20 295, 309, 312
5:2-5 310
5:2-9 88
5:24 201
5:43-48 148
5:46 148
6:5-6 229
6:13 125
7:37 74
10:17 361
10:17-22 241, 311
10:21 90, 312
10:23 313
10:35-45 261
11:28 74
12:13-17 203
12:37 201
13:11 320
15:33-39 191
15:39 109, 110

ルカによる福音書
1:30 272
2:10 272
4:1-13 179, 213
4:13 213
4:16-21 34
5:1 202
6:6-11 203
6:11 202, 344
7:22 125, 154, 342
7:23 95
7:34 150
7:36-50 327, 343
7:44-46 151
9:23-27 361
10:17-19 238
10:17-20 206
10:29-37 343
12:13 36
12:13-31 162
12:15 36
12:22 36
12:33-34 91
14:1-5 343
14:7-11 150
14:11 218
14:12-14 134, 147, 150, 327
14:14 149
14:15-24 343
15章 327
15:1-10 201
15:11-32 343
16:19-31 38
18:27 187
19:1-10 241
19:9 254
19:47 344
19:47-48 153
19:47 95
19:48 95
20:2 74
20:19 203
22:2 152
23:1-36 201
23:5 152
23:14 152
24:28-35 138

ヨハネによる福音書
1:12 331
3:5-8 241
5:1-9 119
5:14 90
9:25 75, 120
10章 84
10:15b-16 83
12章 84
12:32 26, 83
13:1-7 214
13:3-4 288
13:12-18 246
13:14 250
13:31-14:4 264
14:12 347
14:22 214
14:25-31 211
14:27 268, 271
14:30 212, 213
15:1-8 265
15:14-15 291
15:15 259
15:18 219

15:18-20 266
16:1 280
16:13 216
16:20 220
16:32 222
16:33 222, 226

使徒言行録
2:1-11 26
2:8 254
3:1-10 347
3:6 124
3:6-7 253
5:1-4 36
10:15 254

ローマの信徒への手紙
8:19-23 236
12:9-12 124

コリントの信徒への手紙一
1:27-28 215
10:23 126
11:26 223
11:27 154
12:26 348

ガラテヤの信徒への手紙
3:28-29 44, 85
4:3 78
5:1 76, 124
5:13 76
5:22-23 124

エフェソの信徒への手紙
1:9-10 85
2:11-15 84
2:12-22 69
2:14 25, 44
4:22-24 241

フィリピの信徒への手紙
3:8 361
3:12 361

コロサイの信徒への手紙
1:17
31, 86, 193, 315, 318
2:20 76

ヘブライ人への手紙
11章 361

ヨハネの黙示録
11:15 348
21:5 227

《訳者紹介》

小友 聡（おとも・さとし）

1956年生まれ。東北大学文学部卒業，東京神学大学大学院修士課程修了。ドイツ・ベーテル神学大学留学（博士課程）。現在，東京神学大学教授，日本基督教団中村町教会牧師。

著書　『イエスと共に歩む生活――はじめの一歩 Q&A30』（共著，日本キリスト教団出版局，2010年），『『コヘレトの言葉』の謎を解く』（日本聖書協会，2017年）ほか。

訳書　T. E. フレットハイム『現代聖書注解　出エジプト記』（日本キリスト教団出版局，1995年），W. P. ブラウン『現代聖書注解　コヘレトの言葉』（日本キリスト教団出版局，2003年），W. ブルッゲマン『旧約聖書神学用語辞典』（監訳，日本キリスト教団出版局，2015年）ほか。

宮嵜 薫（みやざき・かおる）

1961年生まれ。東京外国語大学フランス語学科卒業。2013年，東京神学大学大学院博士課程前期課程修了。同大学院博士課程後期課程在籍中。現在，日本基督教団国立教会牧師。

平和とは何か――聖書と教会のヴィジョン

2018年9月30日　初版発行

訳　者　小友　聡／宮嵜　薫

発行者　渡部　満

発行所　株式会社　教文館

〒104-0061 東京都中央区銀座4-5-1 電話 03(3561)5549 FAX 03(5250)5107

URL http://www.kyobunkwan.co.jp/publishing/

印刷所　モリモト印刷株式会社

配給元　日キ販　〒162-0814　東京都新宿区新小川町9-1

電話 03(3260)5670　FAX 03(3260)5637

ISBN978-4-7642-6736-7　　Printed in Japan